# 中国职业教育发展及其治理体系研究

Research on the Development and Governance System
of Vocational Education in China

◎ 杨建基 著

**图书在版编目（CIP）数据**

中国职业教育发展及其治理体系研究 / 杨建基著. ——北京：中国商务出版社，2021.3

ISBN 978-7-5103-3573-0

Ⅰ.①中… Ⅱ.①杨… Ⅲ.①职业教育—发展—研究—中国 Ⅳ.① G719.2

中国版本图书馆 CIP 数据核字 (2020) 第197856号

**中国职业教育发展及其治理体系研究**
ZHONGGUO ZHIYE JIAOYU FAZHAN JIQI ZHILI TIXI YANJIU

杨建基　著

| | |
|---|---|
| 出　　版 | 中国商务出版社 |
| 地　　址 | 北京市东城区安定门外大街东后巷28号　邮编：100710 |
| 责任部门 | 数字出版部 |
| 责任编辑 | 汪　沁 |
| 总 发 行 | 中国商务出版社发行部（010-64266193　64515163） |
| 网　　址 | http://www.cctpress.com |
| 邮　　箱 | cctp@cctpress.com |
| 排　　版 | 朗宁文化 |
| 印　　刷 | 湖南省众鑫印务有限公司 |
| 开　　本 | 710毫米×1000毫米　1/16 |
| 印　　张 | 18　　　字　　数：336千字 |
| 版　　次 | 2021年3月第1版　　印　　次：2021年3月第1次印刷 |
| 书　　号 | ISBN 978-7-5103-3573-0 |
| 定　　价 | 98.00元 |

凡所购本版图书有印装质量问题，请与本社综合业务部联系。（电话：010-64212247）

版权所有　盗版必究（盗版侵权举报可发邮件到本社邮箱：cctp@cctpress.com）

**杨建基** 博士，副教授，中国（台湾地区）宜兰人，台湾师范大学博士及暨南大学博士，公共事务管理与国际关系专业，2017年1月入职广西百色学院工商管理学院，从事国际经济与贸易专业教学和研究工作。研究方向：跨境电商、边境贸易、培训规划与基地管理、品牌管理与营销、商业模式设计与管理、项目可研评估与管理。

# 前 言

中华人民共和国成立以来,尤其是改革开放40年以来,职业教育博采众长,在借鉴德国的"双元制"职业教育、澳大利亚的继续与技术教育、英国的学徒制技职教育和美国的社区学院教育等多种职业教育模式的基础上,逐步走出了一条具有中国特色的职业教育发展之路,在职业教育办学模式、管理机制、发展理念、投资制度、人才培养模式等方面形成了一整套逐步完善的职业教育培训体系和机制,为我国经济社会发展培养了一大批高素质的技能型人才,取得了很大成就。

然而,与当前经济社会发展的需求相比,我国职业教育还面临着社会认识存在偏差,技术技能人才发展的渠道窄;办学特色不鲜明,职业教育吸引力不强;对职业教育的支持力度不平衡,企业参与办学的积极性不高,职业教育体系还不能有效地跟进经济发展转变的需求,不能很好地适应日益激烈的国际竞争挑战,不能更好地满足建设具有中国特色社会主义现代化职业教育体系的期盼等问题。

党的十九大报告提出,"完善职业教育和培训体系,深化产教融合、校企合作",这是未来一段时期我国职业教育改革发展的基本目标。2019年1月国务院正式印发了《国家职业教育改革实施方案》,方案以习近平新时代中国特色社会主义思想为指导,认真贯彻落实党的十九大精神,按照习近平总书记关于教育的重要论述和全国教育大会精神的要求,提出了一系列新目标、新论断、新要求,是办好新时代职业教育的顶层设计和施工蓝图。

全球形势瞬息万变,是职业教育各级人才需求发展的重要机会。受2008年金融危机、2020年新冠病毒疫情的影响,我国经济增长方式发生转变,对传统产业进行优化升级,加快高新技术产业化发展。社会经济的转型升级需要一支升级的技术技能型人才队伍来支撑,尤其需要一批基础理论扎实、技术能力强的高级技术人才,市场人才需求结构的变化必然引起高等教育结构的调整与优化。

所以现代职业教育治理就是要解决我们所面临的职业教育契合与发展问题,是政府、行业组织、企业或社会培训机构和学校依据相关制度、政策和市场规范，寻求合法利益，互利共赢，平等协商，就现代职业教育实施或发展面临的特定任务达成共识，解决相关事务的过程。

　　本书共分为八章：第一章导论；第二章中国职业教育之文献与理论探讨；第三章国外职业教育之经验与借鉴；第四章中国中等职业教育之研究；第五章中国高等职业教育之研究；第六章中国职业培训之研究；第七章中国职业教育治理体系之发展趋势与策略分析；第八章中国职业教育发展及其治理体系的总结、建议与展望。主要目的如下：

　　（1）梳理我国职业教育完整的政策历史发展进程；

　　（2）探讨我国中等职业教育的现况、面临的问题、发展前景；

　　（3）分析我国高等职业教育现况、面临的问题、发展前景；

　　（4）检讨我国职业培训现况、面临的问题、发展前景；

　　（5）借鉴国外职业教育和培训的经验；

　　（6）提出我国职业教育发展的可行建设方案与对策建议。

　　本书希望通过对我国职业教育体系治理的完整探析，全面梳理出职业教育政策现况、面临的问题、发展前景，并吸纳国内外经验，最后提出研究结论与对策建议，比如，建构理实一体六元合一的专业建设教学体系，形塑五位一体的支撑体系，共建内外交融的执行策略，最终在专业建设与产业需求对接、课程内容与职业标准对接、教学过程与生产过程对接、毕业证书与职业资格证书对接、职业教育与终身学习对接的人才培养基础之上实践，总结提出职业教育之挑战、趋势与发展策略，借以给政府决策、学术研究与教育教学实践运作提供有益的参考。

# 目 录

第一章 导论 ·································································· 1
  第一节 研究背景与研究动机 ············································ 1
    一、研究背景 ·························································· 1
    二、研究动机 ·························································· 3
  第二节 问题意识与研究意义、目的 ····································· 7
    一、问题意识与研究意义 ············································ 7
    二、研究目的 ·························································· 9
  第三节 研究重点与研究架构 ············································ 10
    一、研究重点 ·························································· 10
    二、研究架构 ·························································· 12
  第四节 研究方法、研究成果与创新点 ································· 13
    一、研究方法 ·························································· 13
    二、预期的研究成果和创新点 ······································ 14
  第五节 研究范围与限制 ················································· 16
    一、研究范围 ·························································· 16
    二、研究限制与价值 ················································· 16

第二章 中国职业教育之文献与理论探讨 ······························ 19
  第一节 中国职业教育的概念界定 ······································ 19
    一、职业教育 ·························································· 19
    二、职业培训 ·························································· 25
    三、职业教育体系 ···················································· 27
  第二节 职业教育的国内外研究分析 ··································· 31
    一、职业教育的国内外研究分析 ··································· 31
    二、职业培训的国内外研究分析 ··································· 40

第三节　职业教育与培训理论探讨 …………………………………… 44
　　　　一、职业教育的理论探讨 ………………………………………… 45
　　　　二、职业培训的理论探讨 ………………………………………… 48

第三章　国外职业教育之经验与借鉴 ……………………………………… 53
　　第一节　国外职业教育体系 …………………………………………… 53
　　　　一、美国职业教育体系 …………………………………………… 53
　　　　二、德国职业教育体系 …………………………………………… 59
　　　　三、澳大利亚职业教育体系 ……………………………………… 65
　　第二节　国外职业培训体系 …………………………………………… 73
　　　　一、美国职业培训体系 …………………………………………… 73
　　　　二、英国职业培训体系 …………………………………………… 78
　　　　三、德国职业培训体系 …………………………………………… 89
　　第三节　国外职业教育质量保障体系 ………………………………… 95
　　　　一、国外职业教育质量保障体系概况 …………………………… 96
　　　　二、国外职业教育质量保障体系比较 …………………………… 96
　　　　三、国外职业教育质量保障体系借鉴 …………………………… 103

第四章　中国中等职业教育之研究 ……………………………………… 105
　　第一节　中国中等职业教育的沿革进程 ……………………………… 105
　　　　一、中华人民共和国成立后至改革开放前的中等职业教育政策 …… 105
　　　　二、改革开放后至1996年的中等职业教育政策 ………………… 107
　　　　三、1996年至党的十八大前的中等职业教育政策 ……………… 108
　　　　四、党的十八大以来的中等职业教育政策 ……………………… 110
　　第二节　中国中等职业教育的特点、影响与问题分析 ……………… 113
　　　　一、中国中等职业教育的特点分析 ……………………………… 116
　　　　二、中国中等职业教育的影响分析 ……………………………… 119
　　　　三、中国中等职业教育的问题分析 ……………………………… 124

第五章　中国高等职业教育之研究 ……………………………………… 131
　　第一节　中国高等职业教育的沿革进程 ……………………………… 131
　　　　一、初步探索阶段（1978—1991） ……………………………… 132
　　　　二、规范化建设阶段（1992—1998） …………………………… 136

三、跨越式发展阶段（1999—2005）·················141
　　四、特色化发展阶段（2006年至今）················148
第二节　中国高等职业教育的特点、影响与问题分析·······154
　　一、中国高等职业教育的办学模式·················155
　　二、中国高等职业教育的特点分析·················163
　　三、中国高等职业教育的影响分析·················166
　　四、中国高等职业教育的问题分析·················173

第六章　中国职业培训之研究·····························181
　第一节　中国职业培训的沿革进程·······················181
　　一、中国公共职业培训方案的沿革·················182
　　二、中国公共职业培训方案的对象·················185
　第二节　中国职业培训的特点、影响与问题分析···········191
　　一、中国职业培训的特点分析·····················192
　　二、中国职业培训的影响分析·····················198
　　三、中国职业培训的问题分析·····················200

第七章　中国职业教育治理体系之发展趋势与策略分析·······205
　第一节　中国职业教育治理体系的挑战···················206
　　一、深化探索整体教学方案，培养实操型技能师生人才····206
　　二、企业的参与流于形式·························206
　　三、大数据时代下职业教育面临的挑战·············207
　　四、打破传统模式真正落实产教融合···············207
　　五、职业教育依旧面临旧思维的多重困局···········208
　　六、职业教育耦合"一带一路"战略发展面临多重挑战····208
　第二节　中国职业教育治理体系的发展趋势···············209
　　一、中国职业教育治理的发展趋势·················210
　　二、中国职业培训治理的发展趋势·················214
　第三节　中国职业教育治理体系的发展策略···············218
　　一、构建完善的职业教育治理体系·················218
　　二、完善职业教育的法律法规体系·················223
　　三、健全职业教育的管理体制·····················227

- 四、强化职业教育的政府公共服务制度 ………………………… 230
- 五、优化职业教育的人才培养体系建设 ………………………… 234
- 六、构建职业教育的产、学、训、研、创合作机制 …………… 237
- 七、精实职业教育的教师队伍建设 ……………………………… 240
- 八、落实公共实训基地建设的保障机制 ………………………… 241
- 九、强化职业教育的配套制度 …………………………………… 252

## 第八章　中国职业教育发展及其治理体系的总结、建议与展望 … 255

### 第一节　总结 …………………………………………………………… 255
- 一、梳理我国现代化进程中职业教育存在的问题 ……………… 256
- 二、提出具有世界水平的中国特色的现代职业教育体系的重要性 … 256
- 三、构建我国现代职业教育体系的基本框架 …………………… 256
- 四、构建完整的职业教育学历体系 ……………………………… 257
- 五、搭建职业教育与普通教育及其与职业资格之间的衔接通道 … 257
- 六、职业教育与经济发展既相互作用、相互促进，又互为因果、相互制约 … 257
- 七、持续优化职业教育结构的合理性与完整性及对经济发展的影响 … 257
- 八、完善高职院校实训基地的角色、功能与发展 ……………… 258

### 第二节　建议 …………………………………………………………… 258
- 一、修订《职业教育法》，让学用合一与训用合一 …………… 258
- 二、建立职业教育与普通教育之间的联系通道 ………………… 259
- 三、建立职业教育与职业资格之间的联系桥梁 ………………… 260
- 四、构建一体化人才培养方案 …………………………………… 261
- 五、建立职业教育人才培养质量评价制度 ……………………… 262
- 六、加强国际交流与合作，推进职业教育国际化 ……………… 263
- 七、实践既有新时代特点又具中国特色的职业教育体系 ……… 264
- 八、完善公共实训基地相关法制与保障机制 …………………… 265

### 第三节　展望 …………………………………………………………… 265

## 参考文献 ………………………………………………………………… 269

## 后记 ……………………………………………………………………… 278

# 第一章 导论

## 第一节 研究背景与研究动机

### 一、研究背景

2017年我国全国职业教育工作会议提出加快构建现代职业教育体系，做强中职、做优高职、做大培训、做好职业启蒙，推进考试招生制度改革，构建更加开放畅通的人才成长"立交桥"。阵地要稳，保持职普招生规模大体相当，坚定办好中等职业教育，高度重视培训；服务要进，紧贴供给侧结构性改革，服务我国国家重大发展战略的实施；内涵要进，狠抓体制机制和模式创新，着力做有示范引领作用的改革探索；队伍要进，畅通校企人员双向流动渠道，完善职业院校用人机制和教师培养培训制度，建设高水平的"双师型"教师队伍。会议对坚决落实中央部署、着力培养大国工匠、不断扩大职业教育影响力、持续抓好继续教育等重点任务进行了部署。

党的十九大报告提出"完善职业教育和培训体系，深化产教融合、校企合作"，这是未来一段时期我国职业教育改革发展的基本目标。"完善职业教育和培训体系"的目标首次在体系建设上将职业教育与培训并列和紧密结合，表明职业培训将成为我国职业教育体系建设的基本维度。在新的时代背景下，我国为什么要提出以"完善职业教育和培训体系"为统领的职业教育发展目标？这一目标与以往的体系建设目标有什么关系？要从哪些方面理解这一目标？这些都是需要回答的问题。

首先，从历史的视角看，"完善职业教育和培训体系"是对多年来我国职业教育体系建设目标的丰富和发展。多年来，体系建设一直是我国职业教育发展的重要目标。1985年颁布的《中共中央关于教育体制改革的决定》中提出，"调整教育结构，逐步建立起一个从初级到高级、行业配套、结构合理又能与普通教育相互沟通的职业技术教育体系"。2005年颁布的《关于大力发展职业技术教育的决定》提出，"未来10年，初步建立起有中国特色的、从初级到高级、行业配套、结构合理、形式多样，又能与其他教育相互沟通、协调发展的职业技术教育体系基本框架"。2010年颁布的《国家中长期教育改革和发展规划纲要（2010—2020年）》（以下简称"《发展规划纲要（2010—2020年）》"）提出，"到2020年，形成适应经济发展方式转变和产业结构调整要求、体现终身教育理念、中等和高等职业教育协调发展的现代职业教育体系"。2014年颁布的《关于加快发展现代职业教育的决定》提出，"到2020年，形成适应发展需求、产教深度融合、中高职衔接、职业教育与普通教育相互沟通，体现终身教育理念，具有中国特色、世界水平的现代职业教育体系"。长期以来，我国职业教育体系一直以由中等职业学校和高等职业院校为主体的职业学校教育构成，上述体系建设的目标也是以职业学校教育为主要建设范畴。

"完善职业教育和培训体系"是对上述目标的进一步发展，标志着我国职业教育体系范畴从以面向学龄人口为主体的职业学校教育逐渐走向学历教育与职业培训并举的开放性、终身化体系。

其次，放眼世界，"完善职业教育和培训体系"标志着我国在建设"中国特色、世界水平"职业教育体系的进程中取得了重要进展。2016年，联合国教科文组织（UNESCO）发布的《关于职业技术教育与培训（TVET）的建议书》提出，职业技术教育与培训，作为终身学习的一部分，可能发生在中等、中等后和高等教育的阶段，并且包括可能使人得到学历资格的、基于工作的学习以及继续培训及职业发展。从这一界定可以看出，从终身学习的视角把职业学校教育与各种形式的培训纳入统一的体系是国际职业教育发展的基本定位，而"完善职业教育和培训体系"的提出表明我国职业教育发展的理念和思路既坚持了与国际社会的一致性，又具有我国自己的特色。

最后，从我国职业教育发展实际来看，"完善职业教育和培训体系"的提出还有立足我国职业教育发展实际、解决现实问题方面的考虑。多年来，我国教育部门管理的职业学校教育和人社部门管理的技工院校以及社会培训处于并列分离状态是我国职业教育发展面临的重要问题。"完善职业教育和培训体系"将我国多年来分属于两个部门管理的职业学校教育和职业培训置于同一个体系中，这有利于解决我国面临的职业教育管理体制不顺的问题，也有利于从根本上推进职业教育治理体系和治理能力的现代化[1]。

2017年12月国务院办公厅正式发布《关于深化产教融合的若干意见》；2018年2月教育部等六部门发出关于印发《职业学校校企合作促进办法》的通知，主要内容为，定义该办法所称校企合作为职业学校和企业通过共同育人、合作研究、共建机构、共享资源等方式实施的合作。2019年1月24日，国务院也正式印发了《国家职业教育改革实施方案》，要求各地各部门认真贯彻执行。

但与此同时，受职业教育体系建设不完善、制度标准不健全、企业参与办学动力不足、体制机制等多种因素影响，人才培养供给侧和产业需求侧在结构、质量、水平方面还不能完全相适应，"两张皮"等问题日益成为发展短板。《国家职业教育改革实施方案》剑指薄弱环节，不仅从顶层设计层面搭建"四梁八柱"，更从改革落实层面画出清晰的"路线图"[①]。

但总体看，中国职业教育仍有许多优化与发展空间，还不能适应经济社会发展对数以亿计高素质技能人才的迫切需要，所以我们应继续大力发展中国的职业教育。大力发展中国的职业教育既需要一大批职业教育的身体力行者，又需要一大批职业教育的理论研究者一起推动中国职业教育又好又快地向前发展，为了进一步拓展内地职业教育科学研究的基础，深化完善中国职业教育和培训的治理体系。

本书沿着基本理论、运行机会与挑战、改革与发展模式、分析与评价方法、实证研究等技术路径，运用文献法、实地调查法、定性分析法、定量分析法等手段，围绕我国职业教育发展的理论和实证，进行了全方位而又系统的研究。作为一名职业教育的研究者，必须借鉴中外职业教育专家、前辈已经取得的理论研究成果，结合21世纪职业教育的发展趋势，翔实梳理我国职业教育发展现况、所面临的问题，从而借鉴国内外的治理经验，最后总结出具体结论与建议及未来可能的发展方向，为深化我国职业教育的理论研究贡献自己微薄的力量，让职业教育承载更多梦想。

## 二、研究动机

我国改革开放40年以来，经济迅速发展，一些地区和行业的现代化水平已相当高，特别是我国加入世界贸易组织（WTO）后，面临的是全球开放的经济体系，经济结构根据时代的需要进行大规模调整，使得大量以高新技术产业为依托的职业岗位应运而生，这些岗位不仅技术含量高，且大多数具有多学科技术的特征。这些岗位不仅要求第一线工作的技术人员掌握专业理论知识，更要熟悉和掌握高新技术和先进设备的实际应用。这样一些岗位对人才技术性、复合性的要求都很高，专科层次技术的人力明

---

[①] 党中央、国务院高度重视职业教育。党的十八大以来，以习近平同志为核心的党中央站在党和国家发展全局的高度，把职业教育摆在了前所未有的突出位置。习近平总书记多次对职业教育作出重要指示，并亲自主持中央全面深化改革委员会第五次会议审议通过了《国家职业教育改革实施方案》。李克强总理多次对职业教育发展提出明确要求。王沪宁同志也就职业教育改革作出批示。孙春兰副总理深入调研并主持会议多方听取意见，指导《国家职业教育改革实施方案》的编制，组织相关部门共同研究职业教育工作。

显不能胜任。

我国人力资源和社会劳动保障部发表的《2019年度第三季全国部分城市公共就业服务机构市场供求状况分析》，对全国89个城市的公共就业服务机构市场供求信息进行统计分析，发现市场对具有技术等级和专业技术职称劳动者的用人需求均大于供给。总体上，全国人力资源市场需求略大于供给，供求保持基本平衡。第三季度市场供求人数较上半年有较大回落，岗位空缺与求职人数的比率略有回升；与上年同期相比，市场供求人数变化不大，岗位空缺与求职人数的比率略有下降。

从需求侧看，与上年同期相比，除对高级工程师的用人需求有所增加外，对其他各类人员的需求均有所减少；与上季度相比，对具有各类技术等级或者专业技术职称人员的需求均有所减少。从供给侧看，与上年同期和上季度相比，具有各类技术等级或者专业技术职称的求职人数均有所下降。再观察需求侧数据，41.7%的市场用人需求对劳动者的技术等级或专业技术职称有明确要求，其中，对技术等级有要求的占24.5%，对专业技术职称有要求的占17.2%；从供给侧数据来看，42.6%的市场求职人员具有一定技术等级或者专业技术职称，其中，具有技术等级的占26.7%，具有专业技术职称的占15.9%。

从前述供求对比看，各技术等级或者专业技术职称的岗位空缺与求职人数的比率均大于1.6，其中，高级工程师、高级技师、高级技能岗位空缺与求职人数的比率较大，分别为3.81、2.37、2.14。

这些数据说明了我国经济社会的发展需求更多高层次的技术人才，而这一需求随着经济的发展变得更加迫切，从而在客观上要求我国发展更高层次的职业教育，建立完整的职业教育学历体系，为社会经济发展和科技进步提供必要的高级技术应用型人才的支撑。

以2018年为例，全国中等职业教育学校共有1.02万所[①]，中等职业教育有在校生1 555.26万人及毕业生487.28万人。全国普通高中1.37万所，在校生2 375.37万人，毕业生779.24万人。全国共有普通高等学校2 663所（含独立学院265所），普通高校中本科院校1 245所，高职（专科）院校1 418所；普通高等学校校均规模10 605人[②]，其中，普通本专科招生790.99万人，比上年增加29.50万人，增长3.87%；在校生2 831.03万人，比上年增加77.45万人，增长2.81%；毕业生753.31万人，比上年增加17.48万人，增长2.38%。

这种发展速度不管是在国内还是在国际范围来看都是极其罕见的，但深入研究高

---

① 中等职业教育学校包括普通中等专业学校、职业高中、技工学校和成人中等专业学校。
② 普通高等学校校均规模，仅含普通本专科在校生，不含分校点数据。

职的发展内容可以发现，与普通高等教育相比，即使在更广的范围内把专业硕士看成是高等职业教育的硕士研究生层次的教育，通过表1-1的对比，我们也可以发现高等职业教育在学历体系的层面上是极其不完整的。

表1-1 普、职学历层次比较

| 学历层次 | 职业教育 | 普通教育 |
| --- | --- | --- |
| 高中 | 中等职业学校如中专、中师、职高等 | 普通高中 |
| 专科 | 高等职业技术学校 | 普通专科学校 |
| 本科 | 较少学校出现职业教育本科学历试点 | 普通大学本科学校 |
| 硕士 | 缺 | 普通高等教育硕士研究生 |
| 博士 | 缺 | 普通高等教育博士研究生 |

数据来源：我国教育年鉴及统计公报（笔者自行整理）

我国的教育体系主要由普通教育体系与职业教育体系两部分构成，从表1-1的对照中可以发现普通教育体系具备完整的学历体系，而职业教育体系则停留在专业学历层次，成为一种终结式的教育。职教人才养成形成了断层。

笔者在比较发达国家的研究时发现，大多数国家的职业教育也只有专科层次的高职教育，但是由于他们的普通教育与职业教育之间沟通顺畅，高职毕业生可以进入普通高等学校进行本科层次的学习深造。然而在我国由于各方面的原因，这两大体系之间的交流与沟通不足，导致了学生进入职业教育系统后很难再进入普通高等院校深造，从而使高层次的技术人才无法在现行两大教育体系的融合下进行培养。

首先，我们要审视中等职业教育，它是我国高中阶段教育的重要组成部分，担负着为我国社会主义经济建设培养数以亿计的高素质劳动者的任务，是促进经济、社会发展和劳动就业的重要途径。但是我国的中等职业教育发展远远落后于经济发展的需求，也落后于世界平均发展水平。近年来，中等职业教育出现"萎缩"和"滑坡"，具体表现在：中等职业教育招生困难；生源品质下降；毕业生就业难；中等职业教育的社会认可度进一步下降等。目前，上述问题仍然在困扰和制约着中等职业教育的发展。

其次，我们来检视高等职业教育，高职教育是我国高等教育体系至关重要的组成部分，以培养生产、建设、管理、服务一线的高素质技能应用型人才为目标。然而，随着社会经济和科学技术的迅速发展，整个社会（尤其是企业）对技能型人才的要求越来越高，高职院校培养出来的一线生产人员并不能很好地满足社会对于技能人才的需求。由于产业结构的不断升级和岗位分工日益细化，过去"千人一面"的人才培养模式已经不能适应企业的岗位需要，现在的企业岗位要求高职院校能够培养出满足各行各业所需的、有独特专长的、不同规格的技能人才。

再次，高职教育发展也面临着严峻的问题：一方面，一些资质较低的院校招生十分困难，面临萎缩关闭的困境，另外一些相对较好的院校培养出来的学生实践能力和综合素养普遍较低，难以满足社会发展需求；另一方面，高职教育基本上成为本科教育的压缩版，丧失了职业教育应有的特色，使自身发展陷入困境，其主要原因是课程专业设置不合理、教学模式陈旧单一、教师实践技能较弱等。

最后，职业培训是构建终身教育与学习型社会的重要环节。教育是人一生中所有教育机会的统一，学校教育只是人们接受教育的一个阶段而不是全部，对劳动者来说，一次教育获得的知识和技术，已远不能满足一辈子的工作需要，需要不断补充、更新知识与技能，而这一点恰恰是职业培训的功能和优势所在。职业培训除了为接受培训的劳动者提供劳动技能服务，更可以为受训者的职业生涯发展提供持续性的支持，有力地推动终身教育的实现。而将职业培训的机会覆盖到全体劳动者，也是构建学习型社会的重要组成部分[①]。

就当前状况来看，我国劳动者职业培训还面临着许多挑战：

（1）从整个国家和社会的发展角度来看，我国劳动者整体的人力资本或素质偏低，缺乏高技能型人才，缺乏国际竞争力。当今世界几乎所有国家都将人力资源开发作为增强综合国力、国际竞争力的核心要素和重大战略决策。我国中高层次人才严重缺乏，人力资源整体水平与发达国家和新兴工业化国家相比存在差距，行业、企业人力资源结构性矛盾突出，城乡、地区间劳动力文化素质不均衡问题十分突出，劳动力整体文化素质不能适应专业高度化发展和劳动生产率持续提升的经济社会发展需要。

（2）从企业及用人单位的效益角度来看，劳动者职业技能水平偏低，人力资源得不到充分的开发，故而无法为用人单位带来较高的效益。我国职工队伍目前存在的问题，一是人多，二是素质不高。就目前来看我们一些企业的设备并不落后，有的生产线甚至比国际上一些知名的大公司还要先进，但即使是用同样的配件，我们组装的手表也无法达到瑞士产品的质量。现有企业已不是巧妇难为无米之炊，而是有米难寻巧妇。

职业培训的政府失灵和市场失灵问题同时存在，企业劳动者在职培训机会不多，机关事业单位员工职业培训流于形式。从量的角度看，我国是一个人口大国，目前的职业培训尚未完全覆盖到全体劳动者，即使对于在职业培训范围内的劳动者，职业培

---

[①] 1999年第二届世界职教大会上，联合国教科文组织将沿用多年的职业技术教育（TVE）改为职业技术教育与培训（TVET），会议的副标题是：终身学习与培训——通向未来的桥梁。

训的机会也不是均等的。

　　综上所述，教育的目的，是培养为国家社会发展所用之人才；职业教育为了满足经济与社会对高层次技术人才的需求，应进行相关技术人才的培养。因此，职业教育对于国家发展极为重要。世界经济的竞争，很大程度上是科学技术和制造业的竞争，这种竞争不仅需要一流的管理人才和研究人才，也需要一流的能工巧匠。要推进中国制造向中国创造转变、中国速度向中国质量转变、制造大国向制造强国转变，必须建设一支高素质的产业工人队伍，培养更多的"大国工匠"。基于此，本书希望通过对职业教育治理体系之研究，能够完整梳理出我国职业教育现况、面临的问题、发展前景，并总结国内外经验，最后提出研究结论与对策建议，提供在职业教育治理之学术研究与实务运作上的参考。

## 第二节　问题意识与研究意义、目的

　　提起职业教育，人们常常会想起"使无业者有业，使有业者乐业"，会想到"大国工匠"，可在目前我国各级各类教育中，职业教育还会被一些人看成是"洼地"与"短板"。《国家职业教育改革实施方案》是"办好新时代职业教育的顶层设计和施工蓝图"，其中第一句话就指出，"职业教育与普通教育是两种不同教育类型，具有同等重要地位"。这不仅明确了职业教育在我国教育体系中的重要地位，也为我国职业教育指明了未来发展的方向。

### 一、问题意识与研究意义

#### （一）是否为职业教育的问题

　　职业教育是深化教育改革的重要突破口，和普通教育是不同类型、同等重要的两类教育。职业教育发展得好，能够为学生提供多样化的成长成才路径，并有效分流高考升学的压力，避免"千军万马挤独木桥"的现象，为深化教育改革创造更好的条件。当前社会，推动高质量发展，壮大实体经济，需要数量充足的技术技能人才作为支撑。职业教育肩负着传承技术技能、培养多样化人才的责任，对接市场需求、更大规模地开展职业教育和培训，可以帮助学生掌握一技之长，实现更高质量、准备更充分的就业创业。但是与中央的要求和经济社会发展的需要相比，我国职业教育还面临着社会认识存在偏差；技术技能人才发展的渠道窄；办学特色不鲜明；职业教育吸引力不强；

对职业教育的支持力度不平衡；企业参与办学的积极性不高等问题。因此，必须深刻把握职业教育面临的形势和主要任务，立足全局、落实政策、解决问题，推动新时代职业教育不断改革发展。

### （二）是否为职业教育被忽视的后果

多年来，我国职业教育一直仅限于专科层次，被戏称为"断头教育""终结教育""次等教育"。如今职业教育却被视为与经济发展联系最为紧密的教育类型，时代给予了它从未有过的关注，它曾被发达国家誉为促进经济发展、提高国家竞争力的"秘密武器"。当前职业教育已成为重要的国家发展战略之一。

### （三）何为中职与高职的发展困境、解决之道

我国中等和专科职业教育毕业生想要升入本科继续学习，只能接受普通教育，且升学比例相当小。这种只接受普通教育生源、不输送职业教育生源的"终结性教育"违背了职业教育的内部发展规律。职业教育各层次彼此隔离，剥夺了受教育者的成长和发展的权利，大大降低了职业教育的吸引力。本科职业教育作为现代职业教育体系再造的重要教育层次，有着承上启下的重要作用，能够打通职业教育学生的成长通道。它的发展符合国际教育发展趋势，遵循职业教育的内部发展规律。

我国高等教育已全面进入大众化的发展阶段，但如何从教育大国发展成为教育强国，高等教育投入没有跟上规模扩张的步伐，高等教育资源短缺且利用率低的现象已严重制约了我国高等教育的健康发展。

本科职业教育其以灵活开放的办学方式，广泛吸纳行业企业中的社会资源，起到了我国高等教育市场资源分配的作用，提高了高等教育资源利用率，增强了高等教育的办学活力，丰富了高等教育类型，促进了我国高等教育的健康发展。

### （四）国家政策与时俱进的支持是顺势而为的最有利契机

2010年的《发展规划纲要（2010—2020年）》提出"到2020年，形成适应经济发展方式转变和产业结构调整要求、体现终身教育理念、中等和高等职业教育协调发展的现代职业教育体系，满足人民群众接受职业教育的需求，满足经济社会对高素质劳动者和技能型人才的需要"这一职业教育发展战略目标，职业教育发展战略不仅已经上升为我国国家战略，更是未来十年我国职业教育改革和发展的重要战略任务。职业教育处于弱势地位的现实与政府的高度关注所形成的矛盾，使职业教育的发展道路充满了挑战和机遇。

为加快构建现代职业教育体系这一战略目标的实现，我国先后颁布了《国务院关于加快发展现代职业教育的决定》和《现代职业教育体系建设规划（2014—2020年）》，其中都明确提出要发展本科层次职业教育，并达到一定规模。这一政策的提出，为我国本科层次职业教育的发展提供了前所未有的机会。2018年2月教育部等六部门联合发布关于印发《职业学校校企合作促进办法》的通知，主要举措为，该办法所称校企合作是指职业学校和企业通过共同育人、合作研究、共建机构、共享资源等方式实施的合作活动。《国家职业教育改革实施方案》的发布使当下成为最有利的职业教育发展契机。

**（五）全球形势瞬息万变，是职业教育各级人才需求发展的重要机会，谁去整合资源**

受2008年金融危机、2019年新冠病毒疫情的影响，我国经济增长方式发生转变，对传统产业进行优化升级，加快高新技术产业化发展。社会经济的转型升级需要一支升级的技术技能型人才队伍来支撑，尤其需要一批基础理论扎实、技术能力强的高级技术人才，市场人才需求结构的变化必然引起高等教育结构的调整与优化。专科层次职业教育人才培养规格已不能完全满足这种客观需求，职业教育人才培养层次应该得到提升。随着人们生活质量的不断提高，人们的教育投入意识也逐渐增强，基于个人成长需求和职业发展需要，要追求更高水平的职业技能，提升自身的人生价值，这种更高层次的职业教育需求异常强烈。

所以现代职业教育治理，就在解决我们所面临的职业教育契合与发展问题。现代职业教育治理是政府、行业组织、企业或社会培训机构和学校依据相关制度、政策和市场规范，寻求合法利益、互利共赢、平等协商，就现代职业教育实施或发展面临的特定任务达成共识、解决相关事务的过程。基于以上问题导向意识的剖析，凸显本书重要意义之所在，更期盼通过本书的分析与总结达到以下研究目的。

## 二、研究目的

综上所述，本书的主要目的如下：

（1）梳理我国职业教育完整的政策发展历史进程；

（2）探讨我国中等职业教育的现况、面临的问题、发展前景；

（3）分析我国高等职业教育现况、面临的问题、发展前景；

（4）检讨我国职业培训现况、面临的问题、发展前景；

（5）借鉴国外职业教育和培训的经验；

（6）总结经验提出我国职业教育发展的可行建设方案与对策建议。

应职业教育大发展与"中国制造2025"的需求，虽然我国职业教育已有百年之久，但相比发达国家，我国的职业教育起步晚，发展速度也比较缓慢。进入21世纪，随着我国市场经济的快速发展，职业教育发展迅猛，其重要性也日益凸显。

"中国制造2025"力求实现从"中国制造"到"中国创造""中国质量"，再到"中国品牌"的转化，这就需要大量高科技技术人才作为智力支撑。大量技术人员质量的高低直接关乎"中国制造2025"实现的程度。按照"中国制造2025"战略要求，需要更高程度、更高水平、更专业化的技术型人才，这不仅是对我国现存劳动力整体技术水准的挑战，更是对我国职业教育领域的巨大挑战。职业教育在其中扮演着"基石、中流砥柱"的角色，职业教育质量保障体系更是保障"中国制造化"顺利实现的不可或缺的角色。

诚如《国家职业教育改革实施方案》所提的"三个转变"精神，一是发展模式的转变，即要从注重数量向注重质量的方向转变；二是从政府主办为主向政府统筹、社会多元办学的格局转变；三是从参照普通教育的模式向产教融合、办学特色更加鲜明的类型教育方向转变。

改革是一个过程，不会一蹴而就，也不会一劳永逸。发展职业教育必须尊重规律、稳步推进。从时间节点来看，其中一些时间节点引人注目：2019年启动学历证书＋若干职业技能等级制度试点；2022年一大批普通本科高等学校向应用型转变。这样的时间节点，勾勒出我国职业教育现代化的清晰脉络，也标注了深化改革的奋斗目标。当然，改革阵痛难以避免、挑战不容忽视。比如，如何落实《国家职业教育改革实施方案》提出的各级政府部门"由注重'办'职业教育向'管理与服务'过渡"？怎样切实鼓励社会力量尤其是企业参与办学？面对这些问题，只有拿出攻坚克难的智慧和勇气，才能让改革举措落地开花。

现代职业教育治理，是将国家、政府、学校、市场、社会和个人统一于现代职业教育活动之中，是国家治理体系和现代职业教育体系的重要实践。可以说，做好现代职业教育治理，是实现国家治理体系现代化和构建现代职业教育体系的基础和保障。

## 第三节 研究重点与研究架构

### 一、研究重点

职业教育，是我国国民教育体系的重要组成部分，也是终身教育体系的重要组成部分，承担着培养高素质劳动者和技能人才、促进就业、消除贫困、稳定社会的重要作用，是我国社会主义现代化建设的重要支撑力量。但目前我国职业教育的发展状况与发达国家相比还存在许多不足，职业教育的改革和发展迫切需要职业教育政策的扶持和指导。政策对职业教育的发展进行着指导和规范，是职业教育发展的主要推动力。因此，进行政策研究，有利于更好地完善职业教育政策，对职业教育的大改革、大发展、大繁荣具有重要的意义。

本书通过研究中华人民共和国成立以来的职业教育政策，分析不同历史时期的职业教育政策，以及政策引导下该时期职业教育发展的情况，然后分析职业教育政策的现状及问题，如我国地方政府重视不够、政府立法执法力度不够、政府投入政策不公平、教师培养政策不完善、职教与普教政策衔接不紧密、政策的相关配套体制不完善。接着对德国、澳大利亚、美国和英国的职业教育政策进行借鉴和分析比较，并总结这四国发展职业教育的共同经验。在借鉴国外职业教育政策先进经验的基础上，结合我国职业教育发展的实际情况，找出职业教育政策发展的演进逻辑；进而重点分析职业教育政策在发展中的逻辑偏误，并结合国外职业教育政策制定的经验，为我国职业教育政策今后的走向提供参考意见或建议，这对进一步完善我国职业教育政策具有重要的理论价值和实践意义。

具体来讲，研究主要包括以下方面：

第一部分，导论。包含以下几个方面：问题的提出；研究意义；文献综述；研究设计思路和方法；相关概念的界定以及研究的创新与不足之处。

第二部分，职业教育政策的发展演变。分析改革开放以来职业教育政策的变迁，按照职业教育发展的阶段性特征和关键政策颁布的时间，把职业教育发展划分为几个阶段，并对不同阶段职业教育政策颁布的背景、政策的特点、政策关注的方面及取得的成果和不足进行深入探究和分析，从而梳理职业教育政策的发展思路，为下文论述职业教育的演进逻辑和偏误提供基础和依据。

第三部分，职业教育政策的演进逻辑。通过对职业教育政策变迁的分析，总结出不同阶段的发展特征，进而揭示职业教育发展的演进逻辑与偏差。

第四部分，国外职业教育之国外经验借鉴与比较。

第五部分，我国职业教育之发展治理模式与评价：构建职业教育的治理体系、完善职业教育的法律体系、加强职业教育的管理体制、强化职业教育的政府公共服务制度、完善职业教育的专业建设、优化职业教育的人才培养建设、精实职业教育的教师队伍建设、落实公共实训基地建设的保障机制、构建职业教育的产学训合作机制、强化职业教育配套制度的建立。

第六部分阐述了笔者对我国职业教育政策发展的策略建议，主要从思想观念转变、职能转变、监督机制、体制建设、机制建构、师资队伍、制度保障等几个方面提出了笔者对我国中高等职业教育政策改革和创新的建议。

## 二、研究架构

如图1-1所示，为我国职业教育的现况与发展前景。显然普通教育并不在本书研究的范畴。首先从职业教育与职业培训这对双核心谈起，探讨其政策发展历程中所面临的问题与挑战；同时借鉴国内外职业教育治理经验，整理出我国职业教育发展的模式与评价意见；最后总结意见，提出对我国职业教育发展的可行的参考意见与建议。

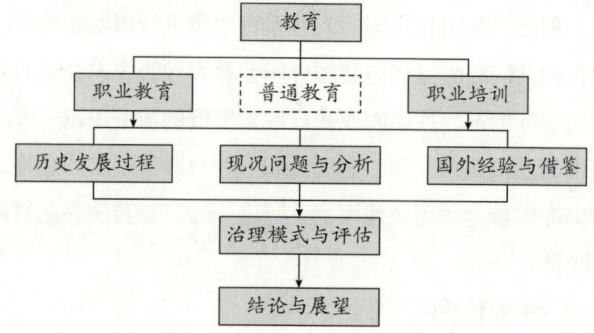

图1-1 本书的研究架构（一）

图1-2旨在深入分析职业教育，揭示在实务上，职业教育由专业建设体系与支撑体系这两大体系所集成与支撑。专业建设，即理实一体化的教育体系。从系统理论角度

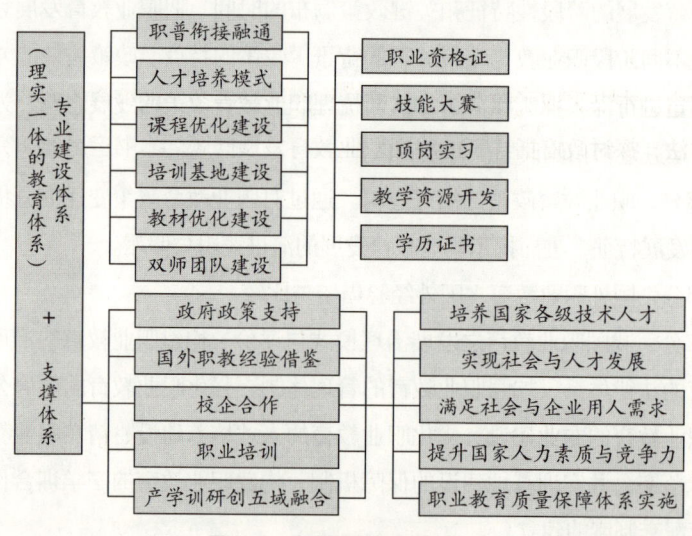

图1-2 本书的研究架构（二）

分析，借由职普衔接融通、人才培养模式、课程优化建设、培训基地建设、教材优化建设与双师团队建设的输入，经过不断的转化，产出了职业资格证、技能大赛、顶岗实习、教学资源开发、学历证书等学习成果。支撑体系也是一样，通过国家在政策经费方面的支持、校企合作、职业培训、国外职教经验借鉴、产学训研创五域融合，经过学习的转化过程，培养国家各级技术人才、实现社会与人才发展、满足社会与企业用人需求、提升国家人力素质与竞争力、职业教育质量保障体系实施等结果，也是本书研究的重点。

## 第四节 研究方法、研究成果与创新点

### 一、研究方法

从中华人民共和国成立至今，我国职业教育经历了几十年的发展历程，取得了很多可喜的成绩，当然，也出现了很多让人深思的问题，值得学术界广泛关注和研究。

本书以影响我国职业教育政策变化的背景因素、政府在中高等职业教育调控方面的理念变化、相关政策措施的制定与开展、对国外职业教育政策的借鉴等内容为主要切入点，来建构全书的基本框架，其目的就是探寻我国政府如何适应不同历史时期的经济和社会发展需求，在正确理念的指导下通过切实有效的政策措施来逐步构建和改善职业教育这一重要体系。

从一般方法论的层面来说，本书是以实证研究为主，并力求将实证研究与规范研究有机地结合。本书采取了政治学、社会学、经济学等多学科综合的方式，以及区域性研究的方法，探讨政府指导下的我国职业教育发展问题。本书运用的研究方法主要有以下几种：

历史研究法：本书首先对我国职业教育政策的发展轨迹做出描述，并加以分析和论证，还根据对部分发达国家和地区职业教育发展成绩的借鉴，探讨我国职业教育发展的脉络。通过历史研究法获得清晰的轨迹，并从对历史的描述和分析中，获取若干职业教育发展的规律，为我国职业教育政策的制定提供有价值的依据。

比较研究法：比较研究具体包括宏观比较研究、微观比较研究和狭义的比较研究等三种方法。本书分别就不同国家和地区的职业教育政策变革与发展的整体状况进行宏观把握，对世界职业教育在微观领域中的发展、变革的规律及趋势进行系统的分析，

再通过对特定问题在不同国家和地区的解决方式进行比较，从中得出启示，加以扬弃和借鉴。

文献研究法：本书涉及许多国家和地区的职业教育相关资料，而笔者不可能在本书写作期间进行实地分析考察，因此在很大程度上依赖于广大学者已经公开出版和发表的现成研究资料，将这些从国内外收集的大量相关文献资料作为本书的现实参考依据之一。

调查研究法：除了对现有职业教育相关文献资料的把握以外，笔者还尽可能地收集一些第一手材料，这就需要通过访谈、参与座谈、实地考察等方式进行调查研究，对掌握的第一手材料进行整理和分析，来作为文献研究的辅助材料。

案例分析法：本书还将根据广大学者的研究报告和笔者的实地调研结果，选取职业院校中有代表性的发展实例进行分析和评述，从而为本书的观点提供重要的现实依据。

## 二、预期的研究成果和创新点

### （一）本书解决问题的思路与成果

2018年9月10日习近平总书记在全国教育大会上强调，"不断使教育同党和国家事业发展要求相适应、同人民群众期待相契合、同我国综合国力和国际地位相匹配"。作为教育事业的重要组成部分，推进职业教育现代化，用改革激活一池春水，职业教育必将迎来百花齐放的春天，打造新时代改革发展的"人才摇篮"。

随着我国加入与主政的WTO、APEC、亚投行等国际经贸组织，再加上我国党的十八大以来所畅议的一带一路国家政策的指引，如何发展职业教育，已成为教育改革的一项重要内容，与此同时，国际社会也达成了一种共识：国家经济只有在高技能人才的支持下才能在竞争中取得有利地位，才能成为22世纪民主制度稳定的基础。因此，职业教育也将顺势成为改革的重点之一。

职业教育的重要性早已成为社会共识，但由于传统人才观念等诸多因素的限制，职业教育整体上依旧处于"叫好不叫座"的尴尬境地。职业教育如何破局？一言以蔽之，围绕职业教育的"职业"两个字做文章，走符合自身特点的"内涵式"发展之路。这就需要在提升职业教育质量上下足功夫。

2018年2月教育部等六部门在印发《职业学校校企合作促进办法》的通知中指明了包括部分高校通过二级学院开展试点，在校地合作、校企合作、教师队伍建设、人才培养方案和课程体系改革、学校治理结构等方面积极改革探索，并指出要重点加强应用型本科高校实验实训实习环境、平台和基地建设，鼓励吸引行业企业参与建设产教融合、校企合作、产学研一体的实验实训实习设施等举措的落实。

基于上述内容可知，我国职业教育已是一种新发展起来的教育形式，但在教育体系中占据重要的一席之地至今不过十余年光景，目前影响我国职业教育顺利发展的主要问题是什么？职业教育政策制定和实施应当遵循哪些原则和轨迹？职业教育的发展趋势和前景又如何？我国政府在职业教育发展中及职业教育政策的制定中应发挥怎样的作用？各种相关政策应如何促进职业教育的健康发展？这些都是本书力求解决的主要问题与研究成果。弄清这些问题，不仅对职业教育本身的发展具有理论与实践意义，还能为职业教育政策的制定和实施过程提供有价值的参考建议。

2019年1月所印发《国家职业教育改革实施方案》明确提出：①普通本科高校向应用型转变；②"双师型"教师队伍建设；③启动1+X证书制度试点；④启动实施"特高计划"；⑤建设多元办学格局等。本书提议：①修订职业教育法，让学用合一与训用合一；②建立职业教育与普通教育之间的联系通道；③建立职业教育与职业资格之间的联系桥梁；④制定一体化多元人才培养方案；⑤建立职业教育人才培养质量评价制度；⑥加强国际交流与合作，推进职业教育国际化；⑦实践有时代特点又具中国特色的职业教育体系；⑧完善公共实训基地相关法制与保障机制等。二者在精神与方向上是不谋而合的。

## （二）本书的创新点

从选题方面来看，本书在全面而系统地研究我国职业教育政策与培训的相关论述后发现，我国目前针对职业教育完整而有系统的研究成果还比较少。因此，本书成果将弥补我国职业教育政策研究领域的不足，丰富经济社会转型时期的政府公共政策理论、职业教育和培训理念，为政府政策制定的导向提供一些建议。

从研究的内容来看，本书在分析我国职业教育发展的实际情况和面临的新形势的基础上，结合具体实例与国内外职业教育经验，对我国职业教育政策发展中的问题进行了详细的分析；提出了在政府政策引导下解决这些问题的建议；提出了立足职业教育特点、面向国民经济发展需要的理实一体六元合一的专业建设教学体系及五位一体支撑体系的政策建议；产出了职业资格证、技能竞赛、顶岗实习、教学资源开发、学历证书等学习的成果；再通过国家政府政策经费的支持、校企合作、职业培训、国内外职教经验借鉴、产学训研创五域融合等方式，学习过程转化，后产出了职业教育质量保障体系的实施、丰富国家各级的技术人才、实现社会与人才共同发展、满足社会与企业用人需求以及提升国家整体人力素质与竞争力等结果。

最后本书总结出对职业教育发展和培训治理体系的结论与建议，期盼对我国职业教育治理策略具有重要的参考价值。在探索中国制造2025与中国特色职业教育的宏观背景下，为加快我国职业教育现代化做出贡献，对我国职业教育的发展和我国政府对职业教育态度的转变都具有重要的建设性意义，这也是本书的创新之处。

## 第五节　研究范围与限制

### 一、研究范围

本书所谈职业教育系以职业教育和职业培训为主要研究范围。本书基于研究目的与待答问题，将研究对象限定在我国职业教育之研究，但不包括普通（义务）教育；职业培训部分，只针对公共职业培训，不包括民办的职业培训。研究主要针对职业教育的发展进行比较，起止时间为自1949年中华人民共和国成立起至今。首先，依据历史途径为纵轴进行相关政策分析，并透过职业教育发展的研究思路，导引出发展职业教育的争论与问题作为横轴；在职业教育发展方面，用系统论与生态论解析并探讨职业教育发展的意义，找出职业教育发展的特征；再借鉴国外职业教育治理体系的经验，找出未来我国职业教育发展的可能规律与特色；最后再针对研究目的与待答问题，提出本书的结论与建议，及对未来我国职业教育的展望。

### 二、研究限制与价值

#### （一）研究限制

本书通过各种渠道尽量搜集一次资料如报纸、公文、多媒体、技术数据、日记、期刊论文、学位论文、书籍、会议记录、统计数据等文史数据，再以相关摘要、索引、引用索引、图集、图书目录、字典、百科全书、手册、索引典为二次数据作为参考进行撰述，但碍于时间、获得渠道与能力等因素，无法穷尽各种数据。所以本书在内容上必定会有许多疏漏与不完善之处，尚祈各位研究先进前辈指导斧正。

#### （二）学术价值

近年来，随着社会发展的需求和政府对于职业教育的大力提倡，职业教育的发展越来越受重视，与之相关的研究也越来越多，越来越深入。国外职业教育发展的经验也被相继引进，并有相当数量的研究对中外职业教育发展进行比较。但是查阅的数据显示，职业教育的研究重点开始向高等职业教育倾斜，对于中等职业教育的研究却相对减少。我们应该认识到，虽然职业教育的发展有上移的趋势，但我国仍将中等职业教育作为当前职业教育发展的重点，中等职业教育仍然担负着为国家培养技术工人和高素质农民的重要任务，我们在重视高等职业教育研究的同时不能忽视中等职业教育的发展，只有兼顾二者才能够才能建立起完善的、科学的职业教育理论体系。从这一角度来说，当前中等职业教育的研究对职业教育理论体系的建构就具有学术价值。

另外，已有的研究成果，多集中于对我国高等职业教育发展脉络的事实性梳理，或是对于当前我国高等职业教育发展现状的分析描述，统筹全局地对我国当代中（高）等职业教育发展的整体状况进行系统研究的却不多见，并且研究的深度也很有限。这对中、高等职业教育研究来说不能不说是一个缺憾。在中华人民共和国成立70周年之后，对于中国（高）等职业教育70年间的变革和发展进行研究，梳理出我国中（高）等职业教育发展的清晰脉络，并在此基础上概括出中（高）等职业教育发展的总体特点，这对完善中（高）等职业教育和培训的研究来说，也具有非常重要的学术价值。

### （三）应用价值

进入新世纪，尤其是2002年国务院召开全国职业教育工作会议以来，我国职业教育开始出现较好的发展态势，逐渐迎来新的发展机遇。社会对职业教育提出新的需求，我国各行业都紧缺技能型人才。另外，近年来我国加速城镇化进程，大量农村剩余劳动力的转移对中等职业教育发展提出了新的要求[①]。

近年来，我国也意识到职业教育的重要性，并出台了一系列法律法规和扶持政策。但是我国中等职业教育的发展并不乐观，出现了一系列的问题，比较突出的如中等职业教育生源少，质量差，学生面临的就业压力大，专业教材与课程不适应现代社会所需，办学条件差，师资队伍不稳定等。

在中等职业教育发展过程中上述问题是如何产生的？我国中等职业教育发展的特点是什么？我们怎样根据上述问题产生的根源和我国中等职业教育发展的特点去有效地解决问题？本书即要对我国中等职业教育的发展进行探究，确切地了解它的发展轨迹，分析它的发展特点，试图寻找上述问题产生的根源，为我国中等职业教育现在和未来的发展提供一些比较合理的观点和建议，最终有助于中等职业教育健康、科学发

---

① 2002年7月28—30日，国务院召开了全国职业教育工作会议，8月28日印发了《国务院关于大力推进职业教育改革与发展的决定》。

展。这正是本书的应用价值之一。

  当今时代是科技飞速发展的时代,是竞争异常激烈的时代,是充分展示职业技能的时代。我国高等职业教育作为我国教育事业的重要组成部分,其重要性在这个时代中日益凸显出来。高等职业教育政策对高等职业教育的发展起着基础和导向的作用,因此政策问题就成了高等职业教育所关注的焦点。了解我国高等职业教育政策的发展历程,窥探政策视野下我国高等职业教育发展现状,借鉴发达国家高等职业教育政策的先进经验,发掘我国高等职业教育政策中存在的问题,对我国高等职业教育政策的改革和创新尤为重要,这是本书应用价值之二。

# 第二章　中国职业教育之文献与理论探讨

## 第一节　中国职业教育的概念界定

### 一、职业教育

#### （一）职业教育的概念

目前国内外对职业教育的定义有近百种，但还没有一个明确的、被统一认可的定义。对职业教育比较流行的几个界定有：

《教育大词典》第三卷定义：职业教育为传授某种职业或生产劳动必需的知识、技能的教育。它强调职业教育是培养劳动型技能人才的一种教育活动。

1917年，黄炎培在《中华职业教育者宣言》中定义职业教育是用教育方法，使人人依其个性，获得生活的供给与乐趣，同时尽其对群之义务。其使无业者有业，使有业者乐业的职业教育目的十分明确。

1985年《我国中央关于教育体制改革的决定》提出的影响最大、正规化程度最高的有两种：一是职业技术教育；二是职业教育。本书中使用职业教育，与职业技术教育，两者含义完全一致。

1996年9月颁布的《中华人民共和国职业教育法》规定：职业教育是国家教育事业的重要组成部分，是促进经济、社会发展和劳动就业的重要途径。它指明职业教育在国家教育体系中的地位，并表明职业教育为经济、为社会、为个人服务的目的。这最终成为我国关于这种教育类型的法定名称。

1998年，联合国教科文组织在《国际教育标准分类法》中定义：职业教育是为引导学生掌握在某一特定的职业、行业或在某类职业中从业所需的实用技能、专门知识和认识而设计的教育。其学习技能、从事职业的目的明确。

顾明远、梁忠义认为：职业教育是以传授某种职业所需知识、技术、态度为主要内容的，以培养职业人为目的的教育。他们强调职业教育为就业服务，是培养职业人的教育。

孟广平认为，职业教育是大工业生产发展的必然产物，它是一个历史发展过程。他强调职业教育是社会生产力发展的必然结果，职业教育与工业发展相关，是为工业生产培养专门人才的教育。

纪芝信认为，职业教育是为适应职业需要而进行的教育，包括就业准备、在职提高和转换职业所需的教育。他强调职业教育是为个人终身学习、不断提高的专门教育。

（二）职业教育的含义

职业教育是采用专门学校教育或职业培训的方式，对受教育者进行职前教育、职中提高及职后培训，以传授专门职业或职业群需要的文化知识、基本理论、专门技能和劳动态度，培养企业一线所需初、中、高级技能型人才为主要目标的一种就业教育。职业教育是终身教育。职业教育可分为学校职业教育和职业培训两类，一般包括职前教育、在岗培训、转岗培训和离岗培训等，覆盖了人的一生。职业教育以职业或职业群的需要为核心，包括基本书化、基础理论、专门技能和职业态度（职业观）四方面内容。

职业教育是专门培养企业一线需要的技能型和管理型人才的教育。

职业教育分三个层级，即初等职业教育、中等职业教育和高等职业教育。

职业教育是就业教育。使受教育者顺利就业是职业教育的最终目的。

（三）职业教育的分类

我国职业教育可以分为两大类：第一类为学校职业教育；第二类为职业培训[2]。而在这两大类下面又各包含若干小类，它们共同构成我国职业教育的完整分类体系。具体分类详见图2-1。

总结而言，职业教育，是指在普通教育基础上，对社会各种职业、各种岗位所需要的就业者和从业者所进行的关于职业知识、技能和态度的职前教育和职后培训，使其成为具有高尚的职业道德、严明的职业纪律、丰富的职业知识和熟练的职业技能的劳动者，从而适应就业的个人要求和客观的岗位需要，最终推动生产力的发展[3]。本书所谈职业教育，系以职业教育和培训为主要研究范围，在本书的界定说明中已将职业培训纳入职业教育的范围，所以本书的题目，即定名为中国职业教育发展及其治理体系研究，其内容依然会对职业培训进行讨论，同时凸显出在新时代中这个环节议题论述的重要性与周全性[①]。

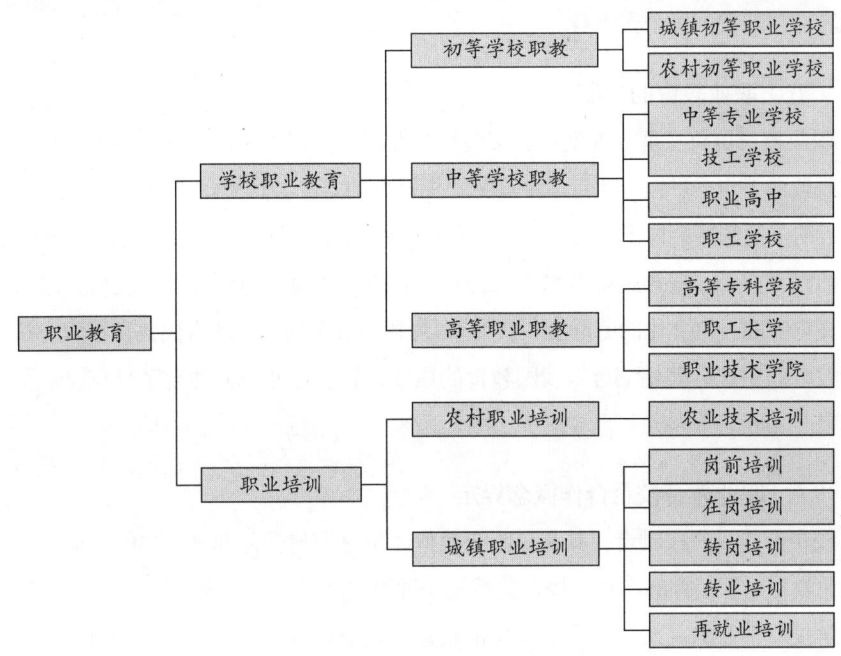

图2-1　我国职业教育的完整分类体系

### （四）职业教育的特点

（1）职业性。职业性是指职业教育的培养目标是为社会各行各业生产、服务一线输送各级各类技术技能型人才。它注重的是职业技能教育，目标是使受教育者学成以后能够在社会上顺利地实现就业。它分为以下三种职业性：培养目标的职业性、学校办学的职业性、专业的职业性。

（2）实训性。实训性是指职业教育学校将受训者放在真实的工作环境中去亲历实践教学、现场训练等，把这个环节当作学校教学工作不可缺少的组成部分。它分为以下三种实训性：教学上的实训性、技能上的实训性、培养上的实训性。

（3）经济性。经济性是指职业教育是我国工业化、社会化、现代化发展的重要支柱，同我国的经济发展和社会进步相互促进、相互影响[4]，是指职业教育与社会经济的相互促进、相互制约。

---

① 现行《中国职业教育法》第二条称"本法适用于各级各类职业学校教育和各种形式的职业培训"，可知其亦作同样的文字说明。

（4）终身性。终身性是指职业教育是随着我国的经济发展和社会进步不断变化发展的，其最终的目标是使人人都享受职业教育，每个人的一生都不断地接受职业教育。职业教育伴随我们每个人终身。

### （五）职业教育的功能

职业教育具有实现人人就业、实现社会发展、实现人全面发展三种主要功能，我国职业教育工作一贯坚持教育与生产劳动相结合的方针。1957年2月27日，毛泽东同志在扩大的最高国务会议上作的《关于正确处理人民内部矛盾的问题》报告中明确提出：我们的教育方针，应该使受教育者在德育、智育、体育几方面都得到发展，成为有社会主义觉悟的、有文化的劳动者。1995年3月18日颁布的《中华人民共和国教育法》已明确教育同生产劳动相结合是我国教育的重要方针。这些充分体现了马克思主义关于人的全面发展的原则。

### （六）职业教育校企合作概念界定

校企合作、产校融合，其实是职业教育体系落地与转化非常重要的体现之一，也是职业教育治理精神的实践。校企关系是一种组织间关系，即职业教育与产业或行业、职业学校与企业的关系。职业学校与企业分别属于教育和产业两个不同的系统，是两个性质不同的组织，职业学校属非营利性组织，企业属营利性组织。因此，校企合作是一种跨系统或跨界合作。国内学者姜大源也提出了职业教育是一种"跨界的教育"，认为"'跨界'是教育的本质和特征"。职业教育跨越了企业与学校、工作与学习，是一种跨职业与教育的活动。职业教育所强调的校企合作、工学结合是对跨界教育的最好体现。[5]

本书从校企合作概念的范围、层面、与其相关概念的关系三个方面来界定校企合作。

①校企合作概念的范围：广义的校企合作还是一个概念的集合，代表产学研合作、产教结合、工学结合、工学交替、半工半读和双元制、学徒制、合作教育、官产学合作等一组概念。狭义的校企合作是指企业与职业学校的合作。

②校企合作概念的层次：宏观校企合作是指国家层面的校企合作，中观的是指区域或省级层面的校企合作，微观的是指学校层面的校企合作。

③校企合作概念与其他相关概念的关系：与"校企合作"相关的概念有许多，如产学研合作、产教结合、产学合作、工学结合、半工半读、工读交替等，为了便于研究，笔者对校企合作及相关概念的关系作出了简要辨析定位。校企合作及相关概念关系如图2-2所示。

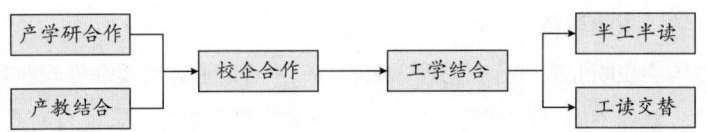

图2-2 校企合作及相关概念关系

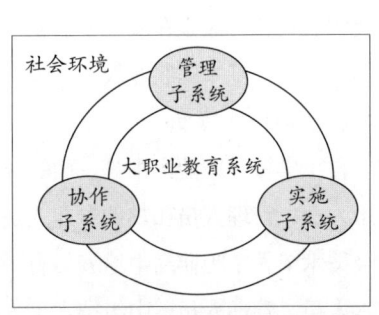

图2-3 职业教育校企合作组织结构框架

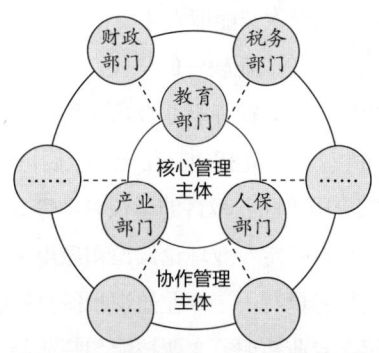

图2-4 职业教育校企合作委员会构成

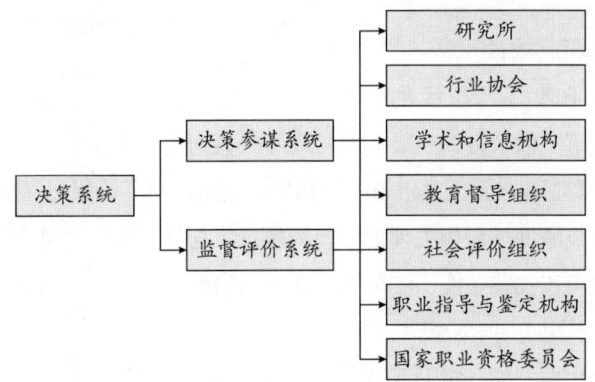

图2-5 协作系统组成

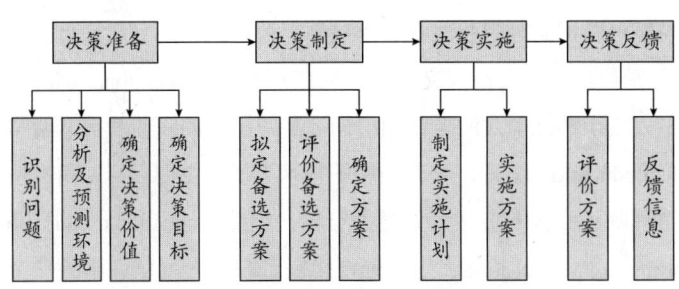

图2-6 职业教育校企合作决策体系的运行

### （七）学校职业教育

目前我国学校职业教育分成初等职业教育、中等职业教育及高等职业教育三个层次，分别对应培养不同层次的职业人才。实施高等职业教育的学校有高等专科学校、高等职业技术学院、职业大学及成人高等学校，也可以由普通高等学校专门实施，目的是培养高层次技能型人才。

实施初等职业教育的学校，现阶段主要在我国农村，一般是在农村普通初中教育过程中附设少量初等职业技术课程，对农村初中学生进行基本的职业教育，或者是在这些初中学生学完初中文化课程以后再追加1~2年的职业技术教育。

实施中等职业教育的学校有中等专业学校、技工学校、职业高中等。中等专业学校培养具有一定专业理论知识和应用技能的技术人员、管理人员和其他专业人员；技工学校培养具有一定专业知识和操作技能的中级技术工人；职业高中培养具有一定文化水平、专业知识、专业技能和职业能力的技术人员、管理人员、中级技术工人或其他专业人员。

### （八）高等职业教育

对于高等职业教育，《教育大辞典》有如下见解：首先，高等职业教育属于第三级教育层次，而第三级教育，一般认为与高等教育同义。把高等职业教育放在职业教育系统来看，所谓职业教育就是进行一般科学、技术学科理论和相关技能学习的教育，以及着重于职业技能训练和相关理论学习的教育。与其他类型教育比较，高等职业教育偏重理论的应用和实践技能、实际工作能力的培养，大都处于高级中学和高等专科阶段，也有的处于初级中学阶段[6]。

职业教育中也有一部分属于高等专科阶段，而高等专科教育属于高等教育的范畴。按照国际惯例，高等教育为第三级教育，高等专科教育就是第三级教育的第一阶段。因此，理所当然可以把高等职业教育看作是高等教育的一部分，并且我国的高等职业教育与西方高等专业技术教育同义。在西方职业教育（vocational education）是指培养一般熟练工人或半熟练工人的教育和培训；高一层次的职业教育，通常称之为技术教育（technical education），即以培养一般的技术人员为主要目标；再高层次的职业教育便以培养工程师或高级专业技术人员为目标。因此，vocational education、technical education、professional education，三词分别代表了职业人才培训中的三个层次，分别对应于我国的工人、技术员和工程师。如果按照西方的这种理解，我们今天所谈的高等职业教育，就是西方的高等专业技术教育，即技术员、工程师层次的职业人才教育与培训。

我国的专科教育、工科、应用型专业学科的本科教育（甚至研究生教育）都可归于此类[7]。再者，我国高等职业教育与联合国教科文组织颁布的5B标准分类相吻合。联合国教科文组织在1997年颁布了《国际教育标准分类》，将大学教育（5级）分为学术性为主的教育（5A）和技术性为主的教育（5B）标准分类。对学术性为主的教育（5A）描述为：课程在很大程度上是理论的，目的是为进入高级研究课程和从事工程要求的职业做充分的准备。对技术性为主的教育（5B）描述为：课程内容是面向实际的，是分具体职业的，主要目的是让学生获得从事某个职业或行业所需的实际技能和知识，完成这一级学业的学生一般具备进入劳务市场所需的能力和资格[8]。从标准分类中可以看出5B标准分类就是我国所追求的高等职业教育。

## 二、职业培训

### （一）职业培训的概念

当今世界综合国力的竞争，归根结底是人才的竞争，劳动者素质的高低已成为衡量一个国家社会、经济、文化发展程度的重要标志和决定因素之一。所以重视培训事业，已成为当今世界的一大潮流[9]。

"职业"简单来说是个人所从事的作为主要生活来源的工作。"培训"是培养和训练，使体力和智力得到发展。而"职业培训"一词因为研究的角度不同，对其的界定也不一样。

职业教育和职业培训的概念经常被人使用，容易产生混用的现象。但对于"职业培训"一词，目前并无明确的说法。有学者认为，职业教育和职业培训概念相同[10]；职业培训包括职业教育和职业培训[11]；职业培训等同于职业教育以及职业技术培训[12]。

笔者认为，这些说法不尽周延合理。职业教育是指学校依据国家教育主管部门规定的标准和授课进展，结合职业训练目的所提供的包含各种不同等级的理论知识和职业技能的教学。而职业培训是指为了培养和提高人们从事各种职业所需要的技术业务知识和实际操作技能而进行的教育和训练。

职业培训是职业教育的重要组成部分。《职业教育法》中所指的职业培训，包括从业前培训、转业培训、学徒培训、在岗培训、转岗培训及其他职业性培训，可以根据实际情况分为初级、中级、高级职业培训。职业培训分别由相应的职业培训机构、职业学校实施。其他学校或者教育机构可以根据办学能力，开展面向社会的、多种形式的职业培训。

职业培训讲究的是实用、够用、立竿见影，其发展方向就是职业培训的市场化和社会化，培训必须跟着市场走。培训方向的确定、培训项目的设置、课程设置、都要与劳动力市场需求衔接。关于职业培训的目的，《劳动法》中提出了以提高劳动者素质，增强劳动者的就业能力、工作能力和实施国家质量振兴计划服务为目的，以劳动力市场需求为导向、以职业分类和职业技能标准为依据、以灵活的职业技能培训和社会化管理的职业技能鉴定为支柱，建立和完善具有我国特色并与国际惯例衔接的职业技能开发体系。

因此职业培训是职业教育的延伸，也是一种教育活动，但两者的差别也是明显的。职业教育承担普通教育后的教育，一般针对的是义务教育结束后的分流人员，通过职业学校教育使学生能在学校教育阶段就获得必要的职业知识和技能。职业培训承担短期、专项的职业教育，一般针对的是待业、在业及转业人员，具有较强的针对性。它是按照一定的职业对劳动者的要求来进行的，以直接培养和提高劳动者的竞争能力及劳动熟练程度为目的，通过培训可使劳动者扩大择业范围，提高竞争能力或在现有职业上获得发展。其主要特征之一是突出应用知识和操作技能的培养和提高。职业培训是教育与职业间的桥梁。

职业教育相当于《职业教育法》中的职业学校教育，职业培训则等同于《职业教育法》中的职业培训。《劳动法》中说的职业培训是指对具有劳动能力的劳工者为获得从事某种职业以及做好工作所必须具备的专业技术知识、实际操作技能和职业道德、职业纪律进行的教育训练。

职业培训一般是由各级劳动行政部门、行业主管部门、企业和社会团体来组织或实施的。它是在20世纪80年代后开始大规模发展起来的。职业培训一般分成两类：一类是城镇职业技术培训，主要任务是培训城镇待业人员，使其顺利实现就业；另一类是城镇已经就业的人员实行转岗培训、在岗培训、离岗培训等。

**（二）公共再就业培训**

再就业培训，也称之为就业培训或转岗培训，是指那些因经济不景气、企业技术更新、产业结构调整或者企业破产等因素而失业的人为了能够顺利实现再次就业而选择参加的培训活动。于法鸣在《培训与就业》一书中结合我国国情，指出再就业培训是指在有过一次工作经历的职工失业或下岗后，对其从事的职业所必需的职业指导、职业技能、职业道德和职业纪律进行的培训。公共再就业培训是指政府为了帮助就业困难人员实现再就业，而出资对他们进行的非学历的劳动技术与职业技能培训。在本书中，有关就业培训一词，也以职业培训作为一致性的文字表述，以利行文与论述过程中的理解与统一。

### （三）学校职业教育与职业培训的区别

我国学校职业教育与职业培训在教育对象、教育性质、所处地位、学制长短、管理部门以及结构特点方面的区别详见表2-1。

表2-1 学校职业教育与职业培训的区别

| 分类 | 学校职业教育 | 职业培训 |
| --- | --- | --- |
| 教育对象 | 青年学生 | 成年人 |
| 教育性质 | 正规性、系统性 | 非正规性、单一性 |
| 所处地位 | 主要地位 | 次要地位 |
| 学制长短 | 国家统一学制 | 短期学习 |
| 管理部门 | 教育部门 | 劳动部门、行业、企业、社区 |
| 结构特点 | 层次结构完整 | 层次类型比较多 |

资料来源：笔者自行整理

## 三、职业教育体系

### （一）现代职业教育体系的横向边界

随着我国政治经济教育等体制的不断改革，社会各部门之间以及部门内部的劳动分工及权益分化越来越精细。实际上，自教育从政治经济等部门中逐渐脱离并独立以后，教育和经济就日益成为相对封闭的社会子系统。随后，各自又不断扩张和膨胀，形成规模越来越巨大、结构越来越复杂的系统。二者都形成了一套相对独立的自营体系和自养机制，从此沟通越来越有限。这种社会子系统的分化或者分工，既是社会系统结构分化的过程，同时也是其权益的分化和重新分配的过程：社会子系统获得重新分配的权益后，就会非常珍视所获得的权益，甚至于会因此走上极端，不愿意和其他社会子系统分享或者共享。事实上，从权益的起源来看，过分珍视现有权益就意味着会不断丧失原有的权益。

从广泛的意义上来看，在社会各子系统当中，经济和文化（教育）系统均承担直接的社会大生产，而思想（意识）、政治等系统则承担间接的社会大生产。其中，在直接的社会大生产中，经济系统主要承担物质方面的社会大生产，并且是其他子系统存在和发展的基础，文化（教育）系统则主要承担精神方面的社会大生产，包括人才（人力）资源的生产。这两大直接的社会大生产系统通过市场交换来实现，并依靠思想（意识）、政治等间接的社会大生产系统的协调和领导。在劳动力市场这个平台上，人才供需矛盾又迫使两大直接的社会大生产系统不得不展开合作，而人才供需活动得以持续的真正原因就在于社会大生产。

然而从社会系统整体来看，教育经济和政治等社会子系统实际上都是处于人才生产和再生产链条的不同环节上的教育者，它们仅仅是在这个生产过程的不同环节享有自己的教育权益而已，区别仅在于其教育权益存在多寡，即它们有的享有公共教育权，有的享有准公共教育权，有的则享有私有教育权。因此，可以通过社会大生产理论和教育权益的属性来统一经济部门的物质大生产和教育部门的精神大生产，使之形成一个相对独立又相互联系的教育权益连续体。"教育—政治—社会—经济—媒介"教育权益连续体详见表2-2[13]。

表2-2 "教育—政治—社会—经济—媒介"教育权益连续体

| 教育部门 | 政治部门 | 社会部门 | 经济部门 | 媒介部门 |
| --- | --- | --- | --- | --- |
| 学校职业教育 | 教育行政部门 | 社会职业培训 | 行业企业培训 | 研究、中介、传媒 |
| 教育权的公共性 | 教育权的公共性 | 教育权的准公共性 | 教育权的私有性 | 教育权的间接性 |
| 教育权的完全性 | 教育权的完全性 | 教育权的完全性 | 教育权的完全性 | 教育权的不完全性 |
| 直接行使教育权 | 直接行使教育权 | 直接行使教育权 | 直接行使教育权 | 间接行使教育权 |
| 公共教育提供权 | 公共教育管理权 | 准公共教育提供权 | 私有教育提供权 | 准公共教育管理权 |
| 文化生产性 | 思想生产性 | 文化生产性 | 物质生产性 | 信息生产和传播性 |
| 文化大生产 | 思想大生产 | 文化大生产 | 物质大生产 | 信息大生产 |
| 本体 |||| 延伸体 |

资料来源：闫智勇，吴全全.现代职业教育体系建设目标研究[M].重庆：重庆大学出版社，2017：169.

### （二）现代职业教育体系的纵向边界

探讨现代职业教育体系的纵向边界的主要目的是界定学校职业教育的层次。众所周知，以蒸汽机使用为标志的第一次工业革命要求劳动者具有小学文化程度；以电气化为标志的第二次工业革命要求劳动者具有初中文化程度；以原子能、电子计算机、空间技术和生物工程的发明和应用为主要标志的第三次工业革命要求劳动者具有高中文化程度并受过职业化训练；以信息化为标志的现代工业革命提出了高等教育大众化的要求，要求越来越多的人受过专门的高等教育训练，而且教育的层次也在不断提高。这个发展脉络基本上清晰地描绘了职业教育的层次不断提高的变革历程。

自2008年全球金融危机以来，我国社会经济的有机构成层次进一步提升，专科层次的职业教育已不能满足我国经济发达地区产业结构的发展，职业教育继续高移已是大势所趋。尽管国家层面仍然没有全面放开高等职业院校升格为本科院校，但是早已经有学者对比过普通教育体系的办学层次，提倡职业教育的体系应该在层次上与普通教育体系平齐。事实上，已经有多所专科层次的高等职业院校升格为本科层次的高等职业院校，而教育部已在酝酿将新建本科院校归并到高等职业教育体系。

这个思想在2011年的《国际教育标准分类法》中已经体现出来，它将大专层次的高等职业教育以后的既有职业教育特征又有学术教育特征的高等教育，称作专业教育（professional education）。可见，在现阶段，应用型本科或者新建本科及以上层次的高等教育其实不宜被划归到现代职业教育体系，而应该作为当前现代职业教育体系的边界。当然，随着我国社会经济有机构成的平均水平进一步提升，本科层次职业教育人才的社会需求率必将继续上升，这时候再将现代职业教育体系的边界上移才是合宜的考量。

为了佐证上述观点，这里需要继续探讨一下应用型本科与高职高专的区分度问题。就外在区分度来看应用型本科大学培养的是助理级别职称的预备人员，他们要具备沟通工程师和技术人员之间的专业素质，在生产过程中起到"桥梁"的作用；就内在区分度来看，应用型本科大学的类属特征就是"应用性"，即主要密切结合当前社会经济发展需求，对已有知识和技术进行横向整合和物化，而研究型大学的类属特性则在于创造新知识和开发新技术，普通的数学型本科大学重在通用性和系统性知识与技术的应用，高职高专重在专业知识和专业技术技能的应用。

从实质角度来看，现代职业教育体系边界的界定，需要从另外四个维度进行综合考察，第一是社会部门的横向分工；第二是教育部门的横向分工；第三是职业教育部门的纵向分工；第四是职业教育学习者生涯的发展。其中，社会部门的横向分工就是指上文中现代职业教育体系的横向边界；教育部门的横向分工就是指职业教育和普通教育的分野；职业教育部门的纵向分工就是指上文中现代职业教育体系的纵向边界；职业教育学习者生涯的发展是指除了职业启蒙教育外的职业人员在整个职业生涯中的职业教育。这四个维度中需要进一步定义的就是职业教育在教育部门的横向分工。按照现在的情况，职业教育培养的是各个产业部门所需要的产业工人，包括在生产、管理、服务的一线操作工人和技术员。综上所述，可以将现代职业教育体系本体、延伸体和边界大致表达在表2-3中[13]。

表2-3 现代职业教育体系的本体、延伸体和边界（■本体、□延伸体）

| 社会部门横向分工维度 | 学校职业教育 | 教育行政部门 | 社会职业培训 | 行业企业培训 | 研究、中介、传媒 |
|---|---|---|---|---|---|
| 教育部门横向分工维度 | 技术工人 | 技术员 | 助理 \| 工程师 | 工程师 | 副高级工程师和高级工程师 |
| 职教部门纵向分工维度 | 初等职业教育 | 中等职业教育 | 高等职业教育 | 专业教育 | |
| 学习者生涯发展维度 | 职业启蒙教育 | 职业准备教育 | 职业继续教育 | | |

资料来源：闫智勇，吴全全. 现代职业教育体系建设目标研究 [M]. 重庆：重庆大学出版社，2017：172.

### （三）从系统的关系链考察现代职业教育体系的内涵

既然现代职业教育体系是以"环境—体系—主体"三大核心要素相互紧密耦合而成的共生系统，就还要从三大核心要素的互动关系中探寻现代职业教育体系的内涵。

1. 从系统与环境之间的关系考察现代职业教育体系的内涵

结合现代职业教育体系的分析模型和现实分析，现代职业教育体系的空间维度是由其所处的环境所决定的，即地理位置及其所依托的产业和企业。因此，现代职业教育体系空间维度包括在地理位置上的布局及其与经济发展方式的转变、产业结构和水平调整的匹配性。而职业教育在地理位置上的布局也是与产业布局相关的，由于经济发展的不均衡性和层次性，职业教育在空间维度方面也表现出多样性。经济发展的不均衡性和层次性的综合测量指标是经济的有机构成水平。现代职业教育体系的时间维度是其随着社会经济的发展所具有的综合发展水平，其综合测度是教育发展指数（Education Development Index，EDI）。经济有机构成的差异性发布见表2-4。

表2-4 宏观层面（体系—环境）：经济有机构成的差异性分布

| 空间维度 |||| 时间维度 |
|---|---|---|---|---|
| 企业规模 | 企业类型 | 产业类型 | 区域经济水平 | 经济发展水平 |
| 小型企业 | 劳动密集型企业 | 第一产业 | 第一产业主导经济区 | 第一产业主导发展期 |
| 中型企业 | 资金密集型企业 | 第二产业 | 第二产业主导经济区 | 第二产业主导发展期 |
| 大型企业 | 技术/知识密集型企业 | 第三产业 | 第三产业主导经济区 | 第三产业主导发展期 |

资料来源：闫智勇，吴全全. 现代职业教育体系建设目标研究 [M]. 重庆：重庆大学出版社，2017：156.

可见，现代职业教育体系既要能够适应产业在空间维度的多样性、不均衡性和层次性等特点，又要能够适应产业在时间维度上的阶段性、变革性和发展性等特点。职业教育的适应性与教育发展水平的关系见图2-7。

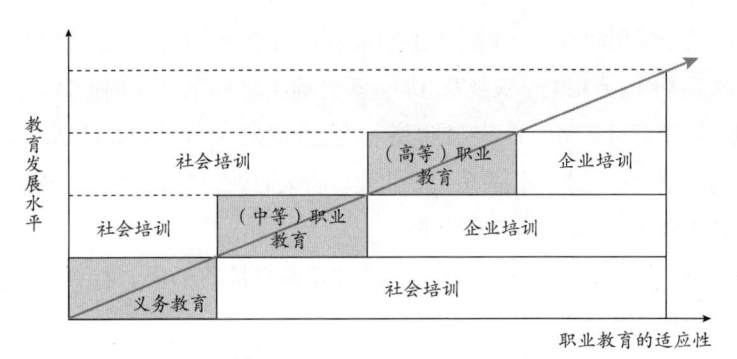

图2-7 职业教育的适应性与其发展水平的关系

资料来源：闫智勇，吴全全.现代职业教育体系建设目标研究[M].重庆：重庆大学出版社，2017：156.

#### 2. 从系统与主体之间的关系考察现代职业教育体系的内涵

在建设现代职业教育体系的过程中，尽管学者强调最多的是现代职业教育体系服务于现代社会经济的能力，但是这种能力的发挥归根结底在于现代职业教育体系的主体生存状态的自由度，换言之，在于系统内部主体的可持续发展能力。现代职业教育体系内最重要的主体就是学习者和教育者，因此现代职业教育体系的内涵还需要从系统与主体之间的关系方来考察。微观层面主体发展的阶段性和需求见表2-5。

表2-5 微观层面（体系—主体）：主体发展的阶段性和需求

| 空间维度 | | 时间维度 |
| --- | --- | --- |
| 学习者个体发展需求 | 教师个体发展需求 | 师生职业生涯发展 |
| 升学 | 进修 | 成长与探索阶段 |
| 就业 | 换岗 | 确立与维持阶段 |
| 转岗换业等 | 职称晋升 | 退出阶段 |

资料来源：闫智勇，吴全全.现代职业教育体系建设目标研究[M].重庆：重庆大学出版社，2017：157.

## 第二节 职业教育的国内外研究分析

### 一、职业教育的国内外研究分析

#### （一）我国的博士论文（1994—2019）

当前，我国正致力推动《面向21世纪教育振兴行动计划》《发展规划纲要（2010—

2020年)》《关于深化教育改革全面推进素质教育的决定》《关于大力推进职业教育改革与发展的决定》《国务院关于积极发展职业教育的决定》《关于全面提高高等职业教育教学质量的若干意见》与《关于实施国家示范性高等职业院校建设计划加快高等职业教育改革与发展的意见》等相关重大职业教育政策的规划案，由此可见我国对于改革提升整体技职教育之决心是非常坚定的。

目前我国方面针对高等职业教育研究的论文数量甚多，不过讨论学校制度议题的博士论文数量却寥寥可数。

研究者通过"CNKI中国知网系列数据库"内的"博士学位论文全文数据库"，搜寻范围设定在1994—2019年有关职业教育相关的博士论文，搜寻关键词设定"职业教育"，计有863篇符合上述条件，后续在设定近3年（2017—2019）有关职业教育方面的博士论文，计有78篇，主要围绕在以下几个研究方向：现代职业教育体系的中高职课程衔接研究、职业教育教学质量治理、高等职业教育专业课程设计研究、职业院校"双师型"教师专业素质研究、职业教育政策与发展研究、职业教育国际化比较研究[①]。

### （二）我国的硕士论文（1994—2019）

目前我国方面针对职业教育研究的硕士论文数量非常多。研究者通过"CNKI中国知网系列数据库"内的"优秀硕士学位论文全文数据库"，搜寻范围设定1994—2019年有关职业教育的硕士论文，搜寻关键词设定"职业教育"，共有14 178篇符合上述条件，后续在设定近3年（2017—2019）有关职业教育方面的硕士论文就有2 497篇之多，主要围绕在以下几个研究方向：地方职业教育发展中的政府作用研究、中等职业教育研究、高等职业教育研究、职业院校人才培养质量研究、中高职教育贯通培养模式、师资队伍建设研究、职业教育校企合作研究、职业教育课程体系的构建研究、中等职业教育"双师型"教师队伍建设研究、职业教育人才培养模式研究、财政支持职业教育改革发展的研究、职业教育质量保障体系构建研究、职业教育校企合作发展研究、职业教育法治体系研究、职业教育国际化比较研究、职业教育发展研究等[②]。

---

① 2020/4/15查询"CNKI中国知网系列数据库"所得的结果分析 http://kns.cnki.net/kns/brief/default_result.aspx。

② 2020/4/15查询"CNKI中国知网系列数据库"所得的结果分析 http://kns.cnki.net/kns/brief/default_result.aspx。

## （三）我国国内研究综述

### 1.关于古代职业教育的研究

①两种职业教育思想。一是战国时期墨子的生产劳动技术教育思想，二是明清时期的实学教育思想。

②出版了一些职业教育教材和书籍。它们集中在天文、算术、农事、医学四大门类，主要有《天文志》《算经十书》《农书》《黄帝内经》《伤寒论》《本草纲目》《夏书》《墨经》《考工记》《法式》等。

### 2.关于近、现代职业教育的研究

1862年京师同文馆的创办被公认为我国近代职业教育的开端。[14]自此以后，我国开始了对近现代职业教育的研究。我国学者和专家职业教育研究论述整理如表2-6所示。

表2-6　我国学者和专家对职业教育研究方向与内容分析

| 研究方向 | 研究内容 | |
|---|---|---|
| 国外职业教育的研究书籍 | 翻译并出版介绍国外职业教育的著作或文章，主要有《中等职业技术教育》《西德职业教育》《技术教育与职业教育》《六国技术教育史》《日本职业技术教育研究》《国外职业技术培训研究》《职业教育与劳动教育学》《职业技术学校教育教学过程》《世界职业技术教育》《苏联职业技术教育简史》《七国职业技术教育》《德国双元制教学模式初探》《德国双元制职业教育》等。 | |
| | 姓名 | 主要内容 |
| 国外职业教育的研究 | 周满生 | 国际职业教育发展基本趋势及对我国发展职业教育的启示，较为系统地对国际职业教育发展的基本趋势作了归纳，并提出了我国职业教育应该借鉴的经验。 |
| | 肖蕾 | 《论杜威的职业教育思想》，比较系统地介绍了美国实用主义教育学家杜威的职业教育思想。 |
| | 高莙 | 《简论德国"双元制"职业教育的特点及启示》，从社会文化背景、校企联合、师资特色等方面评述了德国双元制职业教育的主要特点，结合我国职业教育的现状，提出发展我国职业教育的意见。 |
| | 孙晓莹 | 《德国职业教育对我国职业教育发展的启示》，系统介绍了德国职业教育发展的情况，提出了德国职业教育发展经验对我国职业教育发展的借鉴作用。 |
| | 洪玉 | 《发达国家的职业教育》，详细地介绍了美国、英国、德国、法国、日本、澳大利亚等主要发达国家职业教育的起源、发展及主要特点。 |
| | 黄建鸿 | 《美国职业教育的发展趋势与特点》，总结了美国职业教育发展的特点，对美国职业教育发展的趋势做了分析。 |
| | 张正义 | 《双元制和订单式高职人才培养模式的比较与启示》，将双元制和订单 |

续表

| | 姓名 | 主要内容 |
|---|---|---|
| 国外职业教育的研究 | | 式两种职业教育培养模式从培养主体、监督管理机制、适用的外部环境及理论与实践的成熟度方面进行了比较研究。 |
| | 邓泽民、王宽 | 《现代四大职业教育模式》，对当今世界较为典型的四种职业教育模式：北美的 CBE(Competency Based Education，以能力为本位的教育)模式、德国的双元制模式、澳大利亚的 TAFE(Technical And Further Education，技术与继续教育)模式、英国的 BTEC(Business And Technology Education Council，英国商业与技术教育委员会)模式，从模式平台、模式实施两方面，设计了不同的比较指标，进行了较为全面的比较研究。 |
| 职业教育基本理论问题的研究 | 何小刚 | 《职业教育研究》对美国、德国、日本、俄罗斯等国家的职业教育进行了研究，阐述了国外职业教育的现状及其发展趋势，论述了我国职业教育存在的问题与解决问题的对策。 |
| | 石伟平 | 《时代特征与职业教育创新》深刻阐述了学习型社会、知识经济、网络时代、高等教育大众化、就业导向、教育全球化、和谐社会与职业教育的关系，强调新时期职业教育必须创新。 |
| | 欧阳河 | 《职业教育基本问题研究》论述了职业教育先后出现的六种思潮：劳作教育思潮、整合教育思潮、学校本位思潮、多文化思潮、能力本位思潮、终身职业教育思潮。 |
| | 徐东 | 《我国近代职业教育的变革与发展》，系统地阐述了近代我国职业教育的发展历程及变革特点。 |
| | 宣兆琦 | 《论我国古代职业教育思想的形成》，比较系统地回顾了我国古代职业教育思想的产生及演变。 |
| | 汪光华 | 《晚清职业教育的转型与嬗变》，提出晚清我国职业教育的转型以移植为主要特征，但转型速度缓慢。 |
| | 黄辉 | 《中等职业教育的昨天、今天和明天》认为中等职业教育的昨天一度下滑，优质资源在改革中流失；中等职业教育的今天大发展是大势所趋；中等职业教育的明天面临挑战、任重道远。 |
| 职业教育含义和本质属性的研究 | 姚文栋 | 我国最早出现职业教育一词是在1904年，山西农林学堂总办姚文栋屡次使用，他说：论教育原理与国民最有关系者，一为普通教育，二为职业教育，二者相成而不相背……本学堂兼受农林两专门，即是以职业教育为主义。[15] |
| | 江恒源 | 凡教导学生或民众某种职业知识、技能、品行的精深训练，学成以后直接从事某项职业的教育即职业教育。 |
| | 黄炎培 | 认为职业教育具有职业性、社会性的本质属性。 |
| | 姜琦 | 在《职业教育的本质与研究》中提出职业教育就是生产力或社会生产力，认为凡教导学生或民众某种职业知识、技能、品行的精深训练，学成以后直接从事某项职业的教育即职业教育。 |

续表

| | 姓名 | 主要内容 |
|---|---|---|
| 职业教育作用研究 | 张容 | 实业教育富之大本也。 |
| | 张之洞 | 在《劝学篇序》中提出：国民生计，莫要于农工商实业；兴办实业学堂，有百益而无一弊。 |
| | 陆费逵 | 职业教育则一技之长可谋生活为主。非职业教育兴盛，实业教育必不能发达，民生必不能富裕。 |
| | 黄炎培 | 认为职业教育不仅可以解决人民生计，而且可以为国家及世界增进生产能力。 |
| 职业教育目的和目标研究 | 张容 | 认为实业学校将造就有用人才、将养成未来任事之才或造就须用之才。 |
| | 张之洞 | 把培养人才类型及规格加以区分，指出实业人才在学校培养目标方面存在着从初级到中级再到高级的层次之分。 |
| | 黄炎培 | 职业教育的目的确定为四条：谋个性之发展、为个人谋生之准备、为个人服务社会之准备、为国家及世界增进生产力之准备。最终达到使失业者有业、有业者乐业的目标。 |
| | 陶行知 | 职业教育的目的就是培养各行各业生利人物。 |
| | 江恒源 | 今日教育，是以经济为背景、为中心，以适应社会大多数人之需要，以培养国民生产能力为目标。 |
| | 王明达 | 职业教育的目标是培养生产、服务、管理第一线的实用人才。 |
| | 杨金土 | 职业教育的目的不仅是满足社会需要、生计需要，更多是关注人的发展。 |
| | 余祖光 | 职业教育的主要功能是人的发展功能、经济功能和社会功能的统一。 |
| | 姜大源 | 《能力本位——职业教育面向未来的选择》、欧阳河的《加强综合职业素质教育》，提出了有我国特色的职业教育培养目标的能力体系，以知识、技术、态度三位一体的目标结构；以专业能力、社会能力、方法能力三位一体的综合能力结构；以身心、文化、品德、职业技术、创业素质五位一体的综合素质结构。 |
| 职业教育与经济关系研究 | 陈独秀 | 主张教育应提倡职业主义，发展个人生产力，以谋公共安宁幸福之社会。 |
| | 黄炎培 | 夫欲解决地、人、物与生产力之增进问题，舍职业教育、尚有他道邪？ |
| | 江恒源 | 今日教育，以经济为中心，以适应社会大多数人之需要为目标。 |
| | 陶行知 | 职业以生利为作用，故职业教育应以生利为主义。 |
| | 钱民辉 | 《职业教育与社会发展研究》用跨文化和对比手法研究了职业教育与区域经济发展的关系，提出职业教育是区域经济发展的结果，区域经济推动区域职业教育发展，经济结构制约职业教育结构的变化。 |
| 职业教育与人发展关系研究 | 黄炎培 | 自社会生活方式采用分工制，求工作效能的增进与工作者天性、天才的认识与浚发，进而与其工作适合，于是乎有职业教育。职业教育的原则着重在社会需要。职业教育从其本质说来，就是社会性，从其作用说就是社会化。 |

· 35 ·

续表

| 　 | 姓名 | 主要内容 |
|---|---|---|
| 职业教育体系研究 | 孟广平 | 以学制体系为主，选取机电、铁路、商业、金融、卫生、农业各业，以及一些开放城市做调查研究，指出了建立和完善我国职业教育体系的若干原则，以及建立具有我国特色的职业教育体系的实施方案。[16] |
| | 黄亚妮 | 《论我国特色的职业教育体系》，从阐释我国特色的职业教育的内涵出发，提出了构建我国特色职业教育体系四个方面的创新思路，即目标创新、结构创新、功能创新和政策导向创新。 |
| | 林金良 | 《十一五期间职业教育体系的改革与发展》，提出了未来五年我国职业教育体系改革的原则、方向和路径。 |
| | 徐涵 | 《关于我国现代职业教育体系的构想》，认为构建我国现代职业教育体系必要要妥善处理好两个方面的问题：一是职业教育与普通教育相互渗透、相互沟通的问题；二是中、高等职业教育相互衔接的问题。 |
| 职业教育发展模式研究 | 竺辉、方湖柳 | 《2006年职业院校校企合作研究综述》中对校企合作的定义、动因、模式与运行进行了综合和对比研究。 |
| | 谈松华 | 《职业教育的发展：从模式选择到制度创新》，分析了我国职业教育的历史演变与现状，提出了模式选择中的制度错位，强调要保证职业教育模式的制度供给，论述了影响职业教育模式选择的四个因素：政府、行业、企业与学校。 |
| | 李泰峰 | 《构建学习型社会职业技术教育发展新模式》，论述了构建学习型社会职业技术教育发展新模式的五个因素：定位因素、需求驱动因素、机制因素、多样化因素、文化因素。 |
| | 刘能良 | 《校企结合是职业教育发展的必由之路》，阐述了校企结合的各种优势，提出了校企结合是我国职业教育发展的必由之路。 |
| | 邓泽民、王宽 | 《现代四大职业教育模式》，对北美 CBE 模式、德国双元制模式、澳大利亚 TAFE 模式、英国 BTEC 模式进行了全面的介绍。 |
| 职业教育管理体制研究 | 芮兴宝 | 《城乡企业对职业技术教育发展的支持作用》，以及《社会力量办职业教育的研究》等瞄准了职业教育的体制问题，并提出了有效的政策建议。 |
| | 刘春生、韩英烈 | 《关于建立地（市）职教统筹协调管理体制的研究与实验》，提出了以地市为中心统筹管理职业教育的思路。《职业教育立法问题研究》《职教立法模式初探》《制定职业技术教育法的构想》《对我国职业教育立法问题的探讨》等对职业教育的立法问题进行了有益探索。 |
| | 杨金土 | 《经济发达地区职业教育多元办学体制问题研究》阐述了在社会主义市场经济条件下，职业教育多元办学体制的理论、模式和具体办法。 |
| 职业教育运行机理研究 | 刘华、初钊鹏 | 《高职教育产学合作机制的研究》，论述了在产学合作的机制上还存在经济牵引力不强、管理体制不顺、动力机制不足、配套政策法规缺失等问题，强调必须建立和完善支持、促进高职教育产学合作健康发展的有效机制。 |

续表

| 姓名 | 主要内容 |
|---|---|
| 职业教育发展路径研究 郝继明 | 《职业教育发展的路径探析》，论述了我国职业教育发展的五大路径，即厘清职业教育对社会经济发展的重要贡献和强大动力是职业教育发展的基础路径；把大力发展职业教育纳入国家十一五经济和社会总体规划，上下联动、齐抓共管是职业教育发展的根本路径；创新职业教育的教学理念、课程设置与教学方法是职业教育发展的关键路径；借鉴国外发达国家发展职业教育的成功经验，在管理体制与投入上下功夫是职业教育发展的核心路径；大力发展农村职业教育是职业教育发展的保障路径。 |

综上所述，我国经过古代、近代、现代三个阶段的发展，形成了一些具有我国特色的职业教育思想和理论。它们对推动我国职业教育的演变、对我国社会的不断进步起到了很大的促进作用。但毋庸讳言，这些思想或理论具有分散性、浅显性、非系统性的特点，具有我国特色的社会主义职业教育理论体系还没有真正形成，尚需我们后续进行全面、深入、系统的研究和探索。

### （四）国外研究综述

西方职业教育理论的发展大致经历了孕育期、萌芽期、形成期及发展期四个阶段。从20世纪70年代伊始，其职业教育理论已经比较完善，许多著名学者和国际研究机构都对职业教育有过精辟的论述。国外专家学者对职业教育的研究方向与内容分析如表2-7所示。

表2-7 国外专家学者对职业教育的研究方向与内容分析

| 研究方向 | 姓名/名称 | 研究内容 |
|---|---|---|
| 职业教育功能的论述 | 德国教育家凯兴斯泰纳[①]（Kerschensteiner Georg） | 公立学校应办成劳作学校，主要任务有两个：性格训练和职业训练，由此论述了职业教育的职业功能。 |
| | 英国教育家怀特海[②]（Whitehead.A.N.） | 非常重视专门教育，认为专门教育可以形成人的独特风格。[17] |

---

① 凯兴斯泰纳（Kerschensteiner Georg，1854—1932），德国教育家。凯兴斯泰纳倡导的劳作学校及劳作学校精神为德国的职业教育奠定了基础。

② 怀特海（1861—1947），英国数学家、哲学家和教育家。他和罗素合著的《数学原理》标志着人类逻辑思维的空前进步，被称为永久性的伟大学术著作之一；他创立了庞大的形而上学体系，《过程与实在》《观念的历险》等是其哲学代表作。《教育的目的》则是他有关教育的演讲论文集，比较全面地反映了他的教育思想和教育观念。

续表

| 研究方向 | 姓名/名称 | 研究内容 |
|---|---|---|
| 职业教育功能的论述 | 美国教育学家戴维·斯尼登和查尔斯·布劳瑟[①]（David Snedden） | 20世纪初，提出了职业主义，强调职业教育是专门化的职业训练。美国实用主义教育学家约翰·杜威却提倡民主主义，认为职业教育不等于狭隘的职业训练。[18] |
| 新职业主义思想对职业主义的挑战 | 克里斯·泽克尔（Chris Zirkle） | 发现技术标准对职业教育的影响体现在以下六个方面：增进了商业、工业和教育工作者的联系；使职业教育课程的内容更实用；提供更高水平的技术工人；会更好地加强企业和学校的联系；采用技术标准有利于改进整个教学过程；可以使职业教育工作者更加负责任。[19] |
| | 苏联职业技术教育理论家克鲁普斯卡娅 | 综合技术教育的四个基本要素，即教育与生产劳动相结合；通晓社会生产基本形式的理论和实践；掌握有关基本生产过程的科学知识；掌握使用基本机器的方法。[20] |
| | 汉斯·海杰克（Hans Heijke）等 | 在职业技术院校中，学生除了可以学到相应的理论知识外，还能学到一定的技能。 |
| 职业技术教育重要性的论述 | 英国经济学家巴洛夫 | 我国的职业教育发展与经济发展是相辅相成、相互促进的。[21] |
| | 美国著名管理学家彼得·德鲁克 | 技术人员是发达国家所能拥有的最实际、最能带给他们最长远竞争优势的一群人。[22] |
| | 联合国教科文组织 | 在《关于职业技术教育与培训的第二届国际大会的建议》中指出：21世纪的经济与社会将发生翻天覆地的变化，这就要使更多的人接受职业教育，使职业教育能够满足人才资源开发的需要并能促使人们有效地进入工作世界。 |
| | 拉姆萨鲁普（Errol Vishnu Ramsaroop） | 对经济影响最大的是职业技术教育的质量。 |
| | 毕晓普（John H. Bishop）和梅恩（Feman Mane） | 在高中阶段把1/6时间花在职业课程上的学生，毕业后第一年至少获得比别人多12%的收入，7年后要获得比别人多8%的收入。[23] |
| | 明尼斯（J.R.Minnis） | 文莱经济和伊斯兰价值观之间的关系是限制职业技术教育发展的重要原因。 |
| | 杜威（Dewey） | 高质量的职业教育产品是一个国家工业发展水平的关键。 |

---

[①] 约翰·杜威（John Dewey，1859—1952）民主主义教育思想在美国乃至世界教育思想发展史上都占有重要地位。其中，杜威的职业教育思想是其学术思想的集中体现。20世纪初，美国社会上发起了一场关于职业教育发展模式的激烈争论。以国家促进工业教育协会执行主任查尔斯·布劳瑟（Charles A. Prosser，1871—1952）为代表的职业主义派主张职业教育与传统的通识教育相分离，希望通过使普通民众接受专业技术培训，培养出大批服务于美国工业发展的技术性劳动力。

续表

| 研究方向 | 姓名/名称 | 研究内容 |
| --- | --- | --- |
| 职业技术教育重要性的论述 | 普罗瑟（Prosser） | 在同等条件下，当职业技术教育受到重视时，接受职业技术教育者会比接受普通教育者有更高的收入；另外，国家或社团对职业技术教育的投资也会比对普通教育投资具有更好的回报。[24] |
| 企业员工职业培训模式的研究 | 博伊代尔（Boydell）① | 20世纪60年代，美国企业提出了系统培训模式，[25] 主要将企业的培训工作划分成五个相互联系的过程，即分析培训需求；设计培训；制定培训；实施培训；培训评价。此后著名的学者博伊代尔对系统培训进行了修改和完善，提出了由十个相互联系的过程组成的系统培训模式，特别加上了评价培训需求和确定培训需求这两个过程。 |
| | 泰勒（Harry Taylor） | 他提出过渡型培训模式，把企业战略管理与企业培训进行了有机的结合，认为企业培训活动是企业战略规划的一个组成部分。[26] |
| | 彼得·圣吉（Peter M. Senge） | 在《第五项修炼》一书中提出了学习型组织，迅即被各国企业所关注。学习型组织培训模式由此产生，它强调五项重要原则，即不断自我超越、组织团队学习、改善心智模式、建立共同愿景、提倡系统思考。 |
| 职业教育未来发展趋势研究 | 法国成人教育家保罗·朗格朗②（Paul Lengrand） | 于1965年在联合国教科文组织成人教育会议上首次提出终身教育思想，认为教育是伴随个人一生的活动。 |
| | 联合国教科文组织国际教育发展委员会在1972年《学会生存》的报告 | 教育的目的，就它同就业和经济发展的关系而言，不应该培养青年人和成人从事一种特定的、终身不变的职业，而应培养他们有能力在各种专业中尽可能多地流动并永远刺激他们自我学习和培训自己的欲望。③ |
| | 杜利特尔（Peter E.Doolittle）和坎普（William G. Camp） | 认为在过去超过四分之三个世纪里，职业技术教育课程和方法的学习理论是行动导向的，以后的职业技术教育在发展中，将会依此建构相关理论。 |

---

① 英国的博伊代尔对这一模式作了系统改良，他提出了一个包含10个步骤的循环过程。

② 朗格朗于1910年12月出生在法国加来的康普兰。1965年，朗格朗在《终身教育引论》中提出终身教育的思想。此后，朗格朗陆续撰写《成人教育与终身教育》（1969）、《终身教育问题》（1970）等著作，配合联合国教科文组织大力提倡终身教育，开展系列活动。

③ 1972年联合国教科文组织国际教育发展委员会发表了题为《学会生存》的研究报告，把学习同生存直接联系在一起：（1）学习能使自己得到发展；（2）学习对人类生存和发展意义重大；（3）只有不断学习、终身学习，才能适应现代社会要求；（4）学习已经成为一种生存方式。

续表

| 研究方向 | 姓名/名称 | 研究内容 |
|---|---|---|
| 职业教育未来发展趋势研究 | 舍贝克（Sheppeck）和科恩（Cohen） | 在过去的20年里，发达国家的经济经历了快速的转型，为满足这种转型的需求，就需要缩小普通教育和职业教育的代沟，增加普通教育背景的职业教育，拓宽职业教育通往高等教育的路径，开发能力本位的课程机制，增加教育部门、用人单位和行业的合作，使雇主更好地参与到职业教育的发展中。[27] |
| | Benson | 经济的发展对职业技术教育具有很直接的影响。[28] 联邦德国的职业教育之所以取得举世公认的成功是因为它已经基本建立了一个完整的终身教育体系。[25] |
| | STW（School to Work：从学校到工作） | 逐渐成为西方各国职业教育关注的焦点，政府、院校、学生、家长、企业、行业等都非常重视。之后一些国家进一步开展了 STC（School to Career：从学校到生涯）的运动，[29] 试图通过创建顺畅的过渡途径，培植适应劳动力市场需求、促进就业的职业教育和培训体系。 |

国外关于职业教育的研究，不仅对本国职业教育的发展具有重要意义，而且对其他国家开展职业教育也具有借鉴意义。但这些理论中的相当部分是针对不同国家的不同情况提出的，有些理论只适用于特定时期的特定国情，我们在借鉴他们的理论时一定要注意与本国的具体国情相结合，创新性地提出适合我国国情的新理论，为推动我国职业教育的发展服务。

**二、职业培训的国内外研究分析**

公共职业培训领域的研究，在国内外都还是一个较新的议题，国外对公共职业培训的研究，是从人力资本理论角度探讨培训的必要性，从结构性失业理论角度探讨由政府组织大规模公共职业培训的必要性，以及对职业教育和职业培训体系进行研究，综理结果分析如下：

**（一）国外研究现状分析**

人力资本理论是20世纪60年代新技术革命和产业结构变化的趋势中迅速崛起的一种经济理论，其中心思想就是，人的能力在很大程度上是后天获得的，或通过在家庭与学校接受非正规与正规的教育，或通过培训、经验以及劳动市场上的流动而开发出来的。相关论述分述如表2-8所示。

表2-8　国外专家学者从人力资本角度探讨培训研究方向与内容分析

| 研究方向 | 姓名或国家 | 研究内容 |
|---|---|---|
| 人力资本理论 | 美国经济学家西奥多·W.舒尔茨 | 他提出人力资本是指对人力（劳动力）资源进行开发性投资所形成的可以带来财富增值的体力和智力形态的资本。具体表现为劳动者的知识、技能、体力（健康状况）。 |
| | 美国学者罗默、贝克尔以及舒尔茨等 | 开始了人力资本和技术进步内生化的研究，对人力资源进行了细致的微观分析研究，系统地论述了人力资本的相关理论，提出了以人力资本为核心的新的经济增长模型。 |
| | 英国经济学家哈比森 | 人力资源是国民财富的最终基础，资本和自然资源是被动的生产要素；人是积累资本，开发自然资源，建立社会经济和政治组织并推动国家向前发展的主动力量。显而易见，一个国家如果不能发展人民的技能和知识，就不能发展任何别的东西。 |
| | 诺贝尔经济学奖获得者詹姆斯·J.赫克曼 | 受教育和培训越多的人越能适应变化，他们能够从培训中获益，创造出有利于他们自己的新机会。同时，高技能能够使工人根据机会更好地在职业中、行业中以及地区中流动，并说明人们通过选择更富有成效的机会重新分配资源。受过更多教育的劳动力是富有弹性的，受教育多的劳动力更能吸收新思想，适应国外技术，提高本地技术，理解并根据当地情况运用国外的知识。 |
| | 加里·S.贝克尔（1964） | 提出培训具有很强的外部性，在一个竞争的劳动力市场上，任何一个企业所支付的工资率都是由其他企业的边际生产力所决定的，一般性培训将在许多企业中发挥作用。 |
| | 普萨卡洛波罗斯（1973） | 在32个国家进行的研究表明，由于欠发达国家具有更严重的资本稀缺性，物力资本特别是人力资本投资的收益率在欠发达国家比在发达国家更高。 |
| 从结构性失业理论探讨公共职业培训的必要性 | 托宾、杜贝生等 | 认为结构性失业是因经济结构的变化而引起的劳动力供给和需求的结构失调。他们认为，解决结构性失业问题必须采用全方位的人力资源开发措施，对劳动力进行多层次、多领域、多种形式的继续培训，使技术过时的劳动者及时掌握新的知识和技能等一系列劳动力市场和人力政策才能实现充分就业。 |
| | 密歇根大学经济学教授查理·林斯沃思和里昂·凯瑟琳为代表的结构学派 | 认为机械化生产只是一种简单的流水作业，对劳工技术要求不高，劳工无须经过长时间培训就能迅速学会操作。但第二次世界大战后的自动化生产在提高生产力的同时，削弱了对低学历劳工的需求，而增加了对高学历劳工的需求。此外，经济重心从制作业商品生产向服务业的转变是以相同的方式扭曲劳动力市场供求关系的第二个重要因素。[30] |
| | 葛丝·L.曼昆 | 在其《人力资源革命》一书中进一步指出，在就业市场纯粹依靠企业对劳工进行技术培训远远不能满足经济发展需要的条件下， |

续表

| 研究方向 | 姓名或国家 | 研究内容 |
| --- | --- | --- |
| | | 仅仅依靠削减税收和扩大消费需求已经不能解决劳工技术的转换与升级问题,因而不能从根本上有效降低社会失业率。因此,只能通过大规模的劳工技术培训,解决劳工中的技术结构不平衡的问题,才能抑制失业率的提升。 |
| 职业教育和职业培训制度的相关研究 | 美国教育学家福斯特 | 在1965年发表的《发展规划中的职业学校谬误》中指出,职业教育的发展必须以劳动力市场的需求为出发点,要注意避免技术浪费现象。 |
| | 伍特·V.伯格和迪孔·康斯顿 | 两人合著的《职业教育的质量问题与趋势》一书中重点分析了人们关心的欧盟教育和培训质量问题。他们指出,目前影响职业教育和培训质量的关键是教育和培训的组织结构问题。如何对职业教育和培训的组织进行改革,特别是如何加强对初级职业教育和培训的管理、资金资助和如何进行初级职业教育和培训的放权是欧盟各国需要重点考虑的问题。 |
| | 约翰·班克斯 | 认为在对初级职业培训的管理中,政府也应采取积极放权的方案,让地方政府有直接管理初级职业培训机构的权力,这样,各地政府就可以根据自己的实际情况组织一定的、有针对性的职业培训工作。[31] |
| | 沃伦伯恩(Wallenborn M.,2008) | 职业培训必须适应每个国家自身的经济发展水平;发达国家更注重在新领域、新市场的职业培训,侧重于提高从业人员知识性、服务性和技术性方面的能力,他们可以随时根据市场的需要通过职业培训提供熟练的专业的人力资源。[32] |
| | 克里斯廷(Trampusch Christine,2009) | 欧洲一体化进程中德国和澳大利亚培训机构的变化,使其认为德国职业培训在欧洲一体化进程中,从政府到政策以及机构都主动做出了调整,故而很好地促进了社会经济发展;而澳大利亚没有主动调整职业培训战略,培训机构仅是被动地跟随欧洲一体化的市场变化而进行调整,故而收效不大。[33] |
| | 沃伦伯恩(Manfred Wallenbor,2010) | 投资职业培训是一种非常有效的增加经济竞争力和减少贫穷的方法,特别是在发展中国家,可以少花钱,多办事。在生产力、职员能力、可持续发展三方面起到很好的作用。对于缺乏教育的社会阶层人群来说,职业培训可以缩小教育差距并避免产生社会隔阂。[34] |
| 培训体系系统化研究 | 美国 | 颁布多项培训计划和职业培训法:自20世纪60年代以来,美国国会和政府颁布实施了《地区发展法》《人力开发与培训法》《经济机会法》《综合就业培训法》《就业培训合作法》等多达几十部人力培训计划和人力培训法,政府通过上述法令的颁布和实施,指引整个职业培训工作发展。20世纪70年代末开始,美国具体的职业培训工作由460多个私人工业委员会承担。企业家控制私人工业委员会,地方官员则作为委员会普通成员。美国政府与各委员会签订培训合同,由各委员会将培训工作转包给各社团和私人企业。[35] |

续表

| 研究方向 | 姓名或国家 | 研究内容 |
|---|---|---|
| 培训体系系统化研究 | 英国 | 英国则在2008年提出了继续教育管理体制的改革方案。英国政府将14—19岁青年与成人分类管理，根据成人和青年教育需求的差异来分别实施后续教育，不断推动职业技能培训和新课程开展，使青年在进入社会前掌握其必需的技能，同时也使成年人职业技能可以不断更新，能够适应社会经济不断发展的需求。[36] |

## （二）国内研究现状分析

国内对公共职业培训领域的研究主要集中在公共职业培训的定义和模式选择方面，以及从人力资本理论角度，探讨公共职业培训的必要性与效果。综合分析如表2-9所示。

表2-9 我国专家学者从人力资本角度探讨培训研究方向与内容分析

| 研究方向 | 姓名 | 研究内容 |
|---|---|---|
| 就业培训制度管理 | 邢烨（2015） | 以《山东省加强就业培训提高就业与创业能力五年规划》（2009—2013年）为例进行实证分析，对政策执行的过程和效果进行全面评估，认为就业培训存在重数量轻质量、培训层次低、就业效果不理想、配套资金投入不足和监管水平落后等问题。 |
| 就业培训制度管理 | 罗利平（2010） | 劳动者职业培训的机会较少且不均衡，劳动者培训的需求程度普遍较低，培训动机不明确，被动培训与重形式和证书的多，劳动者培训选择的自由度较低，用人单位的培训激励机制不完善等。我国劳动者的职业培训在数量上覆盖面较窄且不均衡，在质量上还远远没有达到预期的培训效果。职业培训质量也受培训需求、培训机会、培训选择和培训的激励机制等因素的影响。 |
| 就业培训制度管理 | 谭啸（2007） | 政府通过扩大需求增加就业总量，以及单纯依靠市场的力量由企业对劳动力进行技术培训远不能解决技术性劳动力缺乏的问题。只有依靠政府出资组织实施大规模的公共职业培训，提升劳动力的技术水准，才能解决日益严重的结构性失业问题。因此，公共职业培训制度的运行效率和效果是影响经济发展和社会稳定的重要因素。 |
| 公共职业培训的定义、模式选择研究 | 何箔、汤新发（2005） | 对公共职业培训的定义进行了探讨，他们认为公共职业培训是政府为了帮助一部分社会成员进行就业，由政府出资而进行的技能训练，同时认为公共职业培训是就业服务体系的重要组成部分。 |
| 公共职业培训的定义、模式选择研究 | 孙琳（2006） | 认为公共职业培训是政府为了帮助一部分社会成员就业，由政府出资而进行的技能训练，从实施对象及内容来看，主要是对就业有困难者进行的职业技能和就业能力的培训，属于职业教育范畴；从实施主体来看，主要由政府公共财政支持，是一项公共就业服务。 |

续表

| 研究方向 | 姓名 | 研究内容 |
|---|---|---|
| 人力资本理论研究 | 赵延东、风笑天（2000） | 通过实证资料研究表明在人力资本诸多组成因素中，职称或技术级别是唯一对职工再就业情况起显著作用的因素，说明对下岗职工进行职业培训对于其再就业的重要作用。 |
| | 萧金、黎万红（2002） | 在其著作《发展中的教育与职业》中，重点讨论了职业培训与就业、工作的关联性，提出职业培训与就业情况存在正相关关系。 |
| | 董国萍（2004） | 分析了我国人力资本与就业现状，提出进行职业教育和培训是解决下岗就业的有效手段，人力资本投资对于再就业工程的实施具有深远的意义。 |
| | 赵延东（2003） | 以实证分析的方法对人力资本和失业者重新就业情况的相关程度做了实证研究。 |

## （三）研究述评

国内外对于公共职业培训的研究，集中于从人力资本和公共管理角度探讨公共职业培训和政府组织大规模公共职业培训的必要性，以及对公共职业培训的定义、模式进行初步探讨。但对于公共职业培训制度系统、深入、具体的研究较少，对"如何组织培训""如何开展培训""培训资金的来源""培训的管理方式"等现实问题研究得不够深入，提出的建议操作性不强。本书拟在已有研究基础上，对公共职业培训进行全面、系统的分析，在公共职业培训指导战略、对象、模式、管理方式等方面提出建议，促进我国公共职业培训制度的完善。

## 第三节 职业教育与培训理论探讨

在200多年的时间内德、英、美、日、法等国家的数千职业教育研究者对职业教育的理论和实践进行了全面系统的研究和探索，形成了较为全面、规范、丰富的职业教育理论及实践，如杜威的实用主义教育理论、德国的双元制职业教育模式、英国的三明治职业教育模式、日本的终身职业教育模式、美国的社区职业教育模式、澳大利亚的能力本位教育（ComPetence Based Education,CBE）等，这些先进的职业教育理论、发展模式和成熟实践已经成为我们今天构建具有我国特色的职业教育理论和实践体系可以借鉴的宝贵资源。

## 一、职业教育的理论探讨

我国近代职业教育自诞生以来，对社会经济发展、科技文化推广、劳动者素质提高起到了很大作用。在20世纪初从国外引入职业教育概念以后的前半个世纪里，黄炎培、张容、蔡元培、陶行知、陈嘉庚、晏阳初、陆费逵、顾树森、李梦麟、江问渔、杨卫玉等一批职业教育先驱，为我国职业教育思想的传播、职业教育制度的建立、职业教育理论的研究做出过卓越的贡献。

中华人民共和国成立以后至20世纪末的后半个世纪，我国职业教育发展得很快，理论研究成果接连不断，实践活动多姿多彩，先后涌现出了刘北鲁、赵蒨田、郝克明、顾明远、黄尧、杨金土、石伟平、刘来泉、刘合群、高奇、余祖光等一大批职业教育专家，他们为新中国职业教育理论体系的建立做出了重要贡献。

进入21世纪以后，职业教育作为一种重要的教育形式，已越来越受到各级政府的高度重视和全社会的关注。职业教育学作为一门新兴学科，已引起了越来越多学者的兴趣。在我国，每年都有数以千计的关于职业教育的著作、论文、课题出现，这些都有力地推动了我国职业教育的理论和实践研究发展。

### （一）系统论

核心思想是系统的整体观念，贝塔朗菲强调，任何系统都是一个有机的整体，它不是各个部分的机械组合或简单相加，系统的整体功能是各要素在孤立状态下所没有的性质。他用亚里士多德的"整体大于部分之和"的名言来说明系统的整体性，反对那种认为要素性能好，整体性能一定好，以局部说明整体的机械论的观点。同时，他认为，系统中各要素不是孤立地存在着，每个要素在系统中都处于一定的位置上，起着特定的作用。要素之间相互关联，构成了一个不可分割的整体。要素是整体中的要素，如果将要素从系统整体中割离出来，它将失去要素的作用。正像人手在人体中是劳动的器官，一旦将手从人体中砍下来，它就不再是劳动的器官了一样。

### （二）教育生态学

20世纪六七十年代，美国社会动荡不安，各种矛盾交织，人们纷纷把矛头指向教育。美国哥伦比亚大学师范学院资深教育史家、教育评论家劳伦斯·A.克雷明（Lawrence Archur Cremin）敏锐地觉察到，对于当时社会发生的种种变化，不能把教育失败的所有责任都归咎于学校，必须看到学校以外的种种教育现象，对教育问题应当有新的思考。① 在新史学革命浪潮的影响下，克雷明尝试将生态学方法运用于教育研究，着重考察各种教育机构之间以及与整个社会之间的关系。他于20世纪70年代，首次创造性地提出了"教育生态学"理论，并将其运用于美国教育史研究，开辟了教育史研究的新时代。他把教育界定为"审慎的、系统的和通过不断努力去唤起知识、态度、价值、技能和情感的过程"。克雷明指出教育生态学的理论基础是"相互作用论"，即各种教育机构之间以及与整个社会之间是相互联系、相互影响的。因此，考察教育问题时，就必须坚持生态学思考方式，即全面地、有联系地、公开地思考。

从大系统角度看，教育对社会各方面有促进作用，也需要一定的能量输入，与其他系统共存，彼此间应有恰当的能量分配比例，这里就有竞争、排斥的体现。同样，在高等教育、普通教育、职业教育、成人教育诸系统之间，也有彼此竞争、排斥作用。在同一生态位中的竞争体现主动进取，起鼓舞斗志、激励向上之作用，但竞争、排斥也会有消极作用，这些影响要及时分析。

### （三）教育学和职业教育学理论

教育学和职业教育学理论揭示了职业教育发展的规律，为中高等职业教育协调发展提供了重要的理论依据。我国古代教育家孔子针对学生的教育方法，提出了"因材施教"之说。战国时期的教育名著《学记》对于教师有效育人提出了鲜明的见解："道而弗牵，强而弗抑，开而弗达。道而弗牵则和，强而弗抑则易，开而弗达则思……善歌者，使人继其声；善教者，使人继其志。"中国教育家陶行知在20世纪上半叶倡导"生活即教育，社会即学校，教学做合"。我国近代职业教育的开创者黄炎培先生曾指出，职业教育要"让无业者有业，让有业者乐业"。他还说："职业全面教育之旨有三：为个人谋生之准备，一也；为个人服务社会之准备，二也；为世界、可改国家增进生产力之准备，三也。"

### （四）产教结合理论

20世纪初，毛泽东同志即提出"教育与职业合一，学问与生计合一"，[37] 主张把职业教育与职业联系在一起，把学问与生计联系在一起。1934年，毛泽东在苏维埃文化教育"四个在于"的总方针中指出"在于使文化教育为革命战争与阶级斗争服务；在于使教育与劳动者联系起来"，强调使教育与群众的实际生活联系起来，劳动与教育统一起来，劳心与劳力者结合起来。[38]

---

① 教育生态学是将教育及其生态环境相联系，并以其相互关系及其机理为研究对象的一门新兴学科。学科名称首先是由美国哥伦比亚师范学院院长劳伦斯·A.克雷明于1976年在《公共教育》（*Public Education*）一书中提出的。

他在1936年12月所写的《我国革命战争的战略问题》中提出"读书是学习，使用也是学习，而且是更重要的学习"。[39] 在该理论的指导下，毛泽东提出了抗战时期职业教育与生产劳动相结合的思想：（1）职业教育为经济服务，为发展生产服务，学校与社会紧密相结合，可以推动生产和职业教育的双发展；（2）理论与实践的结合，体现了知识分子与工农相结合的关系；（3）产教结合是学习掌握完全知识，获得一定的劳动技能和增强体质的重要方法，是对学生进行思想品德教育的良好途径。

产教结合：是指职业学校根据所设专业，积极开办专业产业，把产业与教学密切结合、相互支持、相互促进，把学校办成集人才培养、科学研究、科技服务为一体的产业性经营实体，形成学校与企业浑然一体的办学模式。2017年10月18日，党的十九大报告指出，要深化产教融合。

### （五）产业发展理论

产业发展理论的主要内容有两点。其一是产业的基本含义：产业是指具有某些共同特性的企业集合，也可以指具有相同性质的生产或从事其他经济社会活动的企业、事业单位、机关团体和个体的总和。企业是构成产业的基本单元，产业是国民经济的重要组成部分。

其二是产业形成的两个关键因素：一是新技术的产生和推广应用。它是科学技术发明创造的价值实现过程，技术进步是产业变革和进化的核心力量。二是企业创新和产业创新。企业创新是指企业将多种生产要素进行重新组合的行为，包括产品创新、技术创新、组织创新及管理创新等。产业创新是指原有产业因为技术、分工、组织、管理、生产过程等的创新而分离出来的新产业。

### （六）教育治理的理论

联合国全球治理委员会（CDD）将治理（governance）理解为"各种公共的或私人的个人和机构管理其共同事务的诸多方法的总和，是使相互冲突的不同利益得以调和，并采取联合行动的持续过程，它既包括有权迫使人们服从的正式制度和规则，也包括各种人们同意或符合其利益的非正式制度安排"。[40]

美国国际研究协会前主席罗西瑙（James Rosenau）将治理引入新公共管理领域，并将其定义为"一系列活动领域里的管理机制，它们虽未得到正式授权，却能有效发挥作用。治理指一种由共同的目标支持的活动，这些管理活动的主体未必是政府，也无须依靠国家的强制力量来实现，治理只有被多数人接受，才会生成有效的规则体系，而区别于政府的强力政策"。[41]

第一，在意涵方面。褚宏启认为，教育治理指政府为了促进教育发展，通过安排和实施一定的制度，与各种教育组织、利益集团及其公民个人共同管理教育公共事务，实现教育发展目标的过程；杜越认为，教育治理是指"教育领域的各种行为主体对于教育发展问题的共同参与和协调努力"。[42]

第二，在主体特征方面。虽然这类研究较多，但"多元共治"一直是这方面研究的主题。例如，耿超强调，多元共治是教育行政方式转变的方向和主要特征；[43]邓云峰认为，教育治理需要政府、社会、家庭和学校的参与；[44]张杰认为，教育治理应发挥教育中介组织的作用；[45]而汪卫平等则强调非政府组织参与教育治理的重要作用。[46]

第三，在模式体系方面。关于这方面的研究，学者们从不同维度、不同视域进行了思考探讨。例如，孙绵涛认为，现代教育治理体系是由谁治理、治理什么以及如何治理组成的结构系统；赵岚提出，教育治理体系的维度包括五个方面，即治理目标、治理原则、治理主体、治理保障和治理效果评价；[47]王岩等则根据协同学视域，认为教育治理体系将通过政府、学校、社会三个序变量的协同运动，激发系统内部的自组织有序升级，从而实现改革目标；[48]严孟帅以国际视野中的教育治理经验为基础，探讨了"多元混合"的教育治理方式。[49]

综上所述，治理的概念可以这样来总结：它是一个良善的新型管理方式。它是将原本在政府手中的权力下放到各阶层同领域团体身上。大家一起协力把共同面对的问题，从多元多层次的界面，跨界地、合作地解决，而且把自己拥有的资源进行一个合理有效的整合，多主体共同管理，促使利益冲突或不同利益得以协调并采取联合行动，同时期盼把问题解决而又系统的善治过程与结果。对于职业教育来说，除了要处理好政府与职业学校的关系，还要处理好政府与市场、政府与社会的关系。此外，由于职业教育的特殊性，还存在政府内部各部门之间的矛盾关系。因此，教育必须要吸取治理的理念，使教育所涉及的各机构和组织各司其职、协同治理。

## 二、职业培训的理论探讨

### （一）人力资本理论

当前，世界各国政府普遍通过对失业者进行再就业培训，来提高失业者再就业的能力，其理论依据是人力资本理论。人力资本理论的创始人舒尔茨明确指出："人力资本和经济现代化是相伴相随的，经济系统最突出的特点就是人力资本的增长。"人力资源素质的形成与提升，主要有两条途径：一是在实际工作中学习，二是接受教育与培训。接受教育与培训是提高人力资源素质的最有效途径，个人通过接受教育与培训，可以在短期内学习到人类社会的优秀科学文化知识、生产技能、社会经验，并在实践活动中加以发展和提高。因此，通过对失业人员进行再就业培训，加快人力资本的形成，不仅对缓解社会就业压力、提高再就业率、实现再就业具有十分重要的意义，还对人力资源的开发和利用，促进技术进步，提高劳动生产率，以致对整个国家的经济腾飞都具有十分重要的作用。

### （二）终身教育理论

终身教育理论的创始人是法国教育学家保罗·朗格朗。1970年，朗格朗在他的著作《终身教育引论》(*An Introduction of Lifelong Education*)中，系统地阐述了终身教育思想，提出："终身教育包括了教育的各个方面、各种范围，包括从生命运动的一开始到最后结束这段时间的不断发展，也包括了在教育发展过程中的各个点，与连接各个阶段之间的紧密有机的内在联系"；"终身教育是为人的一生不断提供教育和训练的工具，又是人们通过各种形态的自我教育，以达到真正最高水平的自我发展的有效手段"。终身教育是为了迎接现代知识经济的挑战而形成与发展起来的，它把学习与工作、生活紧密结合，主张个人可根据自己的需要随时随地选择适合自己的学习途径和内容，有组织地学习，不断适应现代社会的职业分工要求，正如《学会生存——教育世界的今天和明天》一书所指出的："教育的目的，同就业和经济发展的关系而言，不能培养青年人和成人从事一种特定的、终身不变的职业，而应培养他们有能力在各种专业中尽可能多地流动，并永远刺激他们自我学习和培训自己的欲望。"再就业培训的主旨是教授知识和技能，它本身也属于终身教育的一部分。

### （三）吉登斯"第二条道路"福利思想

安东尼·吉登斯（Anthony Giddens）1938年出生在伦敦北部，现任剑桥大学教授，是当代最重要的思想家、社会学家之一，他在20世纪80年代提出了"第二条道路"福利思想。这一思想是针对社会中风险性质由外部风险变为人为风险，福利国家原先事后治理的模式已经不能适应这种变化，于是提出了事前预防、积极应对的观点。吉登斯强调当一个社会创造宏观经济、创造就业机会的同时，还要兼顾到穷人，重视社会保障制度由消极福利到积极福利的转变，建立社会投资国家。由积极福利替代消极福利的主要做法就是减少对社会弱势群体的直接给予，增加教育经费和培训经费，变直接救济为生存能力的培养和更新。吉登斯的理论在很大程度上影响了布雷尔政府的社会福利政策，进而指导了新工党政府的福利改革实践活动。"福利到工作"计划的出台就是这一时期布雷尔政府坚持"第二条道路"思想，改变传统英国福利模式的产物。"福利到工作"计划把解决失业问题和改革社会福利制度相结合,通过对失业人员进行技能培训来提高他们的就业能力,鼓励人们积极地寻找工作,减少对社会救济金的依赖。路斯·雷斯特(Ruth Listen)认为新工党政府的社会福利改革,使国民从传统的消极福利模式中释放出来,走向了积极的福利的道路。

### (四)马克思的人的全面发展理论

马克思在《1884年经济学哲学手稿》中论证了人的全面发展并指出,教育是造就全面发展的人的唯一方法。人的全面发展包括人的需要的全面发展、人的素质的全面发展和人的本质的全面发展,归根到底是由人的本质的全面发展所决定的。马克思主义认为,人的本质"在其现实性上,它是一切社会关系的总和",因而,人的全面发展的本质在于人的社会属性和社会关系、社会性需要和精神需要、社会素质和能力素质的全面发展。必须进一步指出,马克思所说的"人的全面发展"中的人,不是抽象、孤立的人,而是指现实的、具体的、社会中的个人,不是"某一个人",而是"每一个人"。全面发展、自由发展、充分发展、和谐发展在"每一个人的发展"内部是相互联系、不可分割的。再就业培训为失业者提供了知识与技能等方面的教育,促进了人的全面发展。

### (五)马斯洛需求层次理论

美国著名的人本主义心理学家亚伯拉罕·马斯洛在1943年发表的《人类动机的理论》中提出这一理论。马斯洛认为人的需求是一个从低级向高级逐渐发展的过程。他把人的需求分成生理需求、安全需求、归属与爱的需求、尊重需求和自我实现需求五类,呈现从低到高逐渐发展的趋势。这五种需求可以划分成两大类,其中生理需求、安全需求、归属与爱的需求通过外部环境可以满足,属于较低一级的需求;而尊重需求和自我实现的需求是要通过内外部因素共同实现的,属于人类的高级需求,并且人们对自我实现的追求是无止境的。一般来说,人们先满足较低的需求,然后向高一层次的需求发展,但是在满足高层次需求的同时,低层次的需求仍然存在。同一时期,一个人可能有几种需求,但每一时期总有一种需求占支配地位,对行为起决定作用。

长期以来,我国对职业教育理论和实践的研究存在三个主要问题:一是职业教育理论以引进为主:尽管我国有许多仁人志士不断地在职业教育领域孜孜以求地研究和探索,但真正属于我国原创性的职业教育理论研究成果不多,具有我国特色的职业教育理论比较贫乏。二是我国职业教育的理论研究滞后于职业教育实践:我们习惯于把西方职业教育的理论生搬硬套于我国职业教育的工作实际,导致很多理论在我国的运用效果不佳。我国职业教育的实践缺乏先进的、科学的、具有我国特点的理论的指导,职业教育的理论研究难以跟上我国职业教育丰富多彩的实践。另外，我们还缺乏把我国丰富的职业教育实践成果快速地系统地总结成具有一定科学体系的职业教育理论的良性机制，职业教育的实践具有一定的自发性和盲目性。三是具有我国特色的职业教育理论体系还没有真正形成：至今我国对职业教育的一些基本理论问题尚缺乏比较全面、系统、深入、一致的研究及界定，构建具有中国特色的职业教育理论体系确实任重道远。

# 第三章 国外职业教育之经验与借鉴

## 第一节 国外职业教育体系

美国地处北美洲,是典型的移民国家,在政经、军事等方面在全球领先。美国能够取得这样的优势与教育是密不可分的。特别是在职业技术人才培养方面的成果,为美国社会提供了高质量的劳动力。

德国职业教育的发展在世界处于领先地位,尤其是企业培训与职业学校教育相结合的双元制职业教育模式,培养了大批高质量技能型工人,是德国经济发展的"秘密武器"。

澳大利亚职业教育的发展有上百年的历史,它是在吸收其他国家职业教育成功经验并结合本国国情的基础上发展起来的独具特色的职业教育模式。该国的职业教育与培训(VET)体系是国际上公认的一种较为成功的职业教育模式。澳大利亚职业教育已经成为澳大利亚经济、社会发展的重要支撑。

### 一、美国职业教育体系

**(一)美国职业教育源起**

美国的职业教育被称为"职业生涯与技术教育"(Career and Technical Education,CTE)。美国职业技术教育经历了三个阶段,每一阶段都印证了当时美国政治、经济、文化对教育的影响。

1. 19世纪初至第二次世界大战前

19世纪初期,美国进入产业革命时代,工农业获得了高速的发展。为适应社经发展对人才的高度需求,纽约、费城等地最先建立了一些农业学校、技工学校和专科学校,这些学校也为后来的职业技术学院奠定了发展的基础。

1862年，美国国会通过了《莫雷尔法案》，[①]该法案规定通过土地奖励办法为全国各州提供资金，筹办"农业和工业学院"，专门培养工农业专门技术人才。19世纪末20世纪初，又出现了一种两年制的初级学院，已具有职业技术教育形式。至1940年，全美的初级学院已达610所。

2. 第二次世界大战后至20世纪80年代

第二次世界大战后，美国经济不仅进入高速发展的时代，还率先掀起了以原子能利用、电子计算机和太空技术研究与运作为主题的第三次科技革命。专业技术人才的迫切需求，使人们进一步关注发展职业教育，培养生产一线或现场实操的技术人才；刚好大量的第二次世界大战复转军人得以获得就业安排，更需要职业教育政策的大力支持。这种情况致使美国联邦和州政府在20世纪50年代到80年代间，不断增加对社区学院的拨款，社区学院就在这时期获得快速发展，从而成为美国实施高等职业技术教育的最重要机构。

1963年，美国国会通过了《职业教育法》。该法案扩大了职业技术教育的对象和范围，规定职业技术教育的对象不再局限于在校生，而是面向所有需要接受职业技术培训或再培训的人员，取消了经费补助范围的限制，有可能使就业计划实现的教育都可以动用拨款。另外，在时间安排上，职业教育形势更加灵活多样，分为全日制、定时制、夜校和函授等。同时，该法案还专门为职业教育增加了约2亿美元的财政预算。

《1968年职业技术教育修正案》进一步阐明了新的职业技术教育观和操作方法，指出美国的教育不应再分为普通的、学术的和职业的教育，因为就业技能对于所有接受教育者都是不可少的；再者，国民受教育程度提高有利于更好地就业。该法案还提出职业技术教育是一个终身接受教育的过程。美国在20世纪70年代推广的生计教育，是对60年代职业技术教育思想的强化和延伸。技术教育要求以职业为中心，把普通教育和职业教育结合起来，并把这种形式贯彻到从小学开始一直至高等学校的所有年级。

3. 20世纪80年代以来

1980年以后，美国信息服务产业地位日益升高，人们认为将来的生产依靠的已不是一般性投资，而是智力投资，社会需要更多的脑力劳动者。1984年，美国教育质量

---

[①]《莫雷尔法案》规定，按各州在国会中参议院和众议院人数的多少分配给各州不同数量的国有土地，各州应当将这类土地的出售或投资所得收入，在5年内至少建立一所"讲授与农业和机械工业有关的知识"的学院。后来这类学院被称为"农工学院"或"捐地学院"，这些学院是该法案结出的果实。
《莫雷尔法案》是美国高等教育史上最早也是最重要的法案之一，它对美国甚至世界高等教育的发展产生了深远的影响。

委员会提出题为《国家处在危险之中》的报告，引起了大家对教育质量的高度关注。

1990年，美国国会又通过了《卡尔·帕金斯职业技术教育法案》，该法案规定了对开发技术预科课程、整合学术教育和职业技术教育的课程、增强与工作相关经验的课程等几类方案给予资金资助。依据该法案，高中阶段后两年的职业教育，为高中后职业技术教育（两年制）的准备阶段，二者相互衔接。由于社区学院在国内职业教育、促进就业以及为社区经济发展等方面做出了卓越贡献，被美国各界视为完成此项改革最有发展前景的学校。1998年，对《卡尔·帕金斯职业技术教育法案》完成了第三次的修订，此次修订对美国20世纪90年代以后推出的"技术准备计划"思想做了全方位阐述，是美国政府为发展经济而设计的一套宏观的职业教育发展指导方针。

美国政府希望通过"技术准备计划"，整合就业、升学、终身发展、提高技术水准和教育效率等多个目标。"技术准备计划"要求社区学院、地方职业技术学院、综合中学、四年制的学院或大学、各类学徒制组织以及私立教育机构共同参与实施。20世纪90年代一系列法案和改革方案的实施，对美国职业技术教育的观念和教育教学管理等方面都产生了很大的影响，使得美国高等职业技术教育体系得以逐步完善，象征着美国职业技术教育史的关键的新阶段。

### （二）美国职业教育体系

1. 美国中等职业教育体系

1917年，《史密斯·休斯法案》[①]推出后，美国确立了以综合中学为主要力量、普职融合的中等教育体系，中等职业教育主要的服务对象是未能进入大学、不愿意继续学业的高中生。更由于社会与经济环境的转变，也没有士大夫观念，小学即落实普职合一教育，美国逐渐也形成以综合高中为主体、依靠区域（CTE）学校或中心共同参与的职业生涯群（Career Clusters）中等职业教育体系。

实行普职合一的单轨制教育，在美国中等职业教育主要是以课程和项目形式呈现，可通过学分认可和转移系统来体现彼此学习互认。美国的中等职业教育由以下三大机构共同提供：综合高中、全日制（CTE）高中、区域学校或中心。综合中学自《史密斯·休斯法案》颁布实施后就逐步取代原来专为升学做准备的普通中学，仍偏重学术教育。全日制学校数量次于综合高中，但多于区域学校或中心，是美国中等职业教育的重要组成

---

[①] 20世纪初，美国由农业社会向世界领导地位的工业国进化，与此同时，来自贫穷国家未受教育的移民大幅度增加。国会通过长达6年的考虑和准备，于1917年通过了《史密斯·休斯法案》（Smith-Hughes Act），该法案规定联邦拨款在中学建立职业教育课程，标志着职业教育体系开始形成。

部分。全日制学校强调职业教育，同时也向学生提供高中所必须完成的学术课程。全日制学校的共同特征为有严格的毕业标准，一系列连贯的学术课程，整合性课程与高中及中等教育后教育机构相联系的特别机制，最终可以获得某种受承认的认证或证书，以及明确的中等教育后教育机会。区域学校或中心是为了服务来自特定地理区域内的综合高中学生，为有接受职业教育需要的人而设计的，只提供职业生涯与技术课程。

实行单轨制普职融合的教育体系，以上三大教育机构的结合，解决了由此产生的学生的个性化职业教育、职涯发展导向及学校运营层面的经费问题，同时把在这一单轨制教育系统中的职业教育课程联系在一起。美国强大的学分互认及转换系统，使得学分不仅可以在三大教育机构之间互认，还可以与中等教育后教育机构学分互认。这一举措一方面避免了课程的重复学习，另一方面更加有利于学生实现从中等教育向中等后教育的过渡。另外，在合作教育中，学生在企业的工作经验也可以转换为有效的学分记录在案。[51]

2. 美国高等职业教育的"社区学院"模式

美国社区学院兴起于20世纪初，在60—70年代得到迅速发展。为了满足社会经济对实用型人才的需求，美国利用中学自身定位和中等技术学校升格开设大学低年级的课程，并以此来培养应用型技术人才，由此又形成了二年制学院，并发展成一批新的初级技术学院。这些短学制学院多由社区出资和赠地兴办，又为社区经济发展服务，因而得名"社区学院"（Community College）。20世纪60年代后期，"社区学院"产生了高等职业技术教育的本科学制，70年代又进一步发展成高等职业技术教育研究生学制。目前美国有各类高等院校3 665所，其中社区学院有1 471所，占40%左右；全国高等院校在校生1 500万人，其中社区学院的学生500万，占在校生总人数的30%左右。

3. 美国高等职业教育体系

美国现行学制的基本框架形成于20世纪初期，由公立和私立两大体系组成。由于美国实行的是典型的单轨制教育制度，所以其职教体系很难用单独的图示列出，但可以描述为在高等教育之前，职业教育没有专门的实施机构，而相关课程在一般的中小学都有体现。高职主要的实施机构是社区学院及技术学院，其中以社区学院为主，修业年限为2年，授予副学士学位。美国的社区学院也发展相对的本科层次教育，扩大了职业教育专科层次与本科层次的沟通。在美国，四年制的大学本科教育和研究生教育主要是技术应用型的教育，只有小部分是学术性教育，因此它们可以与专科的高等职业教育相衔接，相应地获得本科、硕士和博士的专业学位。把美国的教育体系综合来看，其现行的学制如图3-1所示。

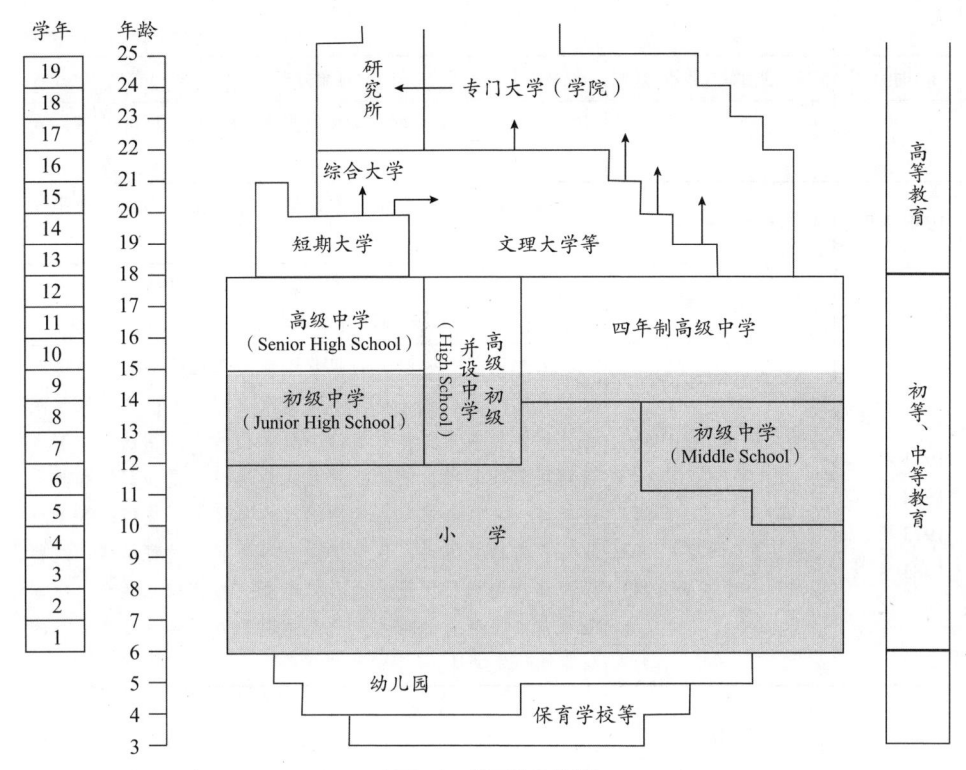

图3-1 美国教育学制

注：灰底部分是义务教育

## （三）美国职业教育特色

### 1. 健全的职业教育法律保障

推行全美的职业教育政策落地。每个阶段都有非常完整的法律做相关的支撑且是形成多数决得到共识之后再全力执行。相关支持性的法律案分析如表3-1所示。

表3-1 美国历年制定促进职业教育发展法律案分析

| 时间 | 法律案或政策 | 成果分析 |
| --- | --- | --- |
| 1862年7月2日 | 《莫雷尔法案》 | 形成"捐地学院"。解决了19世纪中后期工业大发展导致的技术人员和熟练工人缺少的难题。促进了美国中等和高等职业教育的发展。 |
| 1917年2月23日 | 《史密斯·休斯法案》 | 中等职业教育制度化。 |
| 1917年6月 | 成立了联邦职业教育委员会 | 专门负责全国的职业教育工作。 |
| 1918年 | 《中等教育基本原则》 | 提出了中等教育的7个目标，把"职业能力"作为 |

续表

| 时间 | 法律案或政策 | 成果分析 |
| --- | --- | --- |
|  |  | 目标之一，在综合中学里实施职业教育成为美国职业教育一大特点。 |
| 1958年9月 | 《国防教育法案》 | 以振兴教育和科学技术，培养高等技术人才，增强国防实力为目的。 |
| 1963年 | 《职业教育法案》 | ①重视在职职工的技术培训；②立法支持企业参与职业教育；③有配套专项经费数额及其分配办法支撑。 |
| 1961年、1962年、1973年、1983年 | 《地区发展法》(1961)、《人力开发与培训法》(1962)、《综合就业培训法》(1973)、《就业培训合作法》(1983) | ①都强调企业职工的职业培训；②社区学院是美国职业教育的最大特色：社区学院遍及美国全境；③社区学院还使得学校教学工作同为社会服务相结合；④社区学院大量聘用兼职教师，使职业教育的教学过程更加实际和具有针对性，有利于培养高素质学员的实际工作技能；⑤多种职业教育模式互通：目前美国有多种职业教育模式，这些模式都能够积极促进普通教育与职业教育相互融合、中等教育与高等教育的相互沟通，体现了美国职业教育体系的科学性和先进性。 |

2. 美国的社区学院

美国的社区学院在近一个世纪的发展过程中，逐步形成了自己的特色，适应美国现代社会经济发展的需要。"社区学院"这种模式主要有四个特点：①办学以学校一方为主，学校根据所设专业的需要与有关企业取得联系，双方签订合作合同，企业一方提供劳动岗位、一定的劳动报酬，并派管理人员辅导学生适应劳动岗位、安全操作，协助学校教师确定学生应掌握的技能，一起评定学生成绩、劳动态度、工作数量和质量等，校方派教师到企业去指导监督学生劳动，沟通学校与企业合作双方的要求；②教学时间分配上，大致为，一半在校学习，一半在企业劳动，学习与劳动交替的方式灵活多样；③合作专业范围逐渐扩展，现已涵盖理科、教育、法律以及家政、卫生、商品销售和办公室工作等；④对企业、学校及学生三方都有利。

美国州政府设有高等教育委员会和社区学院委员会，其成员由州长任命，包括教育、工商等各界人士。社区学院委员会设有日常办事机构，其主要功能是总体协调服务，包括与州政府联系，争取奖励资金，为学校拨款，提供升学、就业信息、建议，审核课程开设，评估学院办学情况，指导职业和成人教育等。该委员会与各学院无行政隶属关系。各社区学院有自己的董事会，成员为各界人士，由社区选举产生，多为义务性工作，其作用主要是为学院集资，代表社区监督办学，聘用校长，加强学院与社区的联系，为社区服务。

**（四）美国职业教育借鉴**

根据上文对美国的职业教育发展及其职业教育体系的研究发现，美国的职业教育对我国的借鉴意义在于：①美国的社区学院办学以校方为主，与企业取得紧密联系，根据企业需要设置专业；②社区学院的办学质量由董事会进行监督，由于董事会的成员由社区选举产生，多为义务工作，能够起到监督的作用，保证社区学院的办学质量；③美国有学分认证系统，使得中学阶段的职业教育与高等职业教育得到完美的衔接，让普职之间得到了很好的沟通；④美国对四年制的大学本科与研究生教育定义为技术应用型的教育，虽然这两个层次的教育被放在美国的普通高等教育体系中，但实际上它们是作为职业教育的延伸，在高等教育的更高层次得到了体现。这样一来，普通教育与职业教育得到了有机的沟通。

## 二、德国职业教育体系

**（一）德国职业教育源起**

由于特殊的历史原因，德国在20世纪90年代以前，处于民主德国和联邦德国分裂自治的局面，关于教育的政策在有些方面不完全相同。直到90年代德国统一之后，教育才真正实现统一。

1. 第二次世界大战后至20世纪60年代

第二次世界大战后的德国，经济和教育都受到了极大的破坏，国家也被分裂成东德和西德，当时还没有真正意义上的高等职业教育。20世纪60年代初，西德进入了经济恢复发展时期，传统的教育思想与客观现实之间的差距越来越大，矛盾也越来越激烈。60年代后期，德国对20个发达国家的高等教育进行了一项调查研究，调研结果表明德国的大学入学率排名倒数第三位。为此，1968年，德国在11个州的总理讨论会上，决定成立3年制的高等专科学校，以培养企业和社会组织需要的应用型人才为目标，主要招收高级专科学校毕业生及义务教育离校后经过一定的实习达到与高级专科学校具有同等学力的学生。

2. 20世纪70年代初至80年代

进入20世纪70年代的德国，经济持续发展，高等专科学校的毕业生大受欢迎，出现了供不应求的局面，高等职业教育的规模有待扩大。有些经济活跃的州，如巴登符腾堡州的一些著名企业认为除了工程师外，企业还需要应用型的高级管理、技术和服务人才，而高等专科学校的毕业生满足不了这一"能力缺口"。于是，几家公司联合与巴登符腾堡州管理与经济学院协商，创建了校企联合办学的职业学院，专门培养这类人才。

1974年，共有6所职业学院及6所分院建立，在校生12 000人。它的办学不仅有学校参与，而且有企业参与，使整个教学能够从学校和企业两个基地的师资与设备条件中受益，开创了教育机构与企业联合举办高等教育，尤其是举办高职的一种新途径——"双元制"办学模式。

1896年联邦德国工程协会的调查表明，高等专科学校学位工程师在企业中的比例最高，占各类学位工程师的62%，其中企业经济师占到50%，计算机工程师也占到一半之多。德国职业学院的开办，开创了教育机构与企业联合举办高等职业教育的新途径，发扬和提升了德国传统职业教育"双元制"模式的特色。

3. 20世纪90年代

这时德国的经济已经跃入世界前列，国内较为完整的教育体系已经建立。1990年10月，德国在分裂40多年之后实现了统一。统一后的联邦德国，开始了新一轮的教育改革。

1991年，德国废除了原民主德国时期制定的教育法，而开始实施联邦德国制定的职业教育法。在高等教育方面，根据科学审议会的建议，原45所高等院校调整为12所，大学包括工业大学和12所艺术院校，原高等技术学校和高等工程师学校改组为20所高等专科学校，原民主德国地区的专科学校，也改建为高等专科学校。当时新增高等专科学校20多所，占高等院校总数的52%，在校生约43万人。由于巴登符腾堡州的职业学院成功的办学所产生的影响，使得德国其他10个州相继开办了类似的高等学校，总数超过30所。

由于各州的文凭由各州来发，各自并没有建立互认制度，使得学员跨州找工作出现麻烦。于是，巴登符腾堡州、柏林等5个州和地区决定，相互承认各自职业学院的学历和证书，并认定其与高等专科学校等值。

## （二）德国的职业教育体系

1. 德国的中等职业教育体系

德国的中等教育分为初级和高级两个阶段：初级阶段包括主体中学、实科中学、初级文理中学和综合中学四种类型。[52]

（1）主体中学是以就业为导向的职业初中，学生在职业预校接受职业准备教育，毕业生主要进入下一阶段的"双元制"职业学校学习。在德国，大约70%的小学毕业生进入主体中学学习。

（2）实验中学被誉为德国中等教育的典范，学生来源于中产阶级家庭，毕业后有多种选择，可以进入下一阶段的职业学校，也可以选择高级文理中学从而进入大学。

（3）初级文理中学是以升学为目的的完全中学，毕业生进入高级文理中学并通过毕业考试即可获得上大学的资格，可以申请所有类型的大学和专业。

（4）为弥补上述类型学校过早地为孩子"定型"的弊端，一种新型综合中学应运而生，目的是给学生更多的选择机会和时间，使成绩较差的学生也有机会进入下一阶段的学习。

中等教育的阶段分为5种类型，分别是"双元制"职业学校、职业专科学校、专科高级学校、职业高级学校、高级文理中学。

（1）"双元制"职业学校是以就业为导向的职业教育，也是德国职业教育的主要形式，目的是培养技术工人，学制为3年。学生首先要与企业签订职业教育合同，明确职业教育的形式、内容、期限及工资支付等各项内容。与企业签订的职业教育合同经相关行业协会备案生效后即确立了双方的职业教育法律关系。学生以企业学徒的身份分别在职业学校、企业学习理论知识和操作技能，大约30%的学习时间在学校，70%在企业。"双元制"职业教育属于免费义务教育，学生在学习期间不仅不交学费，每月还可得到由企业提供的工资和法定社会保险。[53] 学生毕业要通过两次考试：期中考试一般在1年半后进行，由职业学校组织，成绩作为毕业考试的参考；毕业考试由相关行业协会组织，通过者将获得由行业协会颁发的毕业证书，全国通用。

（2）职业专科学校也是以就业为导向的职业教育，学生以主体中学和实验中学毕业生为主，学制3年。职业专科学校属于全日制职业教育，少数毕业生可升入专科大学。由于就业比较困难，职业专科学校的数量逐渐减少。

（3）专科高级学校和职业高级学校，属于以升学为导向的职业教育，学制2年。学生主要来自实验中学，其中专科高级学校实践与理论课程各1年，毕业生可升入专科大学。职业高级学校为全日制理论学校，毕业后可升入综合大学，有专业限制。

（4）高级文理中学是以升学为导向的普通高中，学制一般为3年，毕业后取得上大学资格。各类职业学校学生还可以通过夜校和成人教育获得上大学的资格。

2. 德国中等职业教育的"双元制"模式

德国的职业教育素以规定严格著称，对实践能力的要求一直是德国的传统。德国的工人在全世界被公认为有一流水平。德国的职教证书在整个欧洲得到认可。"双元制"是德国实施高职高专教育中最独到、最有特色的内容，也是德国的职业教育获得成功的关键，更被德国人自称为经济腾飞的"秘密武器"。"双元制"是指学生具有双重身份，即学校学生和企业学徒,他们分别在学校和培训企业两个地点,由学校教师和企业教师两方施教主体,进行理论与实践两个方面的职业教育。当前,德国的高等教育机构引进"双元制"的做法早已发展为以下三种模式:一是叠加式,即理论与实践培训接续进行;二是一体式,即理论和实践培训平行进行;三是交叉型,即理论教学与实践培训交叉进行。"双元制"人才培养模式中培训企业和培养学校的"双元"是互相依存、相辅相成、缺一不可的。

近年来,德国为提高职业教育的吸引力,也为了适应知识社会和信息社会对高素质职业人才的需求,将卓有成效的"双元制"的教育模式和教育思想引入高等教育领域,与企业及职业学院合作,构建"双元制"职业教育与"双元制"职业继续教育的体系,为接受过职业教育的青年人提供进入高等学校深造的机会,这是当前德国职业教育改革的又一重大举措。具体的措施包括:承认采用"双元制"教育模式的职业学院文凭与高等专科学校等值;发展"双元制"的高等专科学校;为获得国家承认的职业证书的青年敞开进入上述高校的大门。为此,德国联邦职业教育研究所已提出构建"双元制"职业教育、"双元制"继续教育、"双元制"高等教育的三级体系方案。

3. 德国高等职业教育体系

德国被公认为职业教育强国,其高等职业教育也办得卓然有效。德国高等职业教育体系,已成为许多国家学习的对象。

德国职业教育体系在整个教育体系中是强大的,其中高等职业教育主要培养应用型、技术型人才,以职业岗位能力为本位,办学体制以企业为主,企业决定专业方向、教学计划、培养目标、培养模式等。自20世纪50年代以来,联邦政府颁布了许多项有关职业教育的法令,如《职业教育法》《职业教育促进法》《实训教师资格条例》《高等学校总纲法》等。如1969年9月颁布的《职业教育法》,体现职业教育的全面制度化,同时加强和稳固了职业教育的地位。

由于社经和人口发展,《职业教育法》已不适应新的发展形势,1981年12月,联邦政府又颁布了《职业教育促进法》,对《职业教育法》进行了补充与完善。对职业教育立法的不断完善,保障和促进了德国职业教育的蓬勃发展。德国经过多年的努力,也顺势运用两大渠道:一是建立"合作型综合型大学",即维持现有高等院校的办学形式与管理体制,各院校仍然保持原有独立性,只是在课程、学分、教学和科研设施等方面进行相互合作;二是通过合并和统一各种高等教育机构,取消大学和高等专科学校的明确区别,发展"统一型综合制大学",促进高等教育内部走向融合。目前,已有高等专科学校升格成为"科技大学",它实质上的运作方式已经开始趋向综合型大学体制。

图3-2 德国现行学制

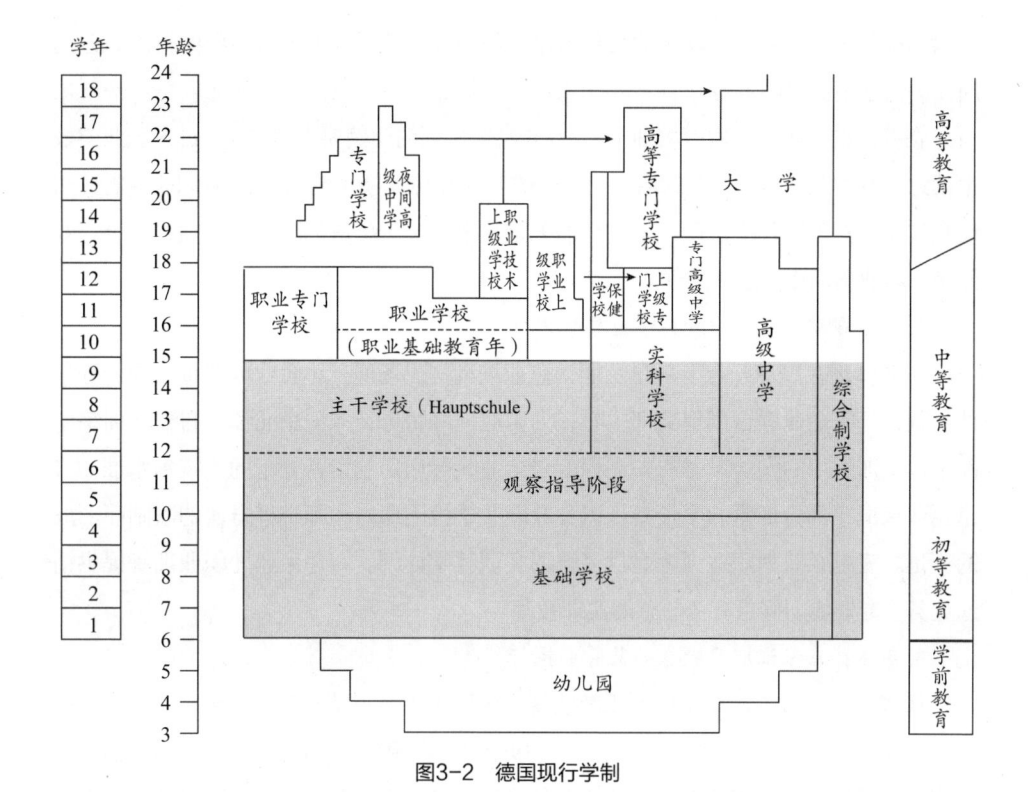

注：灰底部分是义务教育

### （三）德国职业教育特色

1. "双元制"管理制度与教学模式

职业教育体制是德国教育的主要形式。所谓"双元制"模式是一种私营企业与公立的且非全日制职业学校合作进行职业教育的模式。这种模式是由政府对职业教育进行监督管理，各行业主管部门自治管理，生产单位组织与实施的三级负责制。"双元制"教学模式中的"一元"为企业，另"一元"为职业学校，主要内容是：借由企业和职业学校两组系统的密切合作来运行。学生在职业学校中接受职业的专业理论和文化知识教育，与企业签订培训合同后，另以学徒身份在企业中接受职业技能的专业知识培训。学生在企业和学校的一般时间比为3∶2或4∶1。"双元制"模式的"双元"特性，尚体现在两个不同的法律依据与两个不同的权责单位上。企业培训作为经济方面的事务由联邦政府主管，主要遵守联邦政府颁布的《联邦职业教育法》，而职业学校的教学则由各州来管理，受到州颁布的学校法的约束。

"双元制"职业教育模式的优点在于：一是理论与实践相结合，有利于职业培训质量的提升；二是充分调动企业合作办学的积极性，使得企业的各种资源得到充分运用，提升了职业培训效能。

在德国的各类职业教育培训中，"双元制"培训的比例要占到75%，进入职业学校也就意味着同意"双元制"的培训。"双元制"的目的，是给学生以从事职业所需的知识和技能，打下工作的基础。未来他们无论从事哪一个层次的职业，都须将经过"双元制"职业培训作为必要条件。

2. 企业在职业教育中发挥了重要作用

主要体现在以下几点：一是企业为职业培训提供场所，小企业因资金、师资等条件有限，几家企业联合创建实训中心，为职业训练服务，大型企业都建有教学训练车间；提供训练用的实验设备的先进程度与企业实际应用的设备处于同一技术水准。二是企业承担了部分课堂教学任务，以弥补职业学校因课时和师资等方面的限制而形成的不足。三是企业为职业训练提供完整的实训教学计划。四是企业为职业训练提供精通业务、专业能力好且有责任感的实训教师。

3. 用法律来保证职业教育的监管和执行

德国依法治教，颁布了许多职教法规，构建了内容完整、互相衔接、便于施行的法律制度，有效地促进了职业教育发展。1969年德国颁布《职业教育法》，对包括上岗前和上岗后培训、转岗培训、培训企业和受培训者关系、双方的权利和义务、培训机构与人员资格、实施培训条例的监督和考试、职业教育的组织管理和职业教育研究等的规定均有完善的规范。

《职业教育法》对德国的职业教育起到了推动和促进作用。此后，德国又相继制定了与之相配套的法律法规。再者，各部门、行业、地方也相继制定了相关的条例或实施办法。德国的职业教育法在学校名称、学制长短、办学条件、管理制度、培养目标、专业设置、经费来源、教师资格、教师进修、考试办法等方面，都有具体而明确的要求；同时还设立了一套包括立法监督、行政监督、社会监督、司法监督在内的职业教育实施监督系统，使职业教育的实施真正做到了有法可依、依法治教、违法必究，用完善法律管理职业教育的运行，推动职业教育有序发展。

4. 高度重视从事职业教育的师资队伍建设

德国建立了一套严格的制度来规范从事职业教育的教师标准，针对教师的学历和资历、专业与职位的结合、教师本身的培训与进修、品德和技能的规范作用、严格的考核制度等方面，都做了明确的规定。同时，德国也关心教师的物质生活与待遇。进门难、要求严、待遇好是德国职业教育师资队伍建设的关键特点。经过激烈的竞争，德国的职业教育教师都具有质量良好、知识渊博、技能精湛、效率敏捷的特点。

5. 严格的考核制度

这是德国职业教育教学质量的最佳保障。德国职业教育考试分为期中考试和结业考试两种，从考试内容上分为书面考试和实际操作技能考核两部分。没有期中考试成绩者不能参加结业考试。期中考试和结业考试都是按全国统一要求在统一时间内进行。考试由经济界的自治机构工商会、手工业会，以及单位组成的考试委员会主持进行，委员会的成员包括企业雇主与代表及职业学校教师。经考试委员会审核同意后发给结业证书。考试一般安排4—6个小时。如考试不通过，就不能从事所学行业的工作，下一年得再参加一次考试。这种教考分离的考核办法和严格统一的管理机制，使德国职业教育教学质量得到了确保。

### （四）德国职业教育借鉴

（1）从德国的职业教育发展过程不难发现，德国的职业教育以企业为主，企业决定学校的专业、方向、招生，国家为职业教育的发展提供法律支持。这主要表现在企业在办学上的自主权及德国政府在职业教育立法方面不断地完善法律体系，结合社会各方面的需要为职业教育的发展提供更好的发展条件。

（2）由于德国职业教育培养目标明确，教学严格，使得德国的职业教育证书不仅在德国而且在整个欧洲都得到承认。这使得德国的职业教育虽然没有像美国、澳大利亚那样的认证机构或系统，但依然具有极高的公认度，不但能够为学生升学提供学历上的支持，还能够因此获得良好的生源。

（3）德国从中学的初级阶段就开始了职业教育与普通教育的划分，这相当于我国的初等职业教育部分。这样做可以更早地为学生打下技术或理论的基础，但是也会出现过早地为学生定型的弊端。为了防止这种弊端的出现，德国又出现了综合中学这样一种形式的学校。这种综合学校从德国的中学阶段到专科以及现在的本科阶段都存在，巧妙地解决了普职沟通的问题，也为学生的发展提供了更多的选择机会。

## 三、澳大利亚职业教育体系

澳大利亚职业教育的历史可以追溯至19世纪早期，技工协会、矿产学校，以及技术工人大学等致力提升澳大利亚工人技能的组织。在起步的100多年间，澳大利亚的职业培训也只是在零星的几个工商领域中进行。直至20世纪60年代，澳大利亚的职业教育，基本都是以国家及各州对职业教育进行直接资金注入为主，后来为区别其他私立培训形式，这部分用国家资金发展起来的职业培训被统一称为技术与继续教育

(Technical and Further Education，TAFE)，而这一部分依靠政府投入维持运行的职业培训机构，也成为 TAFE 学院的前身。近30年来，TAFE 的发展取得显著进步。

### (一)澳大利亚职业教育源起

1. 1972—1975年

TAFE 的奠基阶段，以《坎甘报告》的发表为代表。1974年3月5日，以耶·坎甘(C Kangan)为首的技术与继续教育咨询委员会成员，向澳大利亚联邦政府教育部提交了《坎甘报告》，报告明确提出把技术教育与继续教育结合到一起，把学历教育与培训结合到一起，建立新型的 TAFE 学院，实施新型的技术与继续教育。

2. 1976—1982年

20世纪70年代以来，澳大利亚经济经历了重大结构性调整，新兴的旅游业和服务业得到快速发展，这就需要更多的职业培训来满足新增行业在人数方面的需求。随着社会经济的发展，职业教育得到联邦政府进一步的重视。1976—1982年，澳大利亚政府出台了重要政策，对 TAFE 学院的教育观念和教育结构产生了重要影响。澳大利亚政府加大对 TAFE 学院的资金投入，帮助其扩大影响范围、提高教育质量、改善教学设备，增强 TAFE 学院对社会需要的反应能力，这些措施使 TAFE 学院注册学生人数不断增加，学生结构也发生显著变化。

3. 1982—1987年

TAFE 发展的重要历史时期，各州开始国家范围内的合作。在澳大利亚 TAFE 指导委员会的努力下，于1981年11月在阿德雷州建立了 TAFE 研究中心，其目的为：①研究开发国家主流专业，促进专业内容全国一致，分享专家经验，减少专业开发成本；②开发研制收集全国范围内 TAFE 统计数据系统。1983年11月由澳大利亚 TAFE 委员会通过并执行包括4个主要分类和19个子分类的专业分类方案。1984年3月，澳大利亚 TAFE 委员会又通过一个新的 TAFE 证书命名法。新的专业分类和新的证书体系建立，代表着国家 TAFE 系统机构和理念有了新的进展。澳大利亚 TAFE 指导委员会的另一个成果是对学生执行财政经费支持。

4. 1987—1992年

TAFE 系统结构和职能不断变化的时期。对于 TAFE 本身来说，目标是向"培训市场"发展，从以"能力为基础的训练"转移到"技能综合"推进，促使联邦政府的国家管理体系与结构也产生变化。联邦政府先后成立了"就业、教育和培训部""国家就业、培训董事会"和"职业教育、就业和培训顾问委员会"。20世纪90年代初又提出

"以能力为基础的训练"的要领概念。这些是造成各州 TAFE 系统重构的重要原因。不仅联邦政府职业教育培训政策对 TAFE 有很大的影响,而且各州和地区自身的政策对 TAFE 重构也有重要影响。各州和地区 TAFE 系统的历史差异和"就业、教育和培训部"的成立,使得各州以不同方式重构 TAFE 系统。

5. 1993—1999年

TAFE 的巩固提高时期,澳大利亚的职业技术教育体系发生了重大变化,这些变化最终形成了具有制度性且完整的 TAFE 体系。该体系建立的特征为:

(1)澳大利亚国家培训局成立。经过多年调研,澳大利亚各州于1992年签订国家培训局协议(ANTA Agreement),两年后,澳大利亚国家培训局(ANTA)正式成立并运转。国家培训局的建立使澳大利亚联邦教育部、国家培训署、州政府和地方政府在职业技术教育和培训中的职责、权限以及相互关系更加明确,奠定了政府和行业在职业技术教育与培训中的合作基础。在未来的职业技术教育管理中,国家培训局已成为澳大利亚职业技术教育和培训体系中的核心机构。

(2)澳大利亚职业技术教育国家框架体系的建立。职业技术教育不同于其他类型的普通教育,必须有一个不同于普通学术型教育的标准,而职业技术教育国家框架体系就是此种新标准。框架体系包括三个组成部分,每个部分都有特别意义与规定:

①资格框架(Australian Qualification Framework,AQF):用12个层次规定了初等教育、中等教育、职业技术教育和培训、高等教育之间的联系,从而明确了它们之间的衔接。

②培训框架(National Training Framework,NTF):规定职业技术教育机构必须根据行业制定的职业技能标准提供教育和培训;1998年后 ANTA 要求各行业将本行业的职业技能标准集成为培训包,各 TAFE 学院必须根据培训包的要求设置新课程、组织教学和考核,合格者获得全国通用证书。

③认证框架(Australian Recognition Framework,ARF):指导职业技术教育与培训机构如何去确认资格以确保培训质量。

经过以上几个时期的进展,澳大利亚 TAFE 步入了良性循环、健康发展的阶段。TAFE 不仅为澳大利亚经济、社会发展做出了巨大贡献,也丰富了国际高职教育理论与实践的内容。[54]

**(二)澳大利亚职业教育体系**

澳大利亚的终生教育系统大体可分为三大部分:学校、职业教育与培训(Vocational

and Training，VET）和高等教育。澳大利亚的终身教育体系如图3-3所示。澳大利亚学制如图3-4所示。

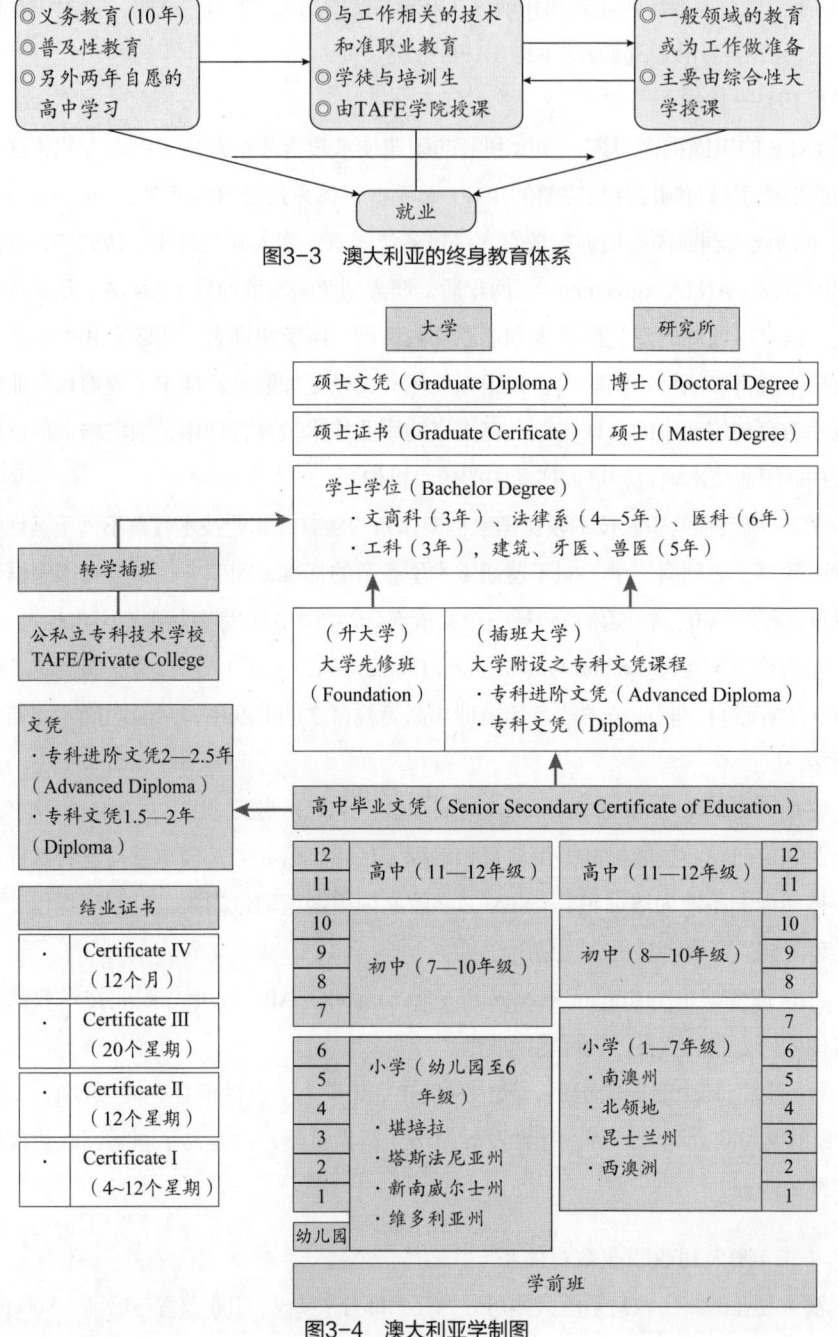

图3-3 澳大利亚的终身教育体系

图3-4 澳大利亚学制图

澳大利亚的职业教育培训（VET）是继义务教育以后的一种职业技术教育与培训，主要提供初次就业培训、职业培训以及提高现有的工作技能水平的培训等，为行业和企业提供不需要工作适应期的高技能劳动力。[55]澳大利亚的教育体制大致承袭英国的系统，小学6年（1—6年级）；中学6年（7—12年级），初中4年及高中2年；必须完成12年教育，前10年为义务教育。

澳大利亚学生在12年级毕业后的教育方面有两种选择：第一，接受以实务课程为主的职业教育与培训，培训机构以技术与继续教育学院为主。TAFE 学院由澳大利亚政府直接经营和管理，是一个提供全国性的职业技术教育和培训的教育系统。TAFE 学院的组建有两种基本模式：一是独立设置的 TAFE 学院，往往设有若干校区或专业学校；二是大学设有职业教育部。第二，接受具有学术理论性质的大学课程。经过几十年改革，澳大利亚各级教育形成了不同办学主体和机构，它们在国家培训框架内的相互承认与衔接，使澳大利亚12年级后的教育成为一个以职业教育培训为核心的完整终身教育体系。[56]

澳大利亚的职业教学与培训体系——国家培训框架（NTF）创建于1994年，以澳大利亚国家培训局的诞生为基准。20世纪80年代以来，澳大利亚政府在各行业与职业教育研究机构的共同支持下，建立了一个在国家资格框架下以能力标准为基础、以培训包为依据的国家培训框架。该框架包括澳大利亚资格框架（AQF）、国家认可的培训包（TP）和澳大利亚质量培训框架（Australian Quality Training Framework，AQTF），见图3-5。

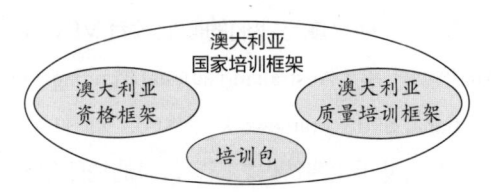

图3-5　澳大利亚的职业教学与培训体系

澳大利亚资格框架是一个终身学习与培训的教学体系。1995年1月1日，澳大利亚公布了全国统一的澳大利亚资格框架，该资格框架为义务教育后的所有教育和培训提供了综合的、全国一致的、灵活的资格框架，认可各合格学校、职业教育培训及高等教育各部门所颁发的资格证书的种类及相互之间流动与沟通的途径。2007年，第四版澳大利亚资格框架在原先的基础上发生了一些变化，共有15种资格（初版时只有12种），如图3-6所示。

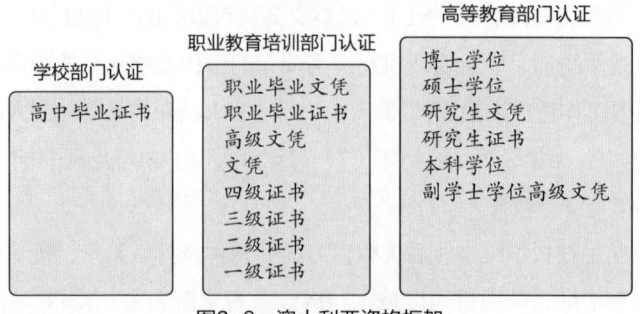

```
学校部门认证    职业教育培训部门认证    高等教育部门认证
高中毕业证书    职业毕业文凭          博士学位
                职业毕业证书          硕士学位
                高级文凭              研究生文凭
                文凭                  研究生证书
                四级证书              本科学位
                三级证书              副学士学位高级文凭
                二级证书
                一级证书
```

图3-6 澳大利亚资格框架

### （三）澳大利亚职业教育特色

澳大利亚职业教育的发展有上百年的历史，它是在吸收其他国家职业教育成功经验并结合本国国情的基础上发展起来的独具特色的职业教育模式。该国的职业教育与培训框架体系是国际上公认的一种较为成功的职业教育模式。澳大利亚职业教育培训已经成为澳大利亚经济、社会发展的重要支撑。

纵观澳大利亚职业教育的发展演历程，可以看出澳大利亚职业教育紧密结合国家社会经济发展的需要，根据现实的情况不断调整、改革并走出了一条职业教育培训的创新之路。澳大利亚将"职业教育培训为澳大利亚企业服务，促使企业提高国际竞争能力；职业教育培训为民众服务，促使澳大利亚人掌握世界一流技能知识；职业教育培训培训为社区服务，建设具有包容性和可持续发展的社区"[57]作为职业教育的国家战略。"如今在澳大利亚，你不必认为一个大学学位才能代表自己的成功。我们的职业教育VET也同样能使你成功。而这就是我们的职业教育VET最大的成就之一"。[58]

澳大利亚国家培训框架体系（Australian National Training Framework，ANT）现在也称国家技能框架（National Skills Framework，NSF），如图3-7所示。[59] 该框架体系具有一致性、便捷性、高效性和灵活性等特点。国家认可的技能和资格由行业开发和鉴定，为学习者提供统一的学习成果鉴定标准，保证了同类型的培训可以在不同的培训机构或不同的州（地区）实施；方便雇主对雇员跨州和跨行业的培训进行评估；避免不必要的重复培训；使企业选择何时、何处、如何对雇员进行培训具有更大的灵活性。

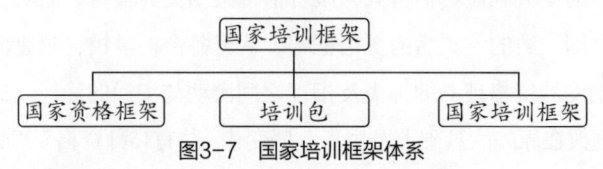

```
              国家培训框架
                  |
    ┌─────────────┼─────────────┐
国家资格框架    培训包        国家培训框架
```

图3-7 国家培训框架体系

澳大利亚的这种基于能力的培训关注的是一个人能做什么，而不是培训的时间、地点和方式。哪怕是在教室外获得的知识和技能也能使个人获得正规的资格证书。所以澳大利亚职业教育培训最重要的特色是国家培训框架的建构与管理，并通过以下3个关键元素保证培训的质量和培训的国家统一性。行业在VET中的关键作用详如图3-8、图3-9所示。

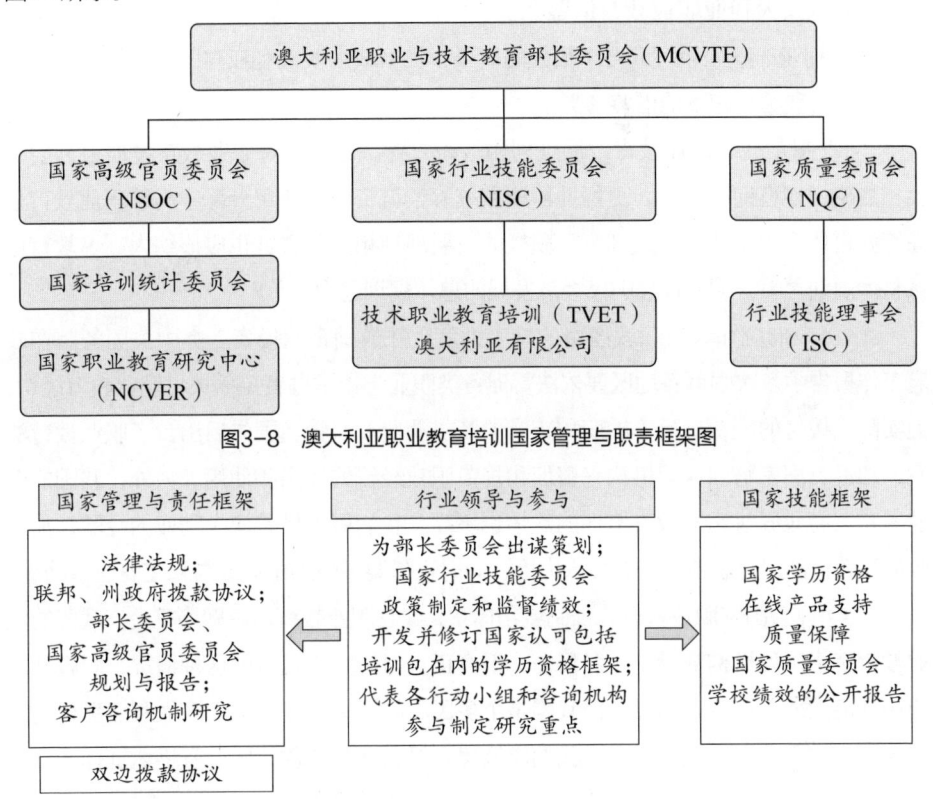

图3-8 澳大利亚职业教育培训国家管理与职责框架图

图3-9 行业在VET中的关键作用

1. 培训包

培训包由行业通过国家行业技能委员会或企业开发，以满足不同的社会需求。培训包是一系列的国家认可的、用以对个人在一个职业岗位有效工作所需的知识和技能进行评估的标准和获取的资格。培训包不描述个人应如何培训。教师和培训者开发学习策略——根据个人需求、能力和环境如何进行学习和培训。培训包包括能力标准、国家资格和评估指南。

2. 澳大利亚培训品质框架

澳大利亚质量培训框架是一系列国家认可的有关注册培训机构提供的培训和评估服务质量的保证标准。

3. 澳大利亚资格框架

澳大利亚资格框架描述在全国范围内中学、职业教育和培训和高等教育各个水平层次授予的国家一致认可的资格。

**（四）澳大利亚职业教育借鉴**

澳大利亚的职业教育取得了很大的成果，甚至成为澳大利亚与国际接轨的重要教育形式，对我国有如下的借鉴意义：

（1）制定高等职业教育发展规划和战略方针。建立高等职业教育发展咨询委员会和战略规划咨询委员会，更好地协调和统筹教育资源的使用分配；高等职业教育是高等教育体系中重要的组成部分，职校的发展规划和战略方针也应该纳入高等教育体系整体规划之中，纳入社会国民经济发展的总体规划之中。

（2）政府应加大对职教经费的投入力度，并鼓励企业投资。党中央国务院在政府工作报告中多次强调各地区要依法督促各类职业学校举办者足额拨付职业教育经费，但实际上拨付的经费远远不够职校正常的开支消费。尽管我国先后出台了职业教育法案，却没有国家培训保障机构来督促和规范职教经费的拨出和使用。另外，我国的企业界和工商业界对职业教育培训的热情也不高。我们可以借鉴澳大利亚的经验，加大政府和教育部门对职业院校的投入力度，同时也需要多鼓励企业参与和工商业捐助。

（3）完善国家职业资格认证制度和体系，建立职业教育信息网络平台。我国的职业教育资格认证机构数量多、名目多，但真正实用的少。就目前这种情况，职教部门应该规范人才市场认证制度。但我国是个多民族的国家，并不能像澳大利亚那样使用全国统一的职业资格认证体系，我们应该建立具有我国特色的职业资格认证体系，各省、市、自治区的教育部门积极行动起来，参与到特色职业资格认证体系的规范中来。此外，还应建立职业教育信息网络平台，通过对人才市场主体的考察，充分利用网络信息以获取更多的职教资源，实现职教资源共享。

建立这样的认证体系，对我国构建完整的职业教育学历体系有着重大意义：

（1）实现职业教育体系内各个层次之间的沟通。我国职业教育目前的学历构成，主要包含高中层次与专科层次的职业教育。就当前而言，这两个层次的职业教育的衔接是不到位的，虽然有国家在招生政策及其他方面的限制的原因，但毋庸置疑也有中职的学习得不到高职的认可这一类问题的存在。如果建立国家职业资格认证制度与体系，在国家层面上认可了中职的学习，中高职的衔接就会变得更加顺利、可行。

（2）实现普职沟通。在两大不同的教育形式面前，对彼此学习的认可是一个更加棘手的问题，没有国家权威机构的认可，只是通过少许地区、学校之间的认可与考试来促进普职的沟通，在解决这个问题上，始终不是万全之策。权威认证体系的构建可以从本质上解决这个问题，成为我国普职沟通的"立交桥"。

## 第二节 国外职业培训体系

解决失业人员再就业不仅是一个重大的经济问题，也是一个重大的政治问题。职业培训则是实施再就业工程的关键所在，提高职业培训的水平，对于解决失业问题有重大意义。

西方资本主义国家长期以来一直存在失业问题，相对地，他们所开办的职业培训项目也比较完善，虽然各国的职业培训不论是在背景还是在实施上都存在着显著的差异，但通过对西方国家职业培训发展、实践及其成功经验的分析、总结，我们还是可以得出一些共同的特点，有很多宝贵的经验可以供我国参考和借鉴。本书通过对美、英、德三国职业培训发展历程、立法情况、实施项目、管理体系及主要特点的分析研究，期望找出西方发达国家在再就业培训方面值得学习和借鉴的做法，同时立足于我国职业培训的现状和问题，对具有我国特色的职业培训体系的构建提出自己的建议。

### 一、美国职业培训体系

与我国现行的普通教育与培训学校职业教育分流的双轨制教育体系有所不同，美国现行的教育体系是培训学校职业教育与普通教育融合的单轨制。通过对美国培训学校职业教育体系的分析，以及对参与培训学校职业教育的学生升学路径的讨论，本书总结美国培训学校职业教育学生升学路径的特点以及对我国的启示，以期为我国培训学校职业教育的衔接与发展提供建议。

在美国，培训学校职业教育近年来又被称为"生涯与技术教育"。美国教育体系从义务教育阶段开始，对全体学生的学习、生活、身心发展、职业选择等方面进行全面关注，其中也包括了职前准备阶段、职业选择阶段以及入职后多种层次的培训学校职业教育。这种终身教育的理念，为广大参与培训学校职业教育的学生提供了更大的发展空间。

（一）美国职业培训制度源起

美国政府为解决就业问题，陆续颁布一系列有关职业培训和职业教育方面的法律，如《人力开发与培训法》《职业教育法》《公平就业机会法》《青年就业与示范教育计划法》《就业培训合作法》,并同时进行职业培训制度改革。20世纪90年代以后,由于世界政治经济形势的变化加剧,美国加大了职业培训制度改革的力度,尤其是1998年颁布了《劳动力投资法》(Workforce Investment Act,WIA,2000年7月1日实施),开始了对美国职业培训制度的重大改革。相关背景分析如下:

1. 新经济发展的需要

20世纪90年代全球经济一体化程度提高以及国家间竞争进一步加剧,世界各国经济发展的重心日益转向知识密集型经济,即以知识的生产与消费为基础的新经济,当时美国的新经济发展最早,而新经济对劳动力素质的要求越来越高。

2. 新经济下职业要求的变化

知识经济条件下,高新技术职位不断增加,职位标准日益模糊,职位技能不再具有广泛适应性,对劳动者的学习能力和综合素质要求越来越高,也对劳动者的就业造成巨大冲击,劳动者在就业方面的困惑日益增长。

3. 职业培训的市场失灵

在经济变革的环境中,美国职业培训的市场环境也发生了剧烈变化,职业培训市场的"市场失灵"问题日益严重,这是因为企业的规模经济会导致人力资本积累的差异,大企业能为员工提供职业培训,但担心员工被别的企业挖角,小企业对员工流动担心更甚,更不重视在职培训。企业都担心培训投入流失,依靠自身力量难以使美国职业培训运转,这就需要政府引导和调节。

(二)美国职业培训法案变迁与内容分析

回顾美国职业培训的发展,不同时期的立法适用于不同的社会、经济、政治环境。职业培训量的积累与质的跨越同相关立法的实施及后续立法修正的补充重要内容,详见表3-2。

表3-2 美国职业培训法案与内容分析

| 时间 | 法案 | 内容分析 |
| --- | --- | --- |
| 1962年 | 《人力开发和培训法》(Manpower Development and Training Act, MDTA) | ①提供有效的教育和培训以促进贫困家庭成员的就业,不然贫困就不可能消失;②为经济困难的人特别是男性提供职业培训,对有三年以上就业经验的人和再就业人员予以培训。 |
| 1964年 | 《经济机会法》(Economic Opportunity Act, EOA) | 反贫困立法,第一次将解决失业问题和反贫困斗争联系在一起。EOA通过建立职业训练基地,组织青年服务志愿队,为穷人和少数民族服务。 |

续表

| 时间 | 法案 | 内容分析 |
|---|---|---|
| 1973年 | 《综合就业培训法》（Comprehensive Employment and Training Act，CETA） | 1964年到1970年美国面临滞胀性经济危机，以职业和中等教育为基础的独立基金运作无法满足现有职业训练需求。美国制定《综合就业培训法》取代《人力开发和培训法》，将过往分散的培训项目通过服务有效地整合在一起，资助就业咨询和服务、学校内职业训练、在职训练和工作经验培训等多种培训和教育活动，在财政分担的基础上赋予州和地方政府对职业培训计划更多资金分配和决策权。 |
| 1982年 | 《工作培训伙伴法》（Job Training Partnership Act，JTPA） | 取代《综合就业培训法》。①成为职业培训的主要立法支持，也成为第一个由政府与私人、团体共同参与制定的职业培训法案；②设立由企业、教育机构、工会、康复机构、社区组织、公共就业机构等代表组成的私营企业委员会（private industry council，PIC），对培训计划、机构选定、管理人员和评估进行管理，强调当地政府、企业和个人对SDA的参与和监督；③JTPA结合了职业教育和在职培训的优点，对弱势个人和团体实行重点资助，并为职业教育人员和非学校系统的个人提供教育培训，但资金来源依赖于联邦政府拨款。 |
| 1984年 | 《卡尔·波金斯职业教育法案》（Carl D. Perkins Vocational and Technical Education Act） | 取代了1976年的《职业教育修订案》①，它既是美国职业教育发展的新纲领，又是再就业技能培训与职业教育相结合的新起点；联邦拨款的重心转到为经济困难的人群提供职业培训和教育。 |
| 1988年 | 《家庭支持法案》（Family Support Act） | ①这是50年来最重大的一次福利体系改革，也使各州政府在其他方面被赋予了更多的自主权和决策权；通过扩大职业培训和增加教育机会来减少贫困父母对社会福利的依赖程度；②强制各州执行《工作培训伙伴法》，并以法律的形式确立了联邦政府在JTPA中的50%—72%的责任，强制各州在1990年10月前建立就业机会和基本技能培训的JOBS培训项目（Job Opportunities and Basic Skills Training Program）；③立法中明确规定了对联邦政府和各州开展的职业培训服务进行长期持续的评估活动，即福利到工作战略的国家评估项目（The National Evaluation of Welfare-to-Work Strategies，NEWWS）。 |

---

① 1963年颁布的《职业教育法》（Vocational Education Act，VEA）先后于1968年、1976年进行了两次修订。

续表

| 时间 | 法案 | 内容分析 |
|---|---|---|
| 1996年 | 《个人责任与工作机会协商法案》（The Personal Responsibility andWork Opportunity Reconciliation Act, PRWORA） | 该法案废除了自1935年起施行长达61年的AFDC，除了新增"需要家庭的暂时救助"（Temporary Assistance to Needy Families, TANF）以外，规定20%的社会救济人员需接受职业训练。在TANF方案里，要求福利受惠者以"工作"换福利，而"工作"的定义由各州制定。 |
| 1998年 | 《劳动力投资法案》 | 通过确立新的成果测量手段，代替JTPA和其他的一些联邦职业培训法案，将职业教育和成人教育以及联邦、州职业培训这三种教育体系一起来。采取个人培训账户的方式，通过州级一站式服务体系（a one-stop delivery system）和地区及服务中心为失业和就业不充分的福利受惠者提供特别的、深入的培训服务。 |

1998年的美国《劳动力投资法》涵盖了美国职业培训和劳动力投资制度改革的所有内容，目标是"重新构筑美国的职业培训制度，并加强每个人在新的经济竞争中所必需的职业技能"，[60] 这是美国自1960年以来在就业和培训制度方面最彻底的改革。

### （三）美国职业培训特色

1. 建立"一站式服务中心"制度

建立"一站式服务中心"制度是改革与创新的重要措施。美国通过该制度来实现人力资本投资制度改革的战略思路，并通过立法、加速劳动力市场现代化建设等措施，保证"一站式服务中心"能够在全美范围内创立并实现其超强职能的配当。

"一站式服务中心"制度，合并了原来的《职业培训伙伴关系法》和《卡尔·波金斯职业教育法案》（Perkins Act）的职业培训项目和成人教育项目，从而在每个社区实现培训、教育和就业项目的统一，使所有项目统一以顾客为中心。来自联邦、州和地方政府的各种不同项目均通过该中心的运行，充分利用和发挥其资源潜能，提高了就业和培训的效率与效能。

加速劳动力市场现代化建设，实现信息共享，增强以顾客为中心的个性化服务。美国于1979年率先在州一级建立了以计算机为基础的电子化职业信息库。随着网络和信息技术的迅速发展和广泛运用，美国于90年代初建立了与各州联网的国家级"美国职业信息库"（AJB）和"美国人才信息库"（ATB）。现在AJB每天向全国发布约一千万个包含所有职业的职位空缺信息。

美国人才信息库ATB是为求职者免费发布个人简历的信息库，在AJB发布空岗信息的雇主可免费在 ATB 上实现空岗匹配。新近开发的美国职业生涯信息库（ACINET）和"美国学习介绍信息库"（ALX）中，个人、企业和政府既可在该信息库寻找相关培训信息，也可进行培训项目投标，象征着美国现代化劳动力市场信息网的初步建成。职业介绍手段的现代化，不仅极大地提高了公共就业服务的效率，而且使公共就业服务的内容、形式和手段发生了一定的变化。

美国将全国的大约2 000所公共职业介绍机构全部建成"一站式服务中心"，并将这些中心向社区和院校延伸。"一站式服务中心"都建有"资源中心"，"资源中心"的服务对象已从过去单纯的劳动力供需双方拓展到社区的各类人员，甚至包括中小学和职业学校的在校学生，服务内容已从过去单纯地提供职业指导和咨询，拓宽到为求职者提供自我学习和培训设施，提供失业救济、推荐培训项目等多方面的服务。从某种意义上说，"一站式服务中心"已成为美国各个年龄段"职业生涯"设计的服务中心。所有美国人都可以把"一站式服务中心"作为基本的、终身享用的社区资源，而不仅仅是面临失业危机时才去的地方。

2. 发展"职业培训公司"

职业培训公司是美国劳工部直属的一种遍及全国的、对就业人员进行培训的机构。该公司主要是针对那些经济地位低下、面临众多就业困难的年轻人，通过为他们提供综合性的服务，妥善地帮助其解决就业问题。

这种职业培训教育和其他就业培训的不同之处在于这种培训教育的地域性，即培训中心的学生有90%来自当地，所以该公司培训中心每周7天，每天24小时为学生提供全方位的服务。培训中心学生的入学是自愿的，培训科目也是由学生随意选择的，因此学生可以根据自己的能力和意愿选择自己的培训课程，并制定自己的学习计划。职业培训公司的主要成效：在职业培训中心，学生在职业培训、基础教育中所取得的进步以及学生的学业情况等都被人们所认可。其中显著的成效包括：①就业率与工资持续增长；②结业学生从事与培训有关职业的人数比例不断上升；③职业培训结业率上升。

### （四）美国职业培训借鉴

多年来，伴随着产业结构的转型和金融危机的影响，我国也面临着失业率攀升的困境。政府十分重视就业问题的应对，出台了一系列相关的政策，但是由于失业问题在我国出现的时间较短，很多做法都属于摸着石头过河的尝试，因而整个失业救助系统还处于探索改进的阶段。通过以上对美国就业培训立法及管理体系介绍，可以发现很多值得我国职业培训工作借鉴的经验。

（1）关注法律体系的构建与完善。观察前述美国职业培训的发展历史，培训体系的建构始终与法律的制定紧密联系在一起，从1962年代表着职业培训立法保障的《人力开发和培训法》开始，美国政府经常制定针对各类人群和部门的相关培训法案，以保证职业培训工作的有序开展和各种计划项目的持续进行。美国的法案对于职业培训工作的方方面面都有着详尽的规定，有很强的可操作性与指导性。

（2）坚持合作共赢。美国现行的职业培训系统除了注重联邦、州和地方政府之间的有效合作，也非常注重与各种社会及培训机构的合作，例如社区学院、培训组织和当地企业等，要求在州和地方的劳动力投资委员会成员中，必须包含以上组织的代表。多种机构合作有助于政府部门了解市场信息、掌握劳动力需求、结合各方资源，并进行有效管理与监督。

（3）重视个性化服务。前述所提到的"一站式服务中心"的整个管理体系中，不断强调个性化服务的条款。例如在核心服务模块，关注求职者进行的就业辅导方面的个人咨询；在扩展服务模块，会对申请者进行全面需求评价与技能认证，制定个人就业发展规划和职业生涯计划；在培训服务模块，提供种类繁多的培训课程且采用个人账户制度，给予受训者充分选择的权利。

（4）将创业教育融入就业培训体系。注重培养受训者的创业意识，使受训者由被动创业转变为主动创业，鼓励受训者将创业作为本身职业的选择。注重创业内容的体验，通过体验容易获得创业灵感，是创业教育成功开展的前提条件。创业教育得到企业和社会机构的支持，他们会组织一些创业活动和竞赛，为有潜力的创业者和项目提供各种帮助。

（5）运用教育券策略，提高职业培训质量。教育券策略是由诺贝尔经济学奖获得者米尔顿·弗里德曼于1955年提出的，他认为政府在教育方面权力太大、干涉太多，民众的选择太少。教育券最初用于初等教育、中等教育，后来广泛应用到各教育培训领域。职业培训也引入了这套方式，由政府给失业人员发放培训代金券，让其自主选择培训机构和培训专业。这种方式让失业者拥有自由选择权，提升参加职业培训的积极性，再者，有助于增强培训机构的教学质量，唯有专业设置贴近市场现实需求与竞争，培训质量受到认可的学校，才能吸引失业者参与，才能获取更多代金券来维系自己的运营。

## 二、英国职业培训体系

英国国家教育体系的基本特点为：纵向衔接，层次完备，维护公平，选择多样；

横向融通，成果互认，和谐发展，地位对等；统一标准，自主办学，严格监管，保证质量。英国职业教育培训体系与学术教育相互融通，与继续教育相互支撑，与职业培训相互驱动。《1944年教育法》确立了职业教育在英国学校系统中的法律地位。当时实施中等教育的学校分三类：技术中学、现代中学和文法中学，前两类学校主要实施职业教育。

### （一）英国职业培训源起

**1. 青年失业是英国重视职业培训的重要原因**

20世纪80年代以来，青年失业率高于成年人，男性失业率高于女性。1980年以来，英国25岁以下的失业者占40%以上。1983年英国的青年失业人数高达121.2万人，在欧盟成员国中居首位。随着青年失业人数的增加，英国大学毕业生寻找工作变得越来越困难。据一份大学生求职调查报告透露，1983年毕业的大学生中有13%以上的人一直到1984年尚未找到工作。在有的大学里未找到工作的毕业生甚至高达20%，[61] 学生毕业后的就业问题已经成为英国大学生普遍忧虑的问题，就连牛津大学、剑桥大学这样的名牌大学也不例外。

**2. 新经济的增长**

20世纪80年代以来，随着世界经济全球化发展加快，英国社会经济结构出现了重大的变化。这些变化着重体现在工作的结构与专业性质产生了转化。

首先，新科技革命，尤其是信息技术在生产中的运用，使得工作范围逐渐扩大；其次，全时制固定工作数量减少，部分时间的临时工作数量有所增加。当时英国的服务业，如宾馆、糕点制作等，由于企业合并越来越多，合并后成立的大型公司则引进旧的家庭型企业劳动力管理模式，减少全日制固定工时，改为部分时间工时制。[62] 如此导致工作流动的机会增加。为了适应工时结构的变化，劳动者要具备充分的职业准备和更好的人际关系等职能，以适应不断变化的职场环境。此外，职场变更频率的加快，也是英国重视职业培训的关键要素。

现代科技进步的速度加快，致使职场环境转变更是快速。原来一辈子只从事一种职业已经变得不可能，更换工作更是成为非常普通的事情。这种情况在英国表现得很明显。因而劳动者要具有丰富的职业知识和灵活的应变能力，以及持续培训与自我学习的能力，才能找到合适的工作。这种现象使得传统的狭义的职业培训也不能满足社会需求，取而代之是新形势下的崭新职业培训模式。

### （二）英国职业培训法案变迁与内容分析

职业培训作为一项社会政策在解决英国社会失业问题，特别是青年群体失业问题，

经济结构变化的过程中不断得到发展。其政策演变过程有以下几个重点阶段:

1. 职教立法萌芽阶段

英国是世界上最早进入工业化的国家,它曾在世界近现代史上辉煌一时,但是英国的教育与其经济是极不相称的。正如英国历史学家 G.M. 扬所言:"维多利亚社会的力量和弱点在哪里都没有在教育领域明显。"[63] 由于各方面的原因,长期以来职业技术教育在英国备受冷落,因此,英国直到19世纪尚未建立切实从事职业技术教育的机构。19世纪50年代以前是英国职业教育立法的萌芽阶段。英国最早的职业教育立法可以追溯到1562年制定的《工匠·徒弟法》及1662年的《济贫法》。该法把存在很久的师傅带徒弟的做法确立为一种正规的学徒制,统一了英国全国的学徒训练。① 学徒制一般是由父母通过订阅合同,将孩子交给有一定技术的匠师,或由地方当局分配给匠师分别照管。这种学徒制可以视为英国职业教育立法的萌芽。这一时期,英国职业教育的立法基本上建立在传统手工业学徒制度的基础上,故不能完全称作现代意义上的职业教育立法。

2. 立法初步发展阶段

19世纪50年代至20世纪初,是英国职业教育立法的初步发展阶段。19世纪50年代,英国经济总量占世界的40%,70年代只占32%,而美国则占到27%,德国占13%。到1900年,美国以31%的优势居世界之首,德国也上升到16%,英国则跌到18%。[64] 面对上述形势,人才的培养变得更加迫切,英国政府开始认识到职业教育的重要性。为了比较英国与欧美等国的职业教育制度,1881年以贝哈特·塞缪尔森为主席的皇家技术教育委员会成立,它着重考察本国和欧洲其他国家的职业教育,并于1884年公布

---

① "学徒制"(Apprenticeships)是从古代延续至今的一种人才培训体制,是职业教育发展史上最初始的形态和表现形式。根据巴比伦《汉穆拉比法典》对工匠收纳养子以传授技艺的记载,最早的学徒制可以追溯到公元前18世纪。传统的学徒制主要是指师傅带领徒弟在现实的工作环境中不断练习和实践,经过一定时间的学习后,只要学徒掌握了相应的工作本领以后就可以出师开始独立工作。《韦氏新国际英语词典(第三版)》(1976)的定义是:学徒或新手的服务或身份,学徒或新手服务的时间。——徐徐.英国现代学徒制和澳大利亚新学徒制比较[J].昆明理工大学学报(社会科学版),2007(2):104-107. "现代学徒制"(Modern Apprenticeships)首次出现是1993年英国政府推出了一项重要的学习项目——"现代学徒制计划",该计划主要是帮助16—24岁青年完成义务教育之后的再学习。但是在2004年,英国在国家学徒制官网上发布声明,"现代学徒制"和"学徒制"是同一个事物,"现代学徒制"被重新更名为"学徒制"。但大量的学者认为,学徒制前面加上"现代"两个字,表示了当前社会背景下运行的学徒制与古代学徒制的不同,更好地凸显了学徒制的时代感和特色,更有利于区分当前学徒制与古代学徒制。——关晶,石伟平.西方现代学徒制的特征及启示[J].职业技术教育,2011(31):77-83.

了《关于技术教育的报告》。根据考察报告的建议，英国于1889年颁布《技术教育法》，1891年又通过了该法的修正案。该法正式将职业教育纳入学制，规定在各地设立技术教育委员会，主管技术教育和中等教育；地方当局有权征收技术教育税，将所得的税款用于资助职业教育的发展。1890年，政府又颁布了《地方税收法》，允许政府可以从某些物品税中收取提成用来发展职业教育。1891年又颁布规定，授权根据《技术教育法》新成立的各地方技术教育委员会分管各地的这部分"技术教育"税收，以确保发展技术教育所需的资金。自此，大众化的职业教育才得到正式承认，并直接接受国家干预，英国职业教育从此逐步走上正轨。

3. 职教法规充实阶段

20世纪初至20世纪60年代，是英国职业教育的法规充实阶段，在这一阶段英国颁布了许多关于职业教育的法律法规。为了促进职业教育继续向前发展，英国政府于1902年和1905年分别颁布了《巴尔福法案》《技术学校法规》，于1909年和1910年相继颁布《职业交换法》和《职业选择法》。这几个法规颁布实施后，英国的初级职业教育获得了较大的发展。1944年，丘吉尔政府颁布了著名的《1944年教育法》（也称《巴特勒教育法》）。这是战后英国教育改革的基本法，对英国的职业教育也具有划时代的意义。

该法把英国的普通学校体系改成连续发展的三个阶段，即初等教育、中等教育和继续教育，改革了过去以文法中学为中心的中等教育制度，把中等教育的实施机构分为文法中学、技术中学和现代中学三种类型。到20世纪60年代初，英国基本上形成了一个由技术中学、现代中学以及四种继续教育学院构成的，涵括初、中、高三个层次的职业教育体系。[65]

4. 法规体系形成阶段

经过100多年漫长的职业教育立法过程，到20世纪90年代初，英国基本建立了一个较为完备的职业教育法规体系。首先，从英国职业教育法规体系的内部结构来看，既有综合性的法规，如1889年《技术教育法》，又有规定职业教育某一方面的具体性法规，如1964年《职业交换法》《产业训练法》等，还有相关性的法规，如《地方税收法》中对职业教育的经费作出了规定。其次，从调整职业教育法律关系的角度来看，既有调整职业教育内部关系的法规，又有调整职业教育外部关系的法规，如1973年《就业与训练法》对英国职业教育与劳动市场之间的关系进行了有效的协调。又如20世纪70年代出台的《就业保护法案》，从保护工人权益的角度，反对雇主对工人的不公平解雇，帮助已就业人员依法保住就业岗位。最后，从职业教育法律效用的角度来看，既有侧重于职业指导的法规，又有侧重于就业与职业培训的法规，如1964年英国颁布实施的

《产业训练法》对职业培训控制协调机构的设置、职业培训的财政制度以及职业培训的设施等都做出了明确的法律规定,还有侧重于征收职业教育基金的法规,如1890年政府颁布了《地方税收法》,允许各地方政府可以从某些物品税中收取提成发展职业教育。

1988年《九十年代的就业》(Employment for the 1990s)、《1988年教育改革法案》(Education Reform Act 1988)、1991年《21世纪的教育和培训》(Education and Training for the 21st Century)有两个主要目标,一是建立一个被社会广泛认可并切实可行的职业资格体系;二是推行培训信用卡计划。1992年《继续教育与高等教育改革方案》(Further and Higher Education Act)结束了英国二元制的高等教育体制,使所有的技术学院全部升格为大学,对英国高等教育来说,这相当于一次没有硝烟的革命。法案的另一部分对英国的继续教育作出了系统而详尽的规定,阐述了继续教育的意义和价值,并对执行机构、管理方式、经费筹集等方面的事项进行说明。2000年《学习与技能法》(Learning and Skills Act)的主要作用:一是为刚接受完义务教育又没有继续参加全日制教育的16—19岁的青年提供教育与训练;二是为19岁以上的失业人员及其他有教育需求的人群提供培训的机会;三是鼓励企业为员工提供继续教育与技能训练;四是法案规定执行"个人学习账户"政策,"个人学习账户"是指用于个人学习的专项资金账户,资金来源于政府、雇主和个人,其中个人分担的比例最小。此项政策一方面促使教育机构提高自己的教学质量,另一方面也激发人们继续学习的热情。《学习与技能法》的出台,为英国开展终身教育、建立学习型社会奠定了坚实的基础。

### (三)英国职业培训特色

#### 1. 英国教育体系的基本特点

(1)英国教育体系纵向衔接,层次完备,维护公平,选择多样。英国教育体系是一个很复杂的系统,包括按学龄分段的完备的普通教育层次体系(幼儿教育、小学教育、中学教育、高等教育)、职业教育体系(基础文凭、初等高级文凭、国家高级文凭、国家高等文凭)和职业培训体系(一级、二级、三级、四级、五级);学习者在中学阶段和高等教育阶段中具有多样性的可供选择的教育类型,可以通过普通中等教育会考学习成绩申请大学教育,也可以通过职业教育或学徒制职业培训等方式继续升学接受高等教育,包括副学士、学士、硕士和博士。

(2)英国教育体系横向融通,成果互认,和谐发展,地位对等。英国普通教育和职业教育是双轨制体系,在普职不断融合发展趋势中,坚持追求卓越质量的导向,致力给受教育者进一步接受高一级层次教育的机会或面向社会就业创新提供支撑和机会。

中学阶段学生可以自主选择普通中等教育升学或选择职业教育文凭或职业培训资格证书进行职业技术学习与就业，职业教育与培训也越来越注重学生专业基本理论知识学习和基本技能训练，关注学生关键能力（通用能力或可迁移能力）的培养掌握，为学生的升学发展和更高级别职业资格培训打基础，为学生面向社会就业创业服务。同一层级的职业教育文凭、职业培训资格证书与GCSE证书在社会评价与人才使用等价值体现方面是相对对等的。

（3）英国教育体系统一标准，自主办学，严格监管，保证质量。英国教育质量有相对统一的国家标准，职业教育形成了统一的五级国家职业资格框架标准体系，涉及各职业领域及职业岗位。学校有充分的自主办学权力，国家政府通过政策和资金引导学院不断提高和保证教学质量。英国设有专门的高等教育质量保证局（Quality Assurance Agency for Higher Education，QAA），每五年一轮对各高等学校进行教学质量评估并统一发布学校教学质量评估报告，提升与保证教学质量，在英国政府、学校及其师生中得到了广泛的认同。

2. 英国职业教育培训体系特点

（1）英国职业教育与学术教育相互融通。中学阶段的普通教育和职业教育具有对等层级，接受普通教育者可以转为接受职业教育，高等级的职业教育对普通教育成绩有一定要求，接受职业教育者可申请普通高等教育，直至完成副学士、学士、硕士和博士等学位教育。

（2）英国职业教育与继续教育相互支撑。英国的职业教育和职业培训一般由继续教育学院实施，发给职业教育成绩合格者对应等级文凭，给职业培训达到国家职业资格者颁发相应职业资格证书。

（3）英国职业教育与职业培训相互驱动。学习者可以完成职业教育的同时接受不同级别职业资格标准的职业培训。英国职业培训的基本形式为学徒制，按照国家五级职业资格标准由企业和学校双主体共同实施教育培训。学徒可以是新雇用的未就业者或已就业的在职员工。国家对18岁以下学徒提供资助，雇主按国家规定标准发给学徒相应的学徒工资。学徒须先有雇主，学校要主动找雇主招收学徒，按不同职业资格等级标准共同制订学徒培训计划。国家资助的培养费用分享比例需由学校和企业根据学校学习和企业培训的学时比例共同协商确定。

3. 英国公共职业培训的特点

英国通过就业培训项目、强调个人发展以及对个人从前学习的认可等措施，促进失业工人的再就业训练。

（1）职业资格证书。职业资格证书是一种国家和行业认可的凭证，它是持证者具备从事某一特定工种所需知识和技术的证明，反映某一职业的标准和要求；也是一种国家考试制度，是劳动就业制度和教育制度的重要内容。[66] 职业资格证书制度作为对技能人才的资格认定制度，在全世界很多国家都有实行。在20世纪80年代，英国成立国家职业资格委员会（The National Council for Vocational Qualifications，NCVQ），代表政府在全国推行国家职业资格证书制度的职业资格标准，此标准是在行业企业的参与下制定的，根据这一标准培训出来的人，才是符合企业与市场需要的人。NVQ制度把职业资格的概念扩展到社会各个行业与领域，跨越了技能教育与普通教育之间的鸿沟。① 表3-3的内容清晰表明了英国NVQ、GNVQ及学术证书之间的对应关系。目前在英国，NVQ制度已经涵盖了11个职业领域，1 000多种职业，覆盖了超过英国全社会90%以上的劳动力。英国的NVQ制度起步早，发展规范，有整套完备的体系，已成为世界各国学习的典范，足供借鉴。

表3-3　NVQ、GNVQ与学术证书之间的对应关系

| NVQ等级 | GNVQ等级 | 学术证 |
| --- | --- | --- |
| 5级（工程师） | 无 | 5级（工程师） |
| 4级（高级技师） | 无 | 高等教育学士学位 |
| 3级（技术员或高级技工） | 高级 | 大学入学水平 A/AS-LEVELS |
| 2级（机器操作员） | 中级 | 普通中等教育证书 GCSES A-C |
| 1级（简单劳动者） | 低级 | 普通中等教育证书 GCSES D-G |

（2）就业培训项目（Employment Training，ET）。1988年9月，英国政府为失业者提供"就业培训项目"，它是通过地方的"培训与企业委员会"（TFC）来实施的，重点强调适应当地经济发展的需要来改善就业状况。

该项目将工作经验的培训活动与理论知识的培训活动结合起来，目的是经过一年的培训之后让受训者获得一个被社会认可的职业资格或某种资格相关的学分（王建初，2000）。想参加这种项目的培训必须要通过就业办公室针对"再就业"（Restart）问题与培训机构进行面谈，接受培训者还要到培训代理机构（Training Agents）那里接受咨询、指导和评估，做好培训方面的准备工作。培训者可参加初评，被委托给培训经理（Training Manager），由培训经理负责实施培训计划中所规定的培训内容。培训计划应

---

① 1991年英国政府发布了《21世纪的教育和培训》，提出要建立普通国家职业资格证书（General National Vocational Qualification，GNVQ）制度，并于次年9月正式推出。GNVQ是对国家职业资格证书制度的补充。

包括每个人的详细目标、应掌握的基本技能或通用能力。

如果参加者在进入工作岗位前还需要某种培训的话，该项目可提供延长12周的入门教育。受训者因接受培训而获得津贴，某些情况下还有额外的车费补助、照看小孩的费用以及专业服装费等。

（3）青年培训计划（YT）。"职业培训项目"是"青年培训计划"的前身。1991年YTS更名为YT，其形式更为灵活，运作也更加规范。失业青年只有获得NVQ的2级资格才可获得资助，即重点转向控制出口，而非限定其培训期限、培训地点以及学习方式等入口条件。YT属于英国积极就业政策的重要组成部分。[67]

YT为英国青年开发了一种与德国双元制类似的新型工作本位的职业培训模式。与传统的学徒制强调服务时间不同，YT更关注青年的实践能力。

（4）强调个人发展的培训课程。强调个人发展的培训课程是就业培训公司与克劳雷（Grawley）学院进行的一个合作项目。该课程得到了"人力服务委员会培训处就业培训项目"（ET）的资助，在教学内容方面要求与再就业相联系。培训往往是短期的，它虽然能使人们跨入就业的第一步，却不能提供良好的职业发展前景。许多失业者并不想参加严格的职业培训，而只想通过培训获得一种职业资格。因此人们针对这种课程提出了培训机会平等的建议。

由于政府就业培训机构同意全额资助这种课程，课程的目标群体是青年失业者，因此他们在选拔学生时的要求是通过1年内的培训学习，使得个人能力有充分发展，达到就业培训机构资助所规定的一般标准。参加该课程的学生免收学费，每周发给他们10英镑津贴，另外还享受其他的救济权利，并为他们提供交通费。

（5）学徒制培训体系的实施。通过对学徒制的不断调整和改革，英国政府已经成功地建立了一个世界级的学徒制体系，该体系为英国的经济、文化、军事和科技发展都做出了突出贡献。学徒制的目的是培养16岁及其以上年龄的人达到由雇主设定的学徒培训标准，使学徒能在一个技能角色中有效地工作，而实现这一要求唯一合适的路径是大量培训。学徒培训的内容由部门雇主根据技能的发展需要而设计，目的是让学徒在学习的过程中，可以把在职培训（On the job）和脱产培训（Off the job）两个活动结合起来。学徒培训帮助学徒获得技术知识和真正的实践经验，以及具有现在和未来职业所要求的工作能力和个人技能。学徒培训在真实的工作环境中进行，学徒在获得认可资格的同时也可以获得报酬。学徒培训允许所有年龄段的人参加，每个学徒不仅能够得到现有的技术认可，还将获得真正的工作技能。学徒培训适用于企业的所有员工，通过大量的培训可以使他们掌握职业所需要的技能，增加其可持续发展的就业竞争力。

①申请条件。学徒是指一个需要经过大量和持续的培训工作,从而达到学徒培训标准,获得工作技能且不断发展的人。学徒培训允许所有年龄段的人参加,目前参与学徒制仍是所有人考虑的选择。因为每个参与的学徒不仅会得到现有技术的认可,还将获得真正的工作技能。申请学徒的最基本要求是:居住在英国并且没有进行全日制教育学习的年满16岁的人。如果申请者在5年前已获得普通中等教育证书但没有获得A或A+,或者数学和英语成绩没有很好的GCSE等级,则还需要参加识字和算术测试。搜索和申请学徒空缺(Apprenticeship Vacancies)都很容易,用户可以随时登录NAS的空缺网站搜索自己感兴趣的职位空缺。如果在网站上注册成功,就可以得到更多的服务,如创建"我的主页"页面,系统会自动保存用户的搜索结果和感兴趣的职位,当有新的搜索结果时系统会通过电子邮件或文本通知用户。

②培训时间。英国学校一年有秋季、春季、夏季三个学期,每个学期大约三个月。因为不同学徒制框架的内容和规模有很大不同,所以学徒培训没有固定的结束时间。培训时间的长短主要取决于学徒的学习能力和企业雇主的要求。通常情况下,所有学徒每周至少工作30小时。脱产培训被定义为学徒远离日常工作的培训方式,其中可能包括培训课程、远程教学、光盘教学等。此外,脱产培训仍然可以在学徒工作的地方进行,但是将远离他们的日常工作区。在职培训被定义为学徒在日常的工作中可以得到某些人的建议、指导,培训学徒如何更好地完成某项工作的教育方式。[68]

③认证。顺利就业是学徒培训的基本组成部分。2009年《学徒制、技能、儿童和学习法案》要求学徒必须申请学徒培训结业证书。该申请需要通过第三方的认证,即培训机构必须有足够的证据证明对学徒进行的培训达到了具体要求。另外,学徒自己还必须提供所有适当的证据来支持他们可以获得学徒培训结业证书。英国目前实行的是国家职业资格证书制度,这些与工作相关的资格证书专门用来帮助学习者掌握国家职业标准(National Occupational Standards)所要求的知识和技能,证明学习者在工作场所得到了充分的训练并且能够完成某项特定的工作。所以学徒在完成学徒制计划的所有要素后,就可以得到学徒制证书。该过程由英格兰学徒制证书中心进行管理。行业技能委员会联盟与国家学徒制服务中心一起推出了一个新的在线系统,以支持整个英格兰学徒制的法定认证。该联盟将负责为顺利完成学徒制计划的每个学徒颁发证书。新的英格兰学徒制证书系统将节省学徒培训机构和发证机构宝贵的时间、资源和投资,让他们省时省力地跟进学徒培训的进展。

④雇主。

a. 招募学徒。雇主是指在学徒制中招募学徒并利用员工队伍中现有的技能和知识支持学徒在工作中学习，参与审查学徒进步情况的人。他们雇用学徒以吸引新的人才，提高现有员工的技能水平以应对技能短缺。希望提供学徒培训的雇主通过向培训机构和技能资助机构申请注册，注册成功后就可以进行学徒招募。

NAS有一个业务团队专门负责帮助雇主招募学徒。雇主可以通过三个"D"，即确定（Decide）、交付（Deliver）和发展（Develop）来实现招募学徒的需求。首先确定雇主的需求，通过免费的学徒空缺网站招收学徒。该网站可以让雇主自由地宣传自己的学徒空缺并找到符合雇主标准的候选人。这不仅节省了大量的资金，而且在一个地方管理招聘流程也是一个方便的方式。培训机构将与雇主一起完成整个招聘过程，并帮助雇主选择候选人。学徒空缺网站使雇主能够找到每个学徒空缺最完美的匹配。在2012年有超过一百万的网上申请，每一个学徒空缺平均有10个申请者。然后交付学徒培训机构，与培训机构合作以减少雇主的业务负担。最后发展学徒，将学徒的比赛和奖项在企业内展示。

b. 培训模式。雇主的培训模式通常有四种：本地化方法、企业方法、雇主内部和雇主学院。[69]在这些模式中雇主通常采用的培训形式包括在职培训和脱产培训、培训课程、在线学习、辅导和个人培训等。

c. 企业活动。学徒是企业的一部分，因此他们的成就应该被共享。雇主会对培训中表现优秀的员工进行奖励，一方面促进了学徒制总体计划的实现，另一方面提高了学徒和企业员工的热情。奖励主要分为内部表彰、外部宣传、全国学徒制和国家培训奖。[70]

**（四）英国职业培训借鉴**

（1）完善的法律保障体系。英国职业培训事业的发展和完善有赖政府不断出台的法律法规，规定了职业培训过程中，政府、企业、学校等相关部门的责任和义务，确定了职业培训项目的开展模式和拨款金额以及监督评估的方式等。

1601年出台的《济贫法》和1964年颁布的《产业培训法》，均表明英国政府认识到就业培训的重要性，开始对职业培训工作进行国家层面上的干预，促使其发展走向正轨。1973年的《就业与训练法》，代表着英国的职业培训进入由政府主导阶段，促成主管工作的国家行政部门——人力服务委员会的成立，在全国各地设立就业服务中心。后来该中心在职业培训事业发展过程中发挥了重要作用。

再者，在全国范围内实施NVQ制度，在培训过程中鼓励失业者通过努力获得职业资格证书，与国家职业资格单元相结合，这些法律和制度都保证了职业培训工作的健康发展。

（2）个性化的咨询与指导服务。这是英国职业培训的一大特色。失业人员指派一名个人顾问，向其提供就业选择、职业生涯规划、兴趣能力倾向测定、职业心理咨询、面试技巧指导等服务，并依实际情况向失业者提出职业培训的建议。这种服务对失业者的帮助不是一次性的，而是伴随着失业到就业的全部过程，一直到失业者实现成功就业为止。

（3）多样化的培训模式。将满足失业者的实际需求放在首位，例如全日制学校培训、计算机远程教育、岗位或工作培训、在培训师的帮助下独立学习等。在实际培训中，采取以个别教学为主，班级教学和小组教学为辅的形式，结合教学内容开展讨论、模拟、个案分析、讲座、演示、实践操作等形式的教学。大多数的培训课程都以模块化的方式来设计执行。所谓模块化方式即把培训内容分割成许多不同的单元，受训者可以根据自己以往的学习和工作经历，选择其中的一些单元进行学习，无须从头开始按顺序来学，这方便失业者随时开始或停止自己的学习。政府会与培训的机构或学院签订合同，确保培训课程做到随时开班，保证培训者的需要。

所有的培训开始之前，培训师都会与失业者协商制定培训计划，包括培训开展方式、要达到的目标、教学计划、教学内容等。多样化的培训模式能够满足不同失业人员的培训需求及达到较好的培训效果。

（4）培训与职业资格证书制度相结合。英国的职业资格证书制度与职业培训的相互结合，具有激发失业者参与培训热情、增强培训效果的作用，使失业者在培训结束之后能够实现就业。国家职业资格证书证明劳动者具有从事某一工作所需要的知识和技能，是劳动者求职、任职、开业的资格凭证，也是用人单位招聘、录用员工的主要依据。

首先，在短期内针对失业者实际状况选择合适的行业或技能，展开有效的教育培训，帮他们实现就业；其次，失业者在重新步入职场以后，可以继续进修，考取更高一级的证书，在职业上持续发展；最后，培养失业者，使其拥有跨职业的关键能力，这种能力有助于受训者在未来的工作中，从容面对岗位变换和职业变更。

在对培训机构的财政支持方面，政府把财政经费补贴与职业资格获取结果挂钩，以有效保证职业培训机构的培训质量和成效。

（5）企业参与程度高。从英国职业培训发展的过程观察，企业的参与度一直没有降低。企业参与职业培训工作在英国是有悠久历史的，政府出台了多项措施保证企业与社会各界的积极参与。再者，NVQ国家职业资格标准是由行业标准委员会制定的，这是一个由行业企业主导的民间组织。在许多职业培训项目中，都是以场地和岗位的实际学习为主，企业提供了场地和人员，在真实的工作环境中展开培训，英国传统的学徒制在现代社会中仍然广泛存在且不断发展。许多培训是采用合同或学徒制的模式让失业者在企业中进行工作实践，政府为参与培训的企业提供财政补助。职业培训最根本的目的是让失业者重新就业。英国职业培训的全过程，都与行业企业密切联系，尊重企业需要，激发企业参与积极性，做到培训内容与市场需求相契合，充分发挥职业培训的作用，给失业者带来实实在在的帮助。

### 三、德国职业培训体系

德国的职业培训体系在全球享有盛誉。以企业为主体、校企紧密合作为特征的"双元制"职业培训体系是德国职业教育的一个突出特色，也是其成功的关键。双元制职业培训中企业和职业学校两个学习场所确保职业培训具有高度的实践性，学生得以在实际的工作过程中学习，并为以后进入职业生涯提供最佳过渡。德国职业培训体系同时承载着一个重要的经济任务，即为各行各业提供急需的、合格的专业人才。

#### （一）德国职业培训制度源起

德国前总理科尔在谈到德国的职业培训对其经济和社会的影响时，曾自豪地说：德国所成功开展的职业培训是德国经济高速发展的"秘密武器"。从科尔的这一高度评价中，我们可以体会到德国职业培训对其经济的发展、就业的促进以及社会的稳定所起的作用有多么大。

在德国，每个城市及区域都有服务于该地区的职业培训中心。这种形式的职业学校为德国的很多学生提供了接受职业教育的机会。研究德国区域职业培训中心办学模式，对我国发展形式多样化的职业教育有很大的借鉴作用。

#### （二）德国职业培训法案变迁与发展分析

德国的"双元制"模式已经相对成熟。德国职业教育办学模式的研究主要集中于如何增加学校的自主性和灵活性，以适应科技及社会发展形势的变革。

在世界上久负盛名的德国"双元制"职业教育在经济全球化进程中经受着新的考验：延续多年的经济不景气、全球产业结构的调整，使得传统产业如纺织、服装、汽车制造外移，进而使得企业提供的培训量减少，出现培训需求大于培训供给的现象。再者，各个职业所需的职业能力变得更加复杂，而且产生了很多新的职业。学习一门职业不再是一劳永逸的事情。如何调整职业学校的办学模式使其适应新的挑战，成了目前德国职业教育研究的重大问题。[71]

在这样的背景下,德国负责教育计划和研究促进的联邦—州—委员会(Bundes-landes-Kommission fur Bildungsplanung and Forschungsforderung)联合其他职业教育研究人员,在2001年提出了"能力中心(Kompetenzzentren)"的概念,计划建立地区职业教育网络,并对原来的职业学校进行改革,使其作为"能力中心"增强自主性,实现多种功能。地区能力中心(也称地区培训中心)集合了职业学校中心、跨企业培训中心以及教育机构的功能,目标是在保证自身教学任务不受影响的情况下,提高教育质量、提高经济水平并持续地提供地区内的职业教育。[72]地区职业教育网络可以充分利用多个合作教育单位的资源,同时,可使自主性和独立性达成新的协同效应。目前在德国范围内,正式参加这个项目的学校占全部职业学校的14%。[73]

从职业学校发展到能力中心,需要更高的自主性。为了支持学校获得更多自主性,德国规划了三种能力中心的发展模式：①基于地区,加强与地区内的其他职业学校、办学主体和企业之间的网络关系。②基于学科领域,这种能力中心集中于地区内某个具有经济意义的领域或行业,并且增强与这个领域之间的网络化。③基于能力,通过本身的特点寻找领域内外的合作者,以便提供更好的服务。这些发展不仅要求改变学校管理政策,更重要的是还要在学校内部进行改革,例如推广新的校园学习文化,这种学习文化要支持学校的自我管理以及学习过程,并深化学校组织与其他相关机构的关系。[74]

德国区域职业培训中心之所以能够得到发展,并在德国职业教育体系中发挥着较普通职业学校更灵活的作用,是因为它顺应了社会的发展与需求,以及德国具有良好的职业教育环境。下文将对德国区域职业培训中心存在的原因及条件进行分析。

1. 健康的职教观念

德国的职业教育取得成功的一个重要因素是"职业主义"文化的影响,该文化观念使人们深刻意识到职业教育的重要性,在全社会形成了重视职业教育的风气。德国人普遍认为,某种职业资格不仅仅是个人赖以生存的基础,而且是其发展个性、实现自身价值的前提。社会内各种从事体力工作的劳动者并不会受到歧视,而且有很多接受培训、继续学习的机会。

2. 完善的法律体系

法制的完善是德国职业教育顺利发展的重要保障。第二次世界大战后,德国制订并实施了一系列法规,形成了一个较为完整的体系。

(1)职业教育基本法。德国联邦政府于1969年8月14日颁布了《职业教育法》,该法在2005年3月予以修订，对德国的职业教育作了较全面和原则性的规定，如职业教育的内容及目的、教育者及受教育者的责任和义务等方面。

（2）职业教育单项法和规章。这些法律法规以《职业教育法》为依据，分别对职业教育各方面的具体问题进行法律上的规定，包括《培训者规格条例》《职业教育促进法》《职业教育基础阶段工业企业内实训时间与职业学校课时计划原则》《职业培训的个人促进法》《培训章程和考试规则》等。[75]

（3）职业教育相关法。这是一些涉及职业教育和影响职业教育发展的法规，主要有《各州学校法》《企业章程法》《青年劳动保护法》《手工业条例》《劳动资助法和社会补助法》等。其中德国《各州学校法》对各州的学校体系、学生管理、办学主体等方面进行了规定。这三大部分紧密联系，互为补充：基本法是单项法的基础和依据，单项法是基本法的扩展和具体化，而其他有关法规为基本法和单项法的实施开辟道路，创造条件。完善的法律法规体系为德国职业教育的运行提供了保障。

3. 科学的职教研究

在德国职业教育的成功发展过程中，职业教育研究发挥着举足轻重的作用。德国政府职业教育的每项方针政策，无不以科学的研究成果为依据；每一次重大改革，都建立在认真细致的调查研究的基础上。德国职业教育的研究机构多种多样，包括联邦职业教育研究所联邦劳务市场与职业研究所、州职业教育研究所、国际教育研究所及各大学的职业教育研究所等。德国的职业教育研究机构十分重视研究成果的实用性和可行性，以便将所取得的研究成果切实有效地运用于指导职业教育的具体实践，解决职业教育中的实际问题。德国许多职业教育的研究成果都要经过周密的典型试验。

4. 高素质的师资队伍

德国职业教育取得成功的另一关键因素是注重对职业学校教师和企业培训师的培训。在德国，要取得职业学校的教师资格需要经过层层的考试和选拔。通常教师进入职业学校需要经过两年做助教的时间，结束后经综合评议合格才能取得职业学校教师资格。企业培训师的资格审核则主要由各行业协会进行。在任职的过程中，教师们每年都要接受州政府安排的培训或到企业及相关部门进修学习。一般只有素质较高、品行端正、技术高超的人才能适应职业教育的需要。

5. 办学主体

德国区域职业培训中心的办学主体呈现多元化的特点。大多数区域职业培训中心由私人团体或企业兴办，也有一些是由国家兴办的。

德国《宪法》第7章第4条赋予了私人及社会力量办学的权力。德国私立的职业学校通常由个人、教会、企业或协会开办。但所有的私立学校均要经过州政府的严格审查及监管。德国的私立学校分为"代替学校（Ersatzschule）"及"补充学校（Erganzungsschule）"两种。一般来说，"代替学校"所提供的教育与普通学校具有同等质量，得到国家的认可，在"代替学校"学习的时间还可以计入义务教育年限。不满足这两个条件的私立学校即为"补充学校"。

6. 办学形式

德国区域职业培训中心的办学形式比较多样化。一方面，它可以在内部整合多种职业学校的形式，如职业专科学校，主要提供"全学校式"的职业教育；另一方面，它也可以作为培训企业、注册协会或者培训公司提供以实践为主的职业教育。

（1）"全学校式"职业教育。职业专科学校是德国最常见的提供"全学校式"职业教育的职业学校形式。1997年的德国各州文教部长联席会议（KMK）上提出了职业专科学校的任务，即引导学生进入一种或多种职业，对学生传授一个或多个职业的部分职业教育内容（如该职业的基础教育），或引导其在职业学校获得某个职业的毕业证书。[76]

（2）企业式职业教育。由于一些区域职业培训中心是由企业或协会兴办，因此它提供的培训内容多以实践性强的企业培训为主。这种企业培训也都是按照国家发布的教学大纲进行。"联合职业教育"已经成为很多中小企业参与职业教育的最有利的途径。目前在德国主要有四种进行"联合职业教育"的模式。[77]

7. 投资渠道

区域职业培训中心的资金来源除了联邦政府及州政府外，还包括一些私人团体及企业，呈现多元化的特点。

8. 管理体系

德国区域职业培训中心往往办学形式灵活、投资渠道多样，因此如何对其进行管理，保证其教学质量，成了衡量这种办学模式是否成功的关键。区域职业培训中心的管理体系是由多个层次构成的。

### （三）德国职业培训特色

根据德国《职业教育法》的规定，德国的职业培训包括职前培训、在职培训和转岗培训。谈到德国职业培训特色，再回到"双元制"来谈会更完整而有意义，因为它是德国职业教育与培育重要的思路与根源。它是一种将企业与学校、理论与实践、知识与技能相结合，以培养高水平专业技术工人为目标的职业教育和培训制度。经过长期的发展和不断完善，德国的"双元制"职业教育和培训制度已形成以下特点：

(1）职前培训的主要形式——校企合作的"双元制"职业培训。两个培训机构，即职业学校和企业。两种教学内容，即职业技能培训和专业理论教学。两类教材，即实训教材和理论教材。两种教师，即实训教师和理论教师。两种培训身份，即企业学徒和职校学生。两类考试，即技能考试和资格考试。两类证书，即由行业协会颁发的资格证书以及由学校颁发的毕业证书和企业颁发的培训证书。

（2）职前培训的其他形式——学校课堂式的职业培训。在德国的职业教育和培训领域，除了占主导地位的"双元制"外，还有一些是以学校课堂教育为主的全日制职业教育学校。它们是职业专科学校、职业提高学校、专科高中、职业高中、职业或专科完全中学和"双证制"学校。

（3）职业继续培训——德国的在职培训与转岗培训。德国的在职培训包括两个方面的内容，即技术适应培训和职务晋升培训。

（4）德国职业教育的先进经验。第二次世界大战以后，德国为尽快重建被战争毁坏的家园，首先着手整个教育事业的恢复，尤其是大力推进职业教育的发展，强化国家对职业教育的保障，建立了一套科学的职业教育体系。德国职业教育确实体现了以人为本、科学发展的理念，围绕个人与国家的发展，格外重视技能要求与岗位需求，重视个人职业能力提高和与企业紧密结合，并从政策和制度上实行国家干预，保障职业教育服务于经济与社会发展的需要。

（5）升学与就业管道相互畅通的教育体制。从德国的教育体系中可以看出，职业教育占有极为重要的位置，从中等教育第一阶段开始，德国人就为个人的职业方向选择作准备，为就业打基础，主体中学和实科中学都具有职业教育的职能，从学生自身实际出发，为今后每个人的发展选定了方向。同时，每个人都有升学机会，进入主体中学和实科中学的学生，仍然可以考入文理中学和综合中学的高中部，为今后进入综合大学学习作准备。进入职业高中学习的学生升入专科大学或职业学院学习后，也有资格进入综合大学学习。

（6）政府、企业、学校、行业协会各负其责的职业教育办学体制。德国的职业教育分工十分明确，政府、行业、企业和学校的责任和义务都规定得很明晰。政府的责任重点是加强职业教育的宏观调控和法律政策的落实，制定人才培养的标准，保障学校职业教育的经费投入。德国职业教育最显著的特征就是"双元制"，即在企业和职业学校两个场所进行教学，并以企业为主。企业与学校之间既是一种利益互惠的合作关系，同时又按照分工的不同开展相应内容的职业教育，承担相应的责任。

（7）以岗位技能与职业能力为中心的人才培养模式。《联邦德国职业教育法》明确提出：职业培训的目的是通过系统的培训计划，为某一职业提供广泛的基础训练，并传授熟练从事这一职业所必需的技能和知识，表达职业教育必须以技能与职业能力培养为目标的办学指导思想，培养的不仅是技能还有综合职业能力。企业和学校都紧紧围绕着这一教育方针开展职业教育。

（8）德国职业学校普遍采取了模块式教学法。在德国职业学校或职业培训中心，项目已经成为教学的基本载体，教师把学生应该掌握的理论知识和实践能力分解为若干个专题，设计出一个个项目教学方案，一个一个地解决，强调理论知识、实践经验、操作技能以及活动方式的同步，打破了传统的先传授系统知识，再去实践操作的教学模式。

（9）教学与考核相分离的学业水平评价机制。德国的职业教育不仅受到政府部门的宏观调控，还受到行业协会的全过程监督。德国经济部公布了国家承认的培训职业近400个，每个职业教育有具体的标准与要求，这些也是制定德国职业教育考试内容和考试结果评判的重要依据。与国内职业教育不同，德国职业学校学生的学业水平考试，不是由学校负责，而是由经济界的工商联合会、手工业协会，以及类似的行业组织组成的委员会主持进行。委员会由三部分人组成：企业雇主、相关专家及职业学校教师。

（10）先进的实训设施和高素质的"双师型"师资队伍。在德国，每一处职业学校和培训场所所用的实训设施都十分完备先进，教室中都配有实习教学所需的教学设备。德国职业教育实训设施来源主要有以下渠道：一是政府投资建设。德国的职业学校全部是公立性质，校舍、教学设备、实验场地等均由国家出资，从而保证了实训教学的需要。二是企业向学校或培训中心提供经费和设备赞助。

**（四）德国职业培训借鉴**

我国职业教育正处于大力发展的阶段，国务院提出办职业教育要"以服务为宗旨，以就业为导向"。而我国大多中等职业学校的办学模式比较单一，企业对职业教育的参与不足，学生得到的实践机会较少，毕业后往往与企业的实际需求脱节。通过前述对德国职业培训中心办学模式的研究，将其特点及优势结合我国国情提出如下几点建议：

（1）完善职业教育的保障机制。职业教育的保障机制是否健全，其管理方式是否系统化和制度化，决定了职业教育能否健康地发展。每一个国家职业教育的办学模式均与本国的国情、教育政策及管理机制等因素密不可分。职业教育的良好发展，需要具备完善的保障机制。

（2）办学主体多元化。针对目前我国经济结构多元化的趋势，职业教育不必要也没有可能由国家独办。职业教育的办学主体应该实现多元化，形成共同分享利益的多主体办学格局，调动一切可以调动的社会力量和社会资源，充分发挥各主体的办学优势，从而弥补单一办学主体的缺陷，形成适应社会发展的办学模式。

（3）办学形式多样化。职业教育的办学形式，往往是职业教育办学模式的核心，影响着职业教育的办学品质。开放、灵活的办学形式无疑可以为职业教育增添活力，多方位地满足公民对职业教育的需求。

（4）投资渠道多元化。投资管道的多元化是发展中等职业教育的必然趋势。首先，由于科技和社会的发展，人们对职业教育的需求也随之增加。仅靠政府的投入，不可能满足公众对职业教育多样性、连续性和终身性的要求。其次，既然国家、企业、个人都是职业教育的受益者，根据成本与效益对等原则，三者都有投资办职业教育的责任。除此之外，参与成本投资的各方都有权对职业教育的质量提出要求，有利于中等职业教育的健康发展。因此多主体投资是职业教育发展的必然趋势。

## 第三节 国外职业教育质量保障体系

质量保障体系是指企业为提升和保障产品质量，采用系统科学的方式，依赖于必要的组织结构，合理周密地把各部门、各环节的质量管理活动组织起来，并且把影响产品质量的全部相关要素（如产品研发、设计制造、售后服务和信息回馈）悉数掌控起来，形成一个责任明确、推进质量管理的有机整体。[78] 质量保障体系是以某种或多种理论为基础，由高校创建的特别的质量管理体系，以持续改进和不断提高教育质量为目的，重点强调质量管理的全过程性和全员性。[79] 经济合作与发展组织（2006）对质量保障体系的定义如下：该系统不仅包括国家或地区资格政策的发展和运作的手段、制度安排、质量保障过程、奖励过程，还包括技术认知以及其他有关教育的机制，最终达到训练供给劳动力市场以及公民社会的劳动者的目的。

从上述界定中我们发现质量保障体系包含四个要素，首先它是一个有机整体，其次是以提高与保障质量为目标，再次是将相关所有的因素有效组织起来，最后是所有因素相互协调、相互促进地运行。鲍洁在《高等职业教育质量保障体系的研究》中对质量保障体系进行的阐释涵盖了上述四要素，故参照此概念，质量保障体系是企业以提升质量为目的，运用系统科学的方式，依赖于有效的组织机构，合理周密地把各部分、各环节的质量管理活动统筹起来，组成一个分工明确，相互协调、彼此促进的质量管理有机整体。

**一、国外职业教育质量保障体系概况**

21世纪是高技术人才渴求迫切的时代，也是职业教育质量比拼的时代。现阶段我国职业教育发展依然存在着一定的矛盾，突出表现为社会所需的职业教育质量水平与现在职业教育所处的质量水平之间的矛盾。为了解决这一矛盾，我国正努力提高职业教育质量保障体系的现代化水平，提升职业教育质量。现代化职业教育质量保障体系构建的前提是站在我国职业教育的立场上直面我国职业教育质量保障体系的现状。"三人行，必有我师焉"，借鉴国外发达国家职业教育质量保障体系的经验，能够让我们在构建21世纪特色的职业教育质量保障体系过程中少走弯路。国外一些国家的职业教育发展较早，在各方面也发展得比较完备，成就突出。

例如：经济合作与发展组织（Organization for Economic Co-operation and Development，OECD）在2015年的报告中指出，德国在为年轻人创造就业机会方面优于其他工业国家。经济合作与发展组织秘书长古里亚表示，德国历来非常重视职业教育领域，能够积极帮助年轻人融入职场并推动其提升与发展。根据2013年统计资料，在34个OECD国家中有超过3 900万青年没有工作且未接受有效培训，较2008年世界经济危机之前增加了500万。[80] 相对于其他国家，德国的情况明显较好，其15—29岁失业且未受训青年的比例为9.7%。OECD国家的平均比例为14.9%。而在2013年澳大利亚进行的雇主满意度调查中显示：90%的雇主认可职业教育培训体系在培养技能方面具有重要的意义，而雇主对资格培训的满意度为78.3%，对学徒制的满意度为78.8%，对国家资格认定的培训满意度为83.1%。近些年这些指标呈现稳步上升趋势，极大地促进了培训质量的提升。[81] 并且英国自2010年以来已创造了220万个学徒制岗位，进而推动英国成为G7成员国中发展迅速的经济体，英国打算到2020年再扩展300万个学徒制岗位。[82] 故在此选取较具有代表性的德国、澳大利亚与英国三个国家进行职业教育质量保障体系的对照分析。

**二、国外职业教育质量保障体系比较**

德国、澳大利亚与英国取得的显著经济发展成效，实质上得益于它们完备的职业教育质量保障体系。有关德、澳、英三国职业教育质量保障体系，以下具体分为职业教育法律法规保障，职业教育研究所与保障机构保障，国家职业教育质量保障框架保障，教师资格准入制度保障，职业教育经费保障，行业协会企业参与职业教育质量保障，职业院校内部保障7个层面来进行分析比较：

## （一）职业教育法律法规保障

| | |
|---|---|
| 德国 | 1182年德国的《科隆车工章程》确立了师徒职业培训制的形成。<br>1869年《企业章程》确定了行业企业培训机构的责任。<br>1969年《联邦职业教育法》是职业教育根本法，规定了职业教育的相关概念、适用范围、培训合同和报酬、受教育者的权利和义务以及国家机构对职业教育的责任等。<br>1981年《职业教育促进法》规定了联邦职教所设立的目的、权力及任务、须开展的业务等。<br>2005年德国公布并施行新的《联邦职业教育法》，重新确定了职业教育进修时长与国外接受职业教育的转化方式、毕业考试的测验等，特别是认定了联邦职教所的地位，保障了职业教育的发展，促进了职业教育质量的提升。 |
| 澳大利亚 | 1974年《坎甘报告》，明确加大对职业教育培训体系的监管力度，加大对职业教育的经费投入力度，并且要创设技术和继续教育学院。<br>1997年《用户选择》规定允许用人单位及其学生、实习生自由选择由政府自主设计制定的培训方案及培训计划。<br>1998年《新学徒制》象征着国家层面的学徒系统、实习系统项目开始走向正轨。<br>1990—1994年《培训保障法》，旨在提高企业自主培训教育水平，规定企业要将1.5%的工资用于员工培训学习。 |
| 英国 | 1562年《工匠法》规定师傅带徒弟是一种正规培训教育。<br>1889年《技术教育法》确立英国职业技术教育的实施依据。<br>1944年《巴特勒法案》把职业教育归于社会大众教育体系，具有划时代意义。<br>1973年《就业与训练法》革新职业培训系统以适应时代发展。<br>1994年《现代学徒制》避开传统学徒制的弊端，有效地降低了青年失业率。 |

21世纪以来，英国政府又连续颁布一套相关职业教育的法案。三国均有健全的法律法规，为职业教育的质量提升奠定了扎实的法律基础。

## （二）职业教育研究所与保障机构保障

| | |
|---|---|
| 德国 | 德国拥有联邦职业教育研究所，简称"联邦职教所"（BIBB）。联邦职教所是集研究与政策制定于一体的决策咨询与科学研究的联邦政府机构，主要是为了协助联邦政府解决职业教育的根本性与全局性问题，例如推动职教体系的创新，提供解决职业教育质量及培训问题的可行方案。 |
| 澳大利亚 | 职业教育研究中心（NCVER）是非营利但具有国家性质的职业教育科研机构，由澳大利亚政府、州和其他负责培训领域的长官共同管理，负责网络、剖析与评估全国范围内的职业教育和培训的研究工作，为政府、院校、行业和社区提供职业培训相关的信息服务。2004年澳大利亚即设有专一的质量保障机构——国家质量委员会，它独立于国家最高教育行政部门——教育科学培训部（2007年更名为澳大利亚教育、就业和劳动关系部，Department of Education, Employment and Workplace Relations, DEEWR），是政府统领职业教育的最高权力机关，其人员由企业、工会、政府、学校、弱势群体等构成，负责职业 |

续表

| | |
|---|---|
| | 教育质量管理实施、界定课程培训标准、学校专业设置审批，以及学校办学水平的评估等。 |
| 英国 | 就业和技能委员会（UKCES）是非政府性质的、以营利为目的的雇主导向的独立咨询研究机构。其职责主要有：评估英国每年的就业发展情况；为政府提供提高技能和生产率的政策性咨询；对就业和技能体系提出创新性政策建议；监管并且掌控行业技能委员会的拨款。英国职业教育质量保障由成人学习检查团（the Adult Learning Inspectorate）、英国教育标准部门（the Office for Standards in Education）和教育与技能部门共同组织进行，促进了英国职业教育质量的提升。 |

三国均有完善、专业且成熟的决策咨询与科学研究团队，能够在职业教育和培训方面提出创新性政策建议并实施全程的质量监控与保障。

## （三）国家职业教育质量保障框架保障

| | |
|---|---|
| 德国 | 原采用欧盟通用的质量保障框架，用于评估系统质量关键指针能否有效缩小供给和需求之间的落差，是更有利于弱势群体的培训保障。此外，德国依据欧洲职业资格框架的欧洲职业教育和培训学分制，创设了国家资格框架（the German Qualification Framework, DQR），目的在于沟通职业教育与普通教育，并且规定可通过学校、企业、高校，以及职业教育等途径，来获得国家资格证书。该框架的焦点在于提高获取资格的透明度与公开度，实现不同教育系统之间的沟通。 |
| 澳大利亚 | 澳大利亚资格框架由涉及中等学校、职业教育机构和高等教育机构3个领域13个国家承认的资格证书构成，在2010年增添了职业本科生资格证书和职业研究生学历。<br>澳大利亚资格证书框架实现了职业教育与普通教育的连接。任何人都可依据澳大利亚资格证书框架选择适当的证书或文凭课程来进修。职业教育研究生文凭与研究生证书完全对等于普通高等教育的证书。职业教育的研究生教育不只要求学生具备研究学习能力，还要求其具有相关行业的实际经验。学生在完成义务教育后需进行职业教育学习，学习结束后可获得相对应的国家职业教育资格证书，同时可拿到普通高中文凭。<br>2001年澳大利亚创设了质量培训框架，旨在建构稳固且具高水平的职业教育培训系统。质量培训框架是针对注册培训机构（RTO）与州、领地注册或课程认证机构的标准。<br>2001版AQTF标准包含12项质量保障规定，这些标准被视为确保的质量的最低基线。申请注册培训机构的大部分是初级中学、社区组织、公立或者私立的职业教育培训机构或者是工商企业，递交相关数据后，必须经严格审核方可注册。澳大利亚国家质量委员会在2005年、2007年与2011年针对教师、培训员资格相关记录、使用市场机制的教学和评估流程等方面对AQTF分别进行了修订。在2011年，澳大利亚技能质量署（Australian Skills Quality Authority, ASQA）重新制定了规定注册学校要提供学校内部质量保障计划、健全能力认可考评制度、明确办学目标和宗旨、具备公开透明的财务管理制度、具备资格证书和课程结业证明的相关管理方案等[84]。 |

续表

| | |
|---|---|
| 英国 | 2000年英国建立了国家资格框架（National Qualification Framework，NQF），主要包括国家职业资格证书、商业与技术教育委员会证书（Business and Technology Education Council，BTEC）、普通国家职业资格证书、牛津剑桥与皇家艺术协会考试证书（OxfordCambridge Royal Society of Arts，OCR）等职业资格证书体系，同时每个体系又分不同等级，如NVQ分5个等级；BTEC标准课程分4个等级；BTEC短期课程有6个等级。<br>英国为了加强个人资格证书体系间的联系，对各种资格证书体系间的关系进行了等值划分。2004年又将5级国家资格框架改为9级，使其与高等教育资格框架进行有效对接。英国国家资格框架下设有Entry、Level 1—8共9个等级，并分别将职业教育和普通中等、高等教育纳入相对的等级。 |

三国均有完善的国家职业教育质量保障框架，建构稳固且高水平的职业教育培训系统，并分别将职业教育和普通中等、高等教育纳入相对的等级，提高获取资格的透明度与公开度，实现不同教育系统之间的沟通。

### （四）教师资格准入制度保障

| | |
|---|---|
| 德国 | 德国职业教育教师在选聘和评估程序上具有严格的要求，教师大部分都具有企业背景。以巴符州为例，要成为合格中职学校的教师条件如下：要有硕士学位，并有超过2年的专业经验；在师范进修学院进修相关专业，通过审核后获得后备教师资格；然后教师见习24个月，见习结束后，通过考核以及当地州政府的审核方能成为专职教师。在该州要成为高职院校的教师必须有博士学位，且有5年同专业工作经历，其中有3年企业经历，然后接收招聘单位初审以及3次面试合格后才能成为一名合格的高等职业院校的教师。 |
| 澳大利亚 | 澳大利亚职教教师需满足三个条件：有专业资格证书，即达到教授课程的所需资格水平，且教师最低要有专科学历；获得职业教师资格证书，即能体现教师授课水平和对学生技能的判断能力；要有3—5年的专业工作履历。<br>澳大利亚的职业教师从业要求特点：①主要从经验丰富的专业人员中雇用；②应当具有一定的教学能力和技能判断能力。即使是博士学位获得者，也要具备以上从业条件，保障"能力为主导"的职业课程实施和对学生技能鉴定的质量。 |
| 英国 | 英国中等职业教育教师要有教师资格证书，还需要具备职业学校的教学经历，且具有相关专业一线岗位工作最新技术与管理技能，才能胜任职校教学工作。进入高等继续教育学院任教的老师可不具有教学培训经验，但是要具备教师资格证书。[83] |

三国均有严格的教师资格准入制度保障，要具备教师资格证书、教学经历、专业工作履历，才能成为合格的高等职业院校的教师。

## (五)职业教育经费保障

| | |
|---|---|
| 德国 | 德国职业教育办学经费来自联邦政府与企业。德国职业教育主要形态是"双元制",德国政府通过职业学校与企业两种渠道对职业教育拨款。德国政府对职业学校进行直接拨款,对企业经费的支持,主要是通过对主管企业培训的"行业协会"以资助企业培训的形式进行拨款。再者,对教育机构资助时,政府会事先进行科学分析与评价,防止资金的重复与浪费,使教育资源得到充分有效的利用。<br><br>德国企业资助职业教育有两种方式:一种是企业投资职业教育,直接创建职业院校成为办学主体。申办前企业要接受联邦政府的条件考核与办学资质审查,合格后方可成为培训企业与办学主体,这是企业直接资助职业教育的主要方式。第二种是以基金的形式资助。直接资助职业教育的企业多为实力雄厚的大中型企业,它们有经济能力去承担职业培训的费用,并提供良好的培训环境。 |
| 澳大利亚 | 澳大利亚职业教育的资金来源:联邦和州周期性资金;联邦和国家专项资金;服务性资金(Fee for service funding);海外留学生自费费用(Funds from full fee-paying overseas clients)。数据显示,69%的职业教育活动经费来自联邦和州的周期性资金。[85]<br><br>澳大利亚政府通过公立技术与继续教育机构大学和私立职业教育培训机构这两种途径资助职业教育。对于公立技术与继续教育培训机构和大学,只要招生人数在政府规定计划编制内,办学经费主要由政府承担(联邦和州),一般经费开支分配,政府投资占2/3,机构自己创收占1/3。<br><br>对于民办培训机构的注册培训机构,国家一般以给予开办基金或者为其提供建筑或设备的方式进行支持,但是经营资金主要通过学费和其他方式来获取。此外,政府通过购买培训的方法来鼓励公立和私立机构参加职业教育和培训的活动。澳大利亚主要是采取商业化竞争方式进行职业教育经费下放,这种拨款方式会迫使每个职业院校以优质办学来增加竞争优势而获得经费,有效地提升澳大利亚职业教育的质量。 |
| 英国 | 英国资金委员会(Fund Associate,FA)于每年年初按职业院校现行招生计划编制与提交预算进行审核后,发放政府资金。如果在一所学院就读的学生人数超过了计划的数目,FA将在下一年中弥补相对的经费。此外,如果在该学院招生人数比计划人数少,该学院就必须上交归还预算5%以外的经费,再由FA平均下拨给其他所有院校。<br><br>英国有三种经费拨付方式:核心拨付、边际拨付与代金券。核心拨付,是指政府依据学校人数的多少拨发资金,每年发放的数目会依据市场通货膨胀率做出恰当的调整。边际拨付,则是随学生人数增加多少而相对增添的资金数目。代金券,是指学生可以用券来支付给职业培训机构以获得某种专业培训,这意味着进修选择决定权在于学生,有助于推动职业学校的更新改革。 |

三国均有完整有效的职业教育经费保障体制:德国职业教育办学经费来自联邦政府与企业;澳大利亚职业教育的资金来源由联邦和州周期性资金;英国资金委员会于每年年初按职业院校现行招生计划编制与提交预算,进行审核后发放政府资金,也有合理的拨付原则并以激励的机制鼓励每个职业院校以优质办学来增加竞争优势而获得经费。

## （六）行业协会、企业参与职业教育质量保障

| | |
|---|---|
| 德国 | 在德国职业教育质量保障中，行业协会是德国职业教育发展中不可或缺的一部分。《职业教育法》规定职业教育委员会主要负责以下内容：审核企业培训资格，企业培训所需的培训场地与设备，企业主所需的培训职业相关专业的文凭及相关的职业教育知识与技能；对培训职员、培训园地实施督察，对资格条件改变的企业做出相应的处理，还要负责回复企业与学徒关于德国联邦政府对企业参与职业教育采取促进的政策，包括预测劳动力市场的职业资格需求、扩大学徒岗位规模、落实经济补贴政策等措施。2007年，德国联邦政府在实施期间延长了国家培训公约的时间，工业部每年增加6万个学徒岗位，并且德国各类公司的培训项目总数将增加至4万。政府还提供培训商业贷款的优惠政策。德国联邦政府对企业的资金鼓励多是以直接补助方式进行，能让企业看到直观的经济效益，从而提升各类企业介入职业教育的动力。 |
| 澳大利亚 | 澳大利亚为保障企业参与职业教育，发布了一系列涉及行业、企业的职业教育法律法规，规定行业、企业每年用于员工培训的费用不能少于总工资额的2%，还须派出优秀的一线人员对学生的实践训练进行指导；规定TAFE学院与企业合作开展的实践操作活动必须要占到整个课程计划的50%甚至更高。此外，政府结合岗位需求开发了职业教育的技能认证证书，培养达到国家职业能力要求且企业需要的人才。目前，TAFE学院大部分办学经费来自澳大利亚政府，企业捐赠的主要是先进的生产设备。 |
| 英国 | 20世纪60年代初，英国就以法律条例的形式给了企业介入职业教育的权力。如：1964年《工业训练法》规定，工业训练委员会（由工商教育专家组成）可投资资助企业外的职业培训；1973年《就业与训练法》规定人力服务委员会可以单独创设就业训练服务机构；80年代末期，《90年代的就业状况》规定企业在职业培训过程中享有领导权。此外，积极介入职业教育发展的企业还可以享受税收优惠政策。上述法案极大地提升了企业参与职业教育的积极性。英国政府当局积极鼓励行业实施培训计划并给予大量直观的资金奖励。如学习与技能委员会就在2002年开展补助行业实施培训计划的活动，将培训目标计划变成不定时、不定点、灵活机动的计划，以取得在工作期间提高职工的技术素质的结果。此外，英国推行训练信用卡制度。所谓训练信用卡是英国青少年毕业时所得到的一种有价凭据，可用来支付继续职业培训的学习费用。这种将职业培训机构推向市场，利用社会市场竞争机制的做法，能够激发行业参与职业教育的兴趣与动力，提升职业培训机构的质量。 |

三国均有行业协会、企业参与职业教育质量保障与奖励机制，德国政府还提供培训商业贷款的优惠政策。德国联邦政府对企业的资金鼓励多是以直接补助的方式进行，能让企业看到直观的经济效益。澳大利亚为保障企业参与职业教育，立法规定企业每年用于员工培训的费用不能少于总工资额的2%。英国在20世纪60年代初，就以法律条例的形式给企业介入职业教育的权力，从而提升各类企业介入职业教育的动力。

## （七）职业院校内部保障

| | |
|---|---|
| 德国 | 　　德国大部分职业院校通过实施 OES 体系来管理职业教育内部教育质量。OES 体系是指通过政府当局和学校签署质量目标管理合同来为院校寻找提升教学质量的措施，进而加强学校在保障内部教学质量的过程中责任的系统性。首先，学校要进行自我评估，确立学校的教育教学理念和使命等，针对性地开展质量管理，建立学校的内部评比和回馈体系。此外，学校每五年进行一次外部评估，教师与学生都要参与其中，教师和学生在校内监控教学质量并进行回馈，进而提升学校教学质量。但最终决定学校教学质量的是外部第三方组织的评价和认可。<br>　　德国职业教育质量监管与评价体现出动态有序的特点。德国有完善的质量监测数据库，能及时掌握、搜集有关教育教学过程质量、评估教育成果以及办学效果的信息，以便于实时对职业教育质量进行严格督导和科学管理。 |
| 澳大利亚 | 　　澳大利亚职业院校具备内部专业的评估人员，专业进行学校内部评估，督察课程资源配备及使用情况。学校还拥有专业课程质量评估小组，小组成员由不同学校的专家组成，针对专业课程教材进行判定审查。[86]澳大利亚主要采取开放式的职业教育评价方式。学生可依照自己的进修情况，在学校或在家中自由调配评价时间。开放的评价方式除了体现在时间的变化上，还体现在重过程、重实践、重人性化需要等方面。另外，澳大利亚垂青"技能本位"的能力评价方式。<br>　　澳大利亚技能监测评价可分别在培训机构、企业进行，也可两者结合，对学员完成所分配的任务采用多种考核评价方法进行判定，判定的内容会涉及学员的工作、管理和合作等方面的能力素质。这些方式的综合运用，比单纯用理论试卷和简单操作更能体现出学生的综合素质，体现评价的实质。[87] |
| 英国 | 　　英国继续教育学院等同于我国的中职与高职。为了提升教育质量水平，学院都已设立内部的质量监督、质量评估、质量回馈、改良制度等，且每年准时举办内部质量评估活动。内部自我评估主要包括：相关数据搜集与整理、等级评定、评估信息回馈、评价报告的撰写、拟定改进计划等。<br>　　英国职业院校自我评估内容包括学员学习结果和表现评价、教师教学成效评价、学校与行业企业的合作等，在此基础上形成自评报告。对学生的成绩和绩效考核包括学习过程、学习机会、获得就业机会和继续学习等方面，关键是学生的成功。英国院校内部每年会对教师的课堂教学进行两轮抽查评估，并且评定等级，主要有出色、优秀、满意和不良（解雇）4个级别。另外，学校自评还涉及学校本身的资源、员工文化程度与社会经验、校企合作关系以及学校未来发展形势的评估。<br>　　此外，英国继续教育学院设有专门的教学质量评估部门，负责课堂教学质量的监督。学校内部建有完善的现代信息技术管理系统、专业质量评价体系，学生出勤、过程考评、自主学习情况等均采用信息化手段记录。学生可以随时随地上网查阅教师的教学数据、观看实习过程实时记录、查看教师动态点评。信息管理部定期统计学生课堂出勤率、学生评价、教学评价等数据提供给学校相关管理部门进行分析。质量监督管理部门实时发布有关教学质量审核的信息动态。 |

### 三、国外职业教育质量保障体系借鉴

上述内容从七个方面对德、澳、英的职业教育质量保障体系进行分层次讨论与比较,从中可以觉察到三国在职业教育质量保障体系各层面的那些共同点与独特亮点。总结分析如表3-4所示。

表3-4 德、澳、英三国职业教育质量保障体系异同点

| 比较内容 | 差异点 | | | 共同点 |
| --- | --- | --- | --- | --- |
| | 德国 | 澳大利亚 | 英国 | |
| 职业教育法律法规 | 立法早、监管性强、明确和具体、实时跟进 | 内容具体:社会公平,指导性强 | 条例的可实施性、依据的科学性 | 立法目标明确,操作性强,注重立法连续性 |
| 职业教育研究所 | 德国联邦职业教育研究所,联邦政府机构 | 澳大利亚职业教育研究中心,非营利性国家机构 | 英国就业和技能委员会,非政府独立咨询机构 | 为所需要的群体提供职业教育咨询 |
| 国家职业教育质量保障框架 | 国家资格框架欧盟质量保障框架 | 澳大利亚资格框架、澳大利亚品质培训框架 | 英国国家资格框架 | 沟通职业教育与其他教育 |
| 教师资格准入制度 | 高学历、一定时长的专业工作经历 | 专业资格证书、教师资格证、工作经历 | 教师资格证书、教学经验、工作技能 | 强调教师的专业技能与工作经验 |
| 职业教育经费 | 由政府与企业资助 | 来源于政府,采取商业竞争的方式 | 计划预算方式 | 政府拨款为主 |
| 行业协会、企业参与职业教育 | 政府的奖励政策,机构保障 | 政府政策规定保障,职业教育与培训的技能认证证书 | 政策保障、培训计划、资助企业、机构保障 | 政府政策规定保障,奖励措施 |
| 职业院校内部保障体系 | 内外相结合的动态评估 | 以人为本、能力本位的评价方式,内部评估为主 | 自我评估与外部评估相结合 | 校内评估为主 |

上述三国有关行业协会、企业在参与职业教育上的保障方面,不同点在于:德国给予企业、行业协会的保障主要体现在政府的奖励政策与机构上的辅助保障;澳大利亚则在政府政策规定保障与职业教育的技能认证证书的保障方面做足了工作;英国侧重于政策、资助企业培训计划与机构方面的保障。相同点则是:无论是德国、澳大利亚还是英国在保障社会企业参与职业教育的方面都实施了相应的优惠政策,体现在政策法律法规颁布与优惠措施的制定上。

例如,德国2005年颁布的《职业教育改革法》中对行业协会中职业教育委员会的

实施运作做了具体要求：作为委员，500人员出席即可表决某决议，超过50%以上的人数通过则决议生效。这项条例显示了行业协会在职业教育活动中的主动权，有利于激发社会企业介入职业教育的热情。此外，德国对参与职业教育的社会企业、协会组织颁布了一系列的优惠奖励政策，比如说，培训实习岗位补助政策、商业贷款的优惠措施与直接奖金补助资金措施。这些直接可见的、操作性强的优惠措施有力地推动了社会企业参加职业教育的步伐。

进行前述比较分析后，我们可以看出德国、澳大利亚与英国三国在职业教育法律法规、职业教育研究所与保障机构、国家职业教育质量保障框架、教师资格准入制度、职业教育经费、行业协会和企业参与职业教育质量保障等七个职业教育质量保障方面存在着的不同点与相似点。笔者基于此提出以下几点建议并作为结论，或可作为我国在职业教育质量保障体系建构时的参考：

（1）增强职业教育立法，保障职业教育质量；

（2）创设职业教育研究机构；

（3）制定全国统一的质量保障框架；

（4）设立严格的教师资格准入制度；

（5）优化职业教育经费投入方式；

（6）加大社会企业、行业组织参与职业教育力度；

（7）完善职业教育内部保障评估机制。

我国职业教育内部保障评估机制不是很健全，要借鉴三国内部评估机制，采用内部与外部评估相结合的方式来评估我们的职业教育，充分依靠政府与社会企业的力量来为职业院校的职业教育保驾护航。我国在借鉴经验的同时，也要充分考虑我国现实职业教育的宏观与微观环境，进而借鉴其适合我国职业教育发展的优势因素，构建21世纪特色职业教育质量保障体系，提升我国职业教育质量水平。

# 第四章　中国中等职业教育之研究

## 第一节　中国中等职业教育的沿革进程

总体来说，从中华人民共和国成立至今，我国对中等职业教育的发展一直十分重视，每个时期都制定了相关的政策和措施促进和调整中等职业教育的发展。纵观我国的经济社会发展历程和中等职业教育发展史，可以发现，我国的中等职业教育与党和我国的政治、经济、政策等方针路线是紧密联系的，不同的经济社会发展阶段也对应不同的中等职业教育政策。

根据我国中等职业教育发展过程中动态变化的教育理念、办学模式等教育特征，可以将我国的中等职业教育发展政策划分为三个阶段：一是中华人民共和国成立后至改革开放前的中等职业教育政策，这一时期的教育政策政治色彩最强，中等职业教育为我国经济发展服务；二是改革开放后至1996年的中等职业教育政策，这是我国职业教育快速发展的阶段，我国政策主要在于促进和规范职业教育的发展；三是1996年至今的中等职业教育政策，20世纪90年代《职业教育法》的实施，表明职业教育被提升到我国发展战略的高度，我国职业教育进入了内涵提升的发展阶段。

### 一、中华人民共和国成立后至改革开放前的中等职业教育政策

中华人民共和国成立初期，我国处于百废待兴的局面，各行各业的复兴需要大量的劳动力和技术人才。那时期，我国中等职业教育的建设只有一个社会主义国家的教育经验可以借鉴，那就是苏联。因此我国提出发展中等职业教育要学习苏联的经验。从1950年开始，我国陆续聘请苏联专家、学者来华，翻译了苏联的教学计划、教学大纲、教材和各种有关的资料并参考苏联的中专学校设置专业的经验，建立了规章制度，改进了教学和管理方法。为了建设经济和稳定政权，我国开始开办技工学校。

在"文化大革命"中，职业技术教育是各类教育中受到破坏最严重的部分。中等

职业教育行政部门和许多领导干部被打倒,许多教师遭到打击和迫害。"文化大革命"中"左"的政策和做法,使中等专业学校大量停办,减少了招生,搞乱了学校秩序,降低了教学质量。在刘少奇同志两种教育制度的倡导下创办的大量半工半读中等职业教育,也被错误地认为是修正主义教育路线、资产阶级教育制度而受到批判,技工学校、职业中学(农业中学)绝大多数都被停办,至改革开放前一直都没有恢复。当时有的学校被改办为工厂、农场,教师队伍散失,校舍被占用,学校设备、图书仪器损坏丢失,元气大伤,导致了中等教育结构单一化、教学质量降低等恶果。[88]"文化大革命"前后各类中等职业学校的恢复情况如表4-1及表4-2所示。

表4-1  1960—1963年中专、技工学校调整情况表

| 年份 | 中等专业学校 ||| 技工学校 |||
|---|---|---|---|---|---|---|
| | 学校数（个） | 学生数（万人） | 教职工数（万人） | 学校数（个） | 学生数（万人） | 教职工数（万人） |
| 1960 | 4 261 | 37.7 | 24.54 | 2 179 | 51.7 | 7.0 |
| 1961 | 1 771 | 74.1 | 19.51 | 1570 | 40 | 4.41 |
| 1962 | 956 | 35.3 | 11.09 | 155 | 5.95 | 0.78 |
| 1963 | 865 | 32.1 | 10.66 | 220 | 7.8 | 2.86 |
| 合计减少 | 3 396 | 5.6 | 13.88 | 1959 | 43.9 | 4.14 |

数据来源：中国教育统计资料,笔者自行整理

从表4-1可以看出,这一时期我国中等职业教育经历了由大发展到大量压缩,又稳步发展的过程。[89]

表4-2  1965—1976年我国中等专业学校发展状况

| 年份 | 中等技术学校 || 技工学校 ||
|---|---|---|---|---|
| | 学校数（个） | 在校生数（万人） | 学校数（个） | 在校生数（万人） |
| 1965 | 871 | 39.2 | 400 | 12.3 |
| 1971 | 955 | 9.8 | 390 | 0.85 |
| 1976 | 1461 | 38.6 | 1267 | 22.1 |

数据来源：中国教育统计资料,笔者自行整理

从此这两种学校结束了停办和等待观望的局面,逐步恢复、发展起来,学校数、招生数、在校学生数逐渐达到甚至超过了"文化大革命"前的水平。我们来看1971年会议以后各类中等职业学校的恢复情况。[90]

## 二、改革开放后至1996年的中等职业教育政策

20世纪70年代末期,我国中等职业教育结构非常不合理。1979年,我国高中阶段教育的毕业生中,有普通高中毕业生726.5万人,而职业教育仅有中专毕业生18.1万人,技工学校毕业生12万人,约占当年高中阶段的4%。由于此时我国高等学校招生规模较小,造成了千军万马过独木桥的局面,当年普通高中毕业生升学率仅有3.8%。自1979年起我国经济和社会发生深刻变革,经济建设对人才的渴求和人们压抑已久的创造性与工作热情得到激发,接受职业教育成为人们满足教育需求和参与经济建设的重要途径和手段。

1980年,我国国务院批转教育部、国家劳动总局《关于中等教育结构改革的报告》,提出:改革普通教育课程,增设职业技术教育课;将部分高中改办为职业学校(职业中学、农业学校);[1] 各行各业举办职业技术学校;积极发展和办好技工学校;努力办好中等专业学校(仝瑞,2007)。此后,促进中等职业教育发展的政策相继出台。

改革开放后,我国的工作重心转到经济建设上来,确立了"一个中心,两个基本点"的基本路线。"文化大革命"结束以后,党和国家的工作重心做出了重要的改变,即从阶级斗争转到经济建设中来,确立了党的基本路线和"解放思想、实事求是"的思想路线。我国的教育事业重新获得重视,教育改革大刀阔斧地进行。邓小平在论述我国发展战略时,多次强调教育和科技的重要性,"教育要面向现代化,面向世界,面向未来"的题词和"科学技术是第一生产力"的论述至今都激励着广大的教育工作者和科研技术人员。

1985年,《关于教育体制改革的决定》颁布,明确提出了教育的根本目的是提高民族整体素质,为社会主义建设培养人才。国家对中等职业教育进行了重大的改革,扩大了中等职业教育的规模,打通了中等职业教育和普通教育的沟通渠道,逐步构建和完善了职业教育体系。

1991年,《国务院关于大力发展职业技术教育的决定》颁布,提出构建具有我国特色、体系完善的职业教育框架结构。1993年《我国教育改革和发展纲要》及《实施意见》出台,把职业教育提升到了我国教育发展战略的高度,明确了中等职业教育的招生机制与办学规范。

---

[1] 根据城市就业的需要,努力实现将城市三分之一的普通中学改为职业学校。提出采取"三结合"的就业方针和择优录取的招工政策。其基本措施是,职业中学毕业生毕业时按"三结合"的就业方针,或由劳动部门介绍就业,或由劳动服务公司将他们组织起来就业,或鼓励学生自谋职业。全民和集体所有制单位按计划从社会招工时,都要实行公开招工、自愿报名、全面考核、择优录取。开办农业中学则是振兴农村经济、加速农业现代化建设的一项重要措施。要求各地根据本地区的实际需要与可能,统筹规划,有步骤地增加一批农业高中和其他职业学校。

1996年颁布的《职业教育法》，提出建立、健全职业学校与职业培训并举，并与其他教育相互沟通、协调发展的职业教育体系。我国保证中等职业教育发展的政策与良好经济环境的共同作用，使中等职业教育的改革和发展进入一个新阶段，有学者把这一阶段形象地比作中等职业教育发展的"黄金阶段"。这一时期，中等职业教育的发展主要表现在两个方面：职业高中的崛起和中等职业教育在改革中迎来了发展的第二次高潮。[①]

20世纪90年代后期，经济社会的发展导致农村出现剩余劳动力问题和行业、企业对劳动者素质的要求提高。农村剩余劳动能否顺利地转移过渡到另一领域的劳动力市场，影响到经济社会的长远发展和我国的长治久安；劳动者的素质能否普遍提高和技能型人才能否满足行业发展的需求，关系到经济发展能否突破"瓶颈"，获得持续发展的动力。

面对这些情况，我国开始关注职业教育的质量和标准。20世纪90年代，我国开始建立职业资格证制度，各类职业资格证和行业资格证开始出现，并得到社会的认可。职业资格证制度的建立规范了教育培训管理，也在一定程度上提升了职业教育的教育教学质量，提高了劳动者素质，适应了社会发展的需求。

1993年劳动部制定和颁发了《职业技能鉴定规定》。1994年，为了进一步进行劳动、人事制度的改革，适应市场经济和社会发展的需求，对专业技术人员的技术和素质进行较为准确的鉴定，促进人才的市场化流动，劳动部与人事部联合颁布了《职业资格证书规定》。

1994年和1996年颁布的《劳动法》和《职业教育法》都有对职业资格证书的规定。这一时期我国中等职业教育政策发展较快，有一定的丰富性和复杂性，政策系统不仅由党和我国发布的教育政策、教育部门的教育政策构成，还由人事部、劳动部及其他部门的等级考试、技能证书和职业资格等政策共同构成。

### 三、1996年至党的十八大前的中等职业教育政策

1996年，《职业教育法》实施，[②] 我国对较多经济产业做了战略性的调整，市场经济发展进入由粗放型向集约型转变的关键时期。为了进一步适应经济的改革发展，我国对教育加大了财政投入力度，推出了一系列的改革措施，如高校的第一次大规模扩招就是

---

① 这里需要指出的是，虽然在"文化大革命"之前，农业中学、职业中学已经存在，但是，那时候的职业中学主要是招收高级小学的毕业生，严格意义上说是不属于中等职业教育的。这里的职业高中主要是指在中等教育结构改革的基础上发展起来的、由普通高中改办的中等职业教育。

② 2019年12月8日的教育部关于《中华人民共和国职业教育法修订草案（征求意见稿）》公开征求意见的公告。

这个时期发生的。在我国教育战略调整和经济发展需求的引导下，我国职业教育迎来了又一个黄金时期。这一时期，国家出台了一系列有关中等职业教育的相关政策。

职业教育为劳动力市场输出了大量的实用性人才服务经济社会。2002年8月24日，国务院颁布《国务院关于大力推进职业教育改革与发展的决定》（国发〔2002〕16号）首次指出"深刻认识职业教育在社会主义现代化建设中的重要地位"。之后国务院出台了《国务院关于大力推进职业教育改革与发展的决定》（国发〔2005〕35号），明确指出"职业教育要为农村劳动力转移服务，为建设社会主义新农村服务，为提高劳动者素质特别是职业能力服务，为我国走新型工业化道路，调整经济结构和转变增长方式服务"。同时《国务院关于大力推进职业教育改革与发展的决定》特别强调："中等职业教育发展与繁荣经济、促进就业、消除贫困、维护稳定、建设先进文化紧密结合起来。"

世纪之交的职业教育面临着下行的压力。1997—2001年，中等职业学校招生数从520.77万人减至397.63万人，中职与普高的招生比从62.15：37.85降至41.58：58.42。[91]在这种情况下，国家分别于2002年、2004年、2005年召开全国职业教育工作会议，表明了中央政府对发展职业教育的迫切心情。

《发展规划纲要（2010—2020年）》中指出："发展职业教育是推动经济发展、促进就业、改善民生、解决'三农'问题的重要途径，是缓解劳动力供求结构矛盾的关键环节，必须摆在更加突出的位置"，以及提出目标职业教育发展目标："到2020年，形成适应经济发展方式转变和产业结构调整要求、体现终身教育理念、中等和高等职业教育协调发展的现代职业教育体系，满足人民群众接受职业教育的需求，满足经济社会对高素质劳动者和技能型人才的需要"。[92]

为贯彻《发展规划纲要（2010—2020年）》，提高中等职业教育服务经济建设的能力，教育部印发《中等职业教育改革创新行动计划（2010—2012年）》（教职成〔2010〕13号），要求"中等职业教育服务国计民生的能力显著增强，保障事业发展的政策、制度和重大机制基本健全，改革创新实现整体跨越，人才培养质量、社会吸引力大幅提升，就业贡献率、经济贡献率明显提高"。[93]《国务院关于加快发展现代职业教育的决定》（国发〔2014〕9号）指出，"加快发展现代职业教育，是党中央、国务院做出的重大战略部署，对于深入实施创新驱动发展战略，创造更大人才红利，加快转方式、调结构、促升级具有十分重要的意义"，肯定了职业教育对就业推动和经济社会发展的贡献。[94]

这些政策的出台，对我国中等职业教育的发展起到了阶段性的积极推动作用。

（1）培养数以亿计的高素质劳动者和数以千万计的高技能专门人才。党的十六大强调要加强人才培养，"造就数以亿计的高素质劳动者、数以千万计的专门人才和一大批拔尖创新人才"。

（2）同步推进规模与质量。2002年和2005年国务院都决定将扩大中等职业教育规模放在重要位置，在政策的推动下，2005年、2006年、2007年，中等职业教育招生规模分别达到655.66万人、747.82万人、810.02万人。

（3）通过职业教育落实教育公平。教育公平是社会公平的重要内容。2005年国务院决定首次强调职业教育要关注个人需求，要资助困难家庭子女，在中等职业教育中建立贫困学生助学制度，这一举措成为推动政策的亮点。2007年，国务院下发《关于建立健全普通本科高校高等职业学校和中等职业学校家庭经济困难学生资助政策体系的意见》，对家庭经济困难的学生给予资助，使教育公平迈出了重大的一步。

（4）建立制度保障职业教育发展。为调动各方面举办和参与职业教育的积极性，2002年国务院决定提出建立职业教育工作部际联席会议制度，研究解决职业教育工作中的重大问题。2004年6月，由教育部、国家发改委等7个部门组成的职业教育工作部际联席会议制度正式建立。

在国家政策的推动下，在新世纪的第一个10年里，我国职业教育发展迅速，2010年，中职在校生达到2 238.5万人，高职在校生达到966.2万人，职业教育在校生总量达到历史最高水平。[95]

## 四、党的十八大以来的中等职业教育政策

党的十八大以来，国家出台了一系列发展职业教育的政策举措，主要包括：党的党的十八大报告（2012）、《中共中央关于全面深化改革若干重大问题的决定》（2013）、习近平总书记关于职业教育工作的重要指示（2014）、《国务院关于加快发展现代职业教育的决定》（2014）、《全国人大常委会关于检查职教法实施情况的报告》（2015）、《中共中央关于制定国民经济和社会发展第十三个五年规划的建议》（2015）、《国民经济和社会发展第十三个五年规划纲要》（2016）、李克强总理关于加快发展现代职业教育的重要批示（2016）。①

---

① 在政策的选择上，本书采用中国职业技术教育学会课题组的研究成果《"十二五"以来我国职业教育重大政策举措评估报告》（《职业技术教育》2017年第12期）的遴选标准，从政治的权威性、影响的全局性、实施的系统性、相对的独立性四个方面来判断：这些重大政策是由党的代表大会决议、中央政府的决定和规划、国家最高领导人的指示、国家有关的法律法规等最高层次提出的政策；对当下和未来一个时期全国的职业教育发展产生深刻影响，各地和各部门必须贯彻落实、遵照执行；需要形成一个整体体系，在实施中要制定一系列子政策予以配套，各层级政府和有关部门必须密切协调与配合；具有比较清晰的施行对象且与其他重大政策之间的界限相对明确，可以在相对独立的领域内组织推进和实施。

据此，将党的十八大以来国家推动职业教育的重大政策分为以下六类：

（1）深入推进职业教育体制机制改革。体制机制改革涉及多方面的内容，包括人才培养体制、办学体制、管理体制、招生考试制度等。党的十八大以来，教育部、财政部等部委联合发表或单独发表多项配套文件，如《教育部关于深入推进职业教育集团化办学的意见》（2015）、《职业院校管理水平提升行动计划（2015—2018年）》（2015）、《高等职业教育创新发展行动计划（2015—2018年）》（2015）等，都对深化职业教育体制机制改革提出了具体要求。2014年《国务院关于加快发展现代职业教育的决定》发布后，全国各地陆续召开加快发展现代职业教育的工作会议，结合地方职业教育发展实际情况，贯彻落实国家精神。

（2）加快构建现代职业教育体系。建设现代职业教育体系是中国职业教育发展的总目标。2014年发布的《国务院关于加快发展现代职业教育的决定》提出："到2020年，形成适应发展需求、产教深度融合、中职高职衔接、职业教育与普通教育相互沟通，体现终身教育理念，具有中国特色、世界水平的现代职业教育体系。"教育部等六部门印发的《现代职业教育体系建设规划（2014—2020年）》提出现代职业教育体系实施"两步走"战略目标：到2015年，初步形成现代职业教育体系框架；到2020年，基本建成中国特色现代职业教育体系。①

（3）着力提升职业院校人才培养质量。党的十八大提出了努力办好人民满意的教育的目标，也对职业教育"培养什么人、如何培养人"提出了总体要求。让人民满意的一个标准是提升人才培养质量，国家出台相关政策，努力培养数以亿计的高素质劳动者和技术技能人才。教育部单独或与有关部门联合出台了多份配套文件，如《教育部关于深化职业教育教学改革全面提高人才培养质量的若干意见》《关于建立职业院校教学工作诊断与改进制度的通知》《教育部关于开展现代学徒制试点工作的意见》等。

（4）不断深化产教融合校企合作。党的十八大以来，国家在推动职业教育发展的政策中对产教融合、校企合作给予高度重视，主要包括：实行工学结合、校企合作、顶岗实习的人才培养模式；探索集团化办学、企业办校、校办企业等校企合作模式和机制；推行产教融合、校企合作的应用型人才和技术技能人才培养模式，促进职业学校教师和企业技术人才双向交流；专业设置、课程内容、教学方式与生产实践对接；

---

① 我国已经建成了世界上规模最大的职业教育体系，已基本具备了大规模培养高素质劳动者和技能型人才的能力。另外，各地在探索体系建设的过程中，也有很多亮点，如上海市构建了2030年的体系规划，从布局结构和体系框架两方面对职业教育的发展规模、层次、结构、人才培养模式进行顶层设计和整体优化。

推进校企合作办学法规建设，推进校企合作制度化。①

（5）切实加强师资队伍建设。党的十八大以来，相关政策以"双师型"教师为重点，完善"双师型"教师培养培训体系，加快建设一支数量充足、素质优良、结构合理、特色鲜明、专兼结合的高素质专业化师资队伍。响应国家政策，相关部门单独或联合印发了《职业学校兼职教师管理办法》《关于实施卓越教师培养计划的意见》《中等职业学校校长专业标准》《职业院校教师企业实践规定》等文件。

（6）全面提高职业教育发展保障水平。职业教育发展保障水平是影响职业教育发展的重要因素，国家政策一直把职业教育发展保障放到重要位置，主要包括：加大职业教育投入，健全多渠道投入机制；加强职业教育基础能力建设，提升职业教育发展水平；实施中等职业教育免费制度，完善困难学生资助政策体系；加大对农村和贫困地区职业教育支持力度，支持困难群体接受职业教育。

《国家职业教育改革实施方案》根据习近平总书记关于教育的重要论述和全国教育大会要求，提出了一系列新目标、新论断、新要求，是办好新时代职业教育的顶层设计和施工蓝图。

2019年4月4日，全国深化职业教育改革电视电话会议在京召开。国务院总理李克强做出重要批示：发展现代职业教育，是提升人力资源素质、稳定和扩大就业的现实需要，也是推动高质量发展、建设现代化强国的重要举措。国务院副总理孙春兰出席会议，要求稳妥推进1+X证书制度试点，鼓励学生在获得学历证书的同时，取得多类职业技能等级证书，拓展就业创业本领。

上述政策的提出为中等职业教育的发展指明了方向，也提供了良好的发展条件。就是在这样的发展环境下中等职业教育发展情况在2001年以后开始出现回转的趋势。中华人民共和国成立以后，我国中等职业教育经历了70年的发展。回顾中等职业教育的发展轨迹，可以清楚地看到改革与发展、困难与希望、挑战与机遇始终伴随着中等职业教育发展的进程。这个过程也是中等职业教育自身不断地发展完善，并为国家培养和输送能够满足经济发展需要的专门人才和高素质劳动者的过程。其间中等职业教

---

① 至2016年，我国已推动组建了1 300个职业教育集团，有效推进了职业教育产教融合、校企合作。现代学徒制是职业教育产教融合、校企合作的重要形式。2014年，我国开始推进现代学徒制试点，首批确定17个试点地区，8家试点企业，100所试点高职院校，27所试点中职学校，13家行业试点牵头单位。——教育部关于开展现代学徒制试点工作的意见[Z].教职成〔2014〕9号，2014-08-25.
行业指导是开展产教融合、校企合作的重要力量。至2016年，教育部联合行业及行业主管部门建成62个行业职业教育教学指导委员会［数据来源：张德江.全国人大常委会执法检查组关于检查《职业教育法》实施情况的报告[EB/OL].（2015-06-29）.］

育取得了辉煌的成就，出现了三次发展的高潮，为国家经济建设做出了巨大的贡献，但也存在各种各样的问题，而且这些问题一直在制约着中职教育的进一步发展。那么是哪些因素影响着我国中等职业教育的发展呢？下面我们试图对中等职业教育的发展轨迹进行深入的分析。

## 第二节　中国中等职业教育的特点、影响与问题分析

改革开放以来，职业教育快速发展，累计为我国输送了2亿多高素质劳动者和技能型人才，提高了劳动者的素质，改善了人才结构，建立了世界上规模最大的职业教育体系，有力地支持了我国现代化建设，为我国从人口大国转变为人力资源大国做出了重要贡献。

党的十八大提出的"加快发展现代职业教育"确立了新阶段职业教育发展的总体战略，在这一战略引领下，各级党委和政府把职业教育发展摆在更加突出的位置，通过政策推动职业教育的发展。最突出的成就是建立起世界上规模最大的职业教育体系框架。在学校体系方面，培养规模持续扩大。以2016年为例，全国有中职学校1万多所，在校生近1 600万人；高职院校1 359所，全日制在校生达到6 528万人，各级各类职业学校累计为社会输送了近5 000万名毕业生，上亿人次接受各类培训。本书综合整理2012—2016年间我国中等职业教育的统计公报实况，详见表4-3、表4-4。

表4-3　2012—2016年我国全国中等职业教育发展统计

| 年份 | 学校数（万所） | 招生数（万人） | 占高中阶段教育招生总数的比例（%） | 在校生数（万人） | 占高中阶段教育在校生总数的比例（%） |
| --- | --- | --- | --- | --- | --- |
| 2012 | 1.266 3 | 754.13 | 47.17 | 2 113.69 | 46.00 |
| 2013 | 1.23 | 674.76 | 45.06 | 1 922.97 | 44.00 |
| 2014 | 1.19 | 619.76 | 43.76 | 1 755.28 | 42.09 |
| 2015 | 1.12 | 601.25 | 43.00 | 1 656.70 | 41.00 |
| 2016 | 1.09 | 593.34 | 42.49 | 1 699.01 | 40.28 |

数据来源：2012—2016年全国教育事业发展统计公报（笔者自行整理）

21世纪以来，我国职业院校毕业生累计已达7 000多万人，为我国经济建设做出了巨大贡献。每年依托职业院校及教育机构开展职前、职后和转岗培训6 000多万人次，职业教育规模居世界首位。我国职业教育无论在外延还是内涵、广度还是深度、规模

还是方面，都取得了令人瞩目的成就。①

表4-4　2016年全国中等职业教育统计

|  | 全国中等职业教育共有学校 | 普通中等专业学校 | 职业高中 | 技工学校 | 成人中等专业学校 |
| --- | --- | --- | --- | --- | --- |
| 总数（上年增减数） | 1.09万<br>（−309所） | 3 398所<br>（−58所） | 3 726所<br>（−181所） | 2 526所<br>（−19所） | 1 243所<br>（−51所） |
| 招生数占高中阶段教育招生总数的42.49%（上年增减数） | 593.34万人<br>（−7.91万人） | 255.18万人<br>（−4.76万人） | 151.43万人<br>（−3.76万人） | 127.2万人<br>（+5.77万人） | 59.53万人<br>（−5.15万人） |
| 在校生数（上年增减数）占高中阶段教育在校生总数的40.28% | 1 599.01万人<br>（−57.69万人） | 718.12万人<br>（−14.59万人） | 416.57万人<br>（−23.29万人） | 323.15万人<br>（+1.69万人） | 141.17万人<br>（+21.51万人） |
| 毕业生数（上年增减数） | 533.62万人<br>（−34.26万人） | 229.02万人<br>（−7.72万人） | 141.87万人<br>（−14.14万人） | 93.07万人<br>（−1.55万人） | 69.66万人<br>（−10.85万人） |

数据来源：2016年全国教育事业发展统计公报（笔者自行整理）

《中国中等职业教育质量年度报告（2018）》指出，从规模方面看，2017年，全国共有中职学校1.07万所，招生582.43万人，在校生1 592.5万人，中等职业教育在校生总体规模较为稳定。从结构情况看，2017年，全国高中阶段教育招生职普比为42.1∶57.9，在校生职普比为40.1∶59.9，超过四成的高中阶段学生在中职学校学习。从师资情况看，2017年，全国中职学校共有教职工107.62万人，专任教师83.68万人。详见图4-1、图4-2和表4-5。

2018年中等职业教育学校共有专任教师83.35万人，比上年减少5 677人，下降0.68%，生师比例为19.10∶1。② 其中，普通中等专业学校专任教师30.50万人，比上年增加3 382人；成人中等专业学校专任教师3.95万人，比上年减少5 263人；职业高中专任教师28.30万人，比上年减少3 057人；技工学校专任教师19.81万人，比上年减少740人。相比2016年和2015年，生师比、学历、职称结构进一步改善。从办学条件看，全国已建成1 000所国家级中等职业教育改革发展示范校，以及一批省级中等职业教育优

---

① 受国家教育体制改革领导小组办公室委托，由上海教育科学研究院院长陈国良担任组长的联合评估组对《教育规划纲要（2010—2020年）》进行中期评估，职业教育评估报告指出，现代职业教育体系框架基本形成，吸引力不断增强。国务院发布《国务院关于加快发展现代职业教育的决定》，对加快发展现代职业教育做出顶层设计，职业教育发展明显提速。积极探索"五年贯通培养""3+2分段培养""文化素质＋职业技能"高职分类考试等多种模式，打通中职学生发展和成才通道。制定印发410个高职、230个中职专业教学标准，推动中高职在培养目标、专业设置、课程教材、教学内容等方面逐步实现衔接。

② 中等职业教育生师比不含技工学校数据。

质特色学校，为全国2/3的中职学生提供优质教育。近3年，5项基本办学指标中有3项均超过国家规定标准。

图4-1　2010—2017年我国中等职业教育学校数量统计情况

数据来源：前瞻产业研究院 https://bg.qianzhan.com/report/detail/300/190314-624efbc8.html

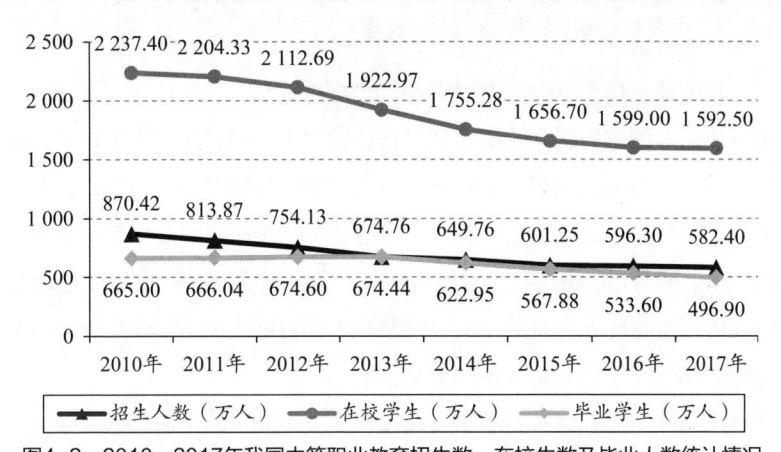

图4-2　2010—2017年我国中等职业教育招生数、在校生数及毕业人数统计情况

数据来源：前瞻产业研究院 https://bg.qianzhan.com/report/detail/300/190314-624efbc8.html

表4-5　2018年全国中等职业教育统计比较

| 数量统计 | 全国中等职业教育共有学校 | 普通中等专业学校 | 职业高中 | 技工学校 | 成人中等专业学校 |
|---|---|---|---|---|---|
| 总数（上年增减数） | 1.02 万所（-442） | 3 322 所（-24） | 3 431 所（-186） | 2 379 所（-111） | 1 097 所（-121） |
| 招生数（上年增减数）占高中阶段教育招生总数的41.27% | 557.05 万人（-25.38万人） | 241.93 万人（-4.31万人） | 140.32 万人（-8.08万人） | 128.55 万人（-2.36万人） | 46.25 万人（-10.63万人） |
| 在校生数（上年增减数）占高中阶段教育在校生总数的39.53% | 1 555.26 万人（-37.23万人） | 699.42 万人（-13.57万人） | 401.08 万人（-12.97万人） | 341.64 万人（+3.43万人） | 113.13 万人（-14.12万人） |

数据来源：2018年全国教育事业发展统计公报（笔者自行整理）

## 一、中国中等职业教育的特点分析

### （一）中华人民共和国成立后至改革开放前的中等职业教育特点

中华人民共和国成立初期，国家处于百废待兴的局面，各行各业的复兴需要大量的劳动力和技术人才。为了经济建设和稳定政权，国家开始开办技工学校。这一时期我国中等职业教育的特点如表4-6所示。

表4-6 中华人民共和国成立后至改革开放前的中等职业教育特点分析

| 时间 | 重点或依据 | 特点分析 |
|---|---|---|
| 1958年 | 党的教育工作要为无产阶级服务，教育要与生产相结合。 | 刘少奇同志提出创办业余技术学校和半工半读学校，中等职业教育迅猛发展。 |
| 1961年 | "调整、巩固、充实、提高"八字方针 | 中等职业教育也进行了大规模的压缩，大部分技工学校停办。 |

数据来源：中国教育统计资料，笔者自行整理

### （二）改革开放后至1996年的中等职业教育特点

改革开放后，国家的工作重心转到经济建设上来，确立了"一个中心，两个基本点"的基本路线。"文化大革命"结束以后，党和国家的工作重心做出了重要的改变，即从阶级斗争转到经济建设中来，确立了党的基本路线和"解放思想，实事求是"的思想路线。邓小平同志在论述我国发展战略时，多次强调教育和科技的重要性，"教育要面向现代化，面向世界，面向未来"的题词和"科学技术是第一生产力"的论断至今都激励着广大的教育工作者和科研技术人员。

这一时期我国中等职业教育政策发展较快，具有一定的丰富性和复杂性，政策系统不仅由党和国家发布的教育政策档、教育部门的教育政策档构成，还由人事部、劳动部及其他部门的等级考试、技能证书和职业资格等政策共同构成。

这一时期我国中等职业教育的特点如表4-7所示。

表4-7 改革开放后至1996年的中等职业教育特点分析

| 时间 | 重点或依据 | 特点分析 |
|---|---|---|
| 1985年 | 提高民族整体素质，为社会主义建设培养人才 | 扩大中等职业教育的规模，打通中等职业教育和普通教育的沟通通道，逐步构建和完善职业教育体系。 |
| 1991年 | 颁布《国务院关于大力发展职业技术教育的决定》 | 构建具有我国特色、体系完善的职业教育框架结构。 |
| 1993年 | 《我国教育改革和发展纲要》及《实施意见》 | 把职业教育提升到了国家教育发展战略的高度，明确了中等职业教育的招生规模。 |

续表

| 时间 | 重点或依据 | 特点分析 |
|---|---|---|
| 1993年 | 《职业技能鉴定规定》 | 对专业技术人员的技术和素质进行较为准确的鉴定，促进人才的市场化流动。 |
| 1994年 | 《职业资格证书规定》 | 建立社会主义市场经济体制，加强劳动人事科学化管理，保护社会公共利益，维护正常职业秩序。 |
| 1995年 | 《劳动法》 | 国家为了保护劳动者的合法权益，调整劳动关系，建立和维护适应社会主义市场经济的劳动制度，促进经济发展和社会进步，根据《宪法》而制定颁布的法律。 |
| 1996年 | 《职业教育法》 | 提高了职业教育的地位，对职业教育的办学模式、职业教育体系的构建提出了具体的要求。 |

数据来源：中国教育部及中国职业教育事业发展数据与统计公报（笔者自行整理）

## （三）1996年至今的中等职业教育特点

1996年，《职业教育法》实施，国家对较多经济产业做了战略性的调整，市场经济发展进入由粗放型向集约型转变的关键时期。为了进一步适应经济的改革发展，国家加大了对教育的财政投入力度，推出了一系列的改革措施。这一时期我国中等职业教育的特点如表4-8所示。

表4-8　1996年至今的中等职业教育特点分析

| 时间 | 重点或依据 | 特点分析 |
|---|---|---|
| 2002年 | 《国务院关于大力推进职业教育改革与发展的决定》 | 构建适合市场经济发展、与就业紧密结合、结构合理、模式灵活、具有特色的现代职业教育体系。 |
| 2005年 | 《教育部等七部门关于进一步加强职业教育工作的若干意见》 | 解决普通高中教育和中等职业教育发展"一条腿长、一条腿短"的不协调的问题。 |
| | 《国务院关于大力发展职业教育的决定》 | 要求进一步加大职业教育的发展力度，以更快更好地解决技能型人才培养、产业结构调整和"三农"等问题，实现科教兴国的战略。 |
| 2009年 | 《教育部关于深入推进职业教育集团化办学的意见》 | 鼓励多元主体组建职业教育集团，深化职业教育办学体制机制改革，推进现代职业教育体系建设。 |
| 2010年 | 《国家中长期教育改革和发展规划纲要》（2010—2020年） | 要大力发展职业教育，调动企业参与职业教育的积极性，加快发展面向农村的职业教育和增强职业教育的吸引力。 |
| 2011年 | 《教育部关于推进中等和高等职业教育协调发展的指导意见》 | 以科学发展观为指导，探索系统培养技能型人才制度，增强职业教育服务经济社会发展、促进学生全面发展的能力，推进中等和高等职业教育协调发展。 |

续表

| 时间 | 重点或依据 | 特点分析 |
|---|---|---|
| 2011年 | 《教育部关于"十二五"期间加强中等职业学校教师队伍建设的意见》 | 要求推进教师全员培训，广泛开展新教师上岗培训、教师岗位培训、骨干教师培训。 |
| 2012年 | 《教育部关于加快推进职业教育信息化发展的意见》 | 不断提升职业教育电子政务能力、数字校园水平和人才信息素养，全面加强信息技术支撑职业教育改革发展的能力，以先进教育技术改造传统教育教学，以信息化促进职业教育现代化。 |
| 2014年 | 《国务院关于加快发展现代职业教育的决定》 | 提出了"政府推动、市场引导，加强统筹、分类指导，服务需求、就业导向，产教融合、特色办学，系统培养、多样成才"的基本原则。 |
| 2014年 | 《现代职业教育体系建设规划（2014—2020年）》 | 提出现代职业教育体系实施"两步走"战略目标：到2015年，初步形成现代职业教育体系框架；到2020年，基本建成中国特色现代职业教育体系。 |
| 2015年 | 《全国人大常委会关于检查职教法实施情况的报告》（2015） | 专题询问过程中，职业教育的顶层设计、管理体系、学生就业和晋升通道等问题成为焦点。 |
| 2015年 | 《中共中央关于制定国民经济和社会发展第十三个五年规划的建议》（2015） | 推动义务教育均衡发展，全面提高教育教学质量。普及高中阶段教育，逐步分类推进中等职业教育免除学杂费，率先从建档立卡的家庭经济困难学生实施普通高中免除学杂费。推行终身职业技能培训制度。实施新生代农民工职业技能提升计划。 |
| 2016年 | 李克强总理关于加快发展现代职业教育的重要批示（2016） | "十三五"时期，希望围绕贯彻党中央、国务院重大战略部署，落实新发展理念，切实把职业教育摆在更加突出的位置，加快构建现代职业教育体系。坚持面向市场、服务发展、促进就业的办学方向，进一步深化改革创新，强化产教融合、校企合作，积极鼓励和支持社会力量参与，努力建成一批高水平的职业学校和骨干专业，加快培育大批具有专业技能与工匠精神的高素质劳动者和人才，深度融入大众创业、万众创新和"中国制造2025"的实践之中，促进新动能发展和产业升级，带动扩大就业和脱贫攻坚，为推动经济保持中高速增长、迈向中高端水平做出新贡献。 |
| 2017年 | 2017年初，教育部等三部委联合印发《制造业人才发展规划指南》 | 大力培育工匠精神，推进工匠精神进校园、进课堂，帮助学生树立崇高的职业理想和良好的职业道德，培养崇尚劳动、敬业守信、精益求精、敢于创新的制造业人才。 |

续表

| 时间 | 重点或依据 | 特点分析 |
|---|---|---|
| 2018年 | 2018年2月教育部等六部门关于印发《职业学校校企合作促进办法》的通知 | 主要举措为，本办法所称校企合作是指职业学校和企业通过共同育人、合作研究、共建机构、共享资源等方式实施的合作活动。 |
| 2019年 | 2019年1月24日，国务院正式印发了《国家职业教育改革实施方案》 | 《国家职业教育改革实施方案方案》作为贯彻落实全国教育大会精神的文件，与《中国教育现代化2035》和《加快推进教育现代化实施方案》等明确的目标是相衔接的，把奋力办好新时代职业教育的决策部署细化为若干具体行动，提出了7个方面20项政策措施。 |

数据来源：中国教育部及中国职业教育事业发展数据与统计公报（笔者自行整理）

这一时期是我国中等职业教育政策进一步发展和完善的时期，已逐渐形成较为完善的体系，教育政策体现了经济社会发展需求和教育本身的规律，各项政策之间有较好的配合和协调性。

## 二、中国中等职业教育的影响分析

中华人民共和国成立至今，我国中等职业教育历经70年的发展变革，产生了较大的影响，具体分析如下。

### （一）规模不断增大

中华人民共和国成立后，中等职业教育的规模不断扩大。据1950年统计，全国中等技术学校共有500所，到了1978年已发展到4 700多所，当年招生70.4万人，占高中阶段教育招生总数的6.1%，在校生130万人。[96]

表4-9 2018年中等职业教育各类学生人数比较统计

|  | 毕业生数 | 招生数 | 在校生数 |
|---|---|---|---|
| 中等职业教育 | 4 872 763 | 5 570 492 | 15 552 634 |
| 普通学校 | 2 185 850 | 2 419 344 | 6 994 205 |
| 成人中专 | 510 987 | 462 495 | 1 131 250 |
| 职业高中 | 1 272 933 | 1 403 185 | 4 010 825 |
| 技工学校 | 902 993 | 1 285 468 | 3 416 354 |

数据来源：中国教育部及中国职业教育事业发展数据与统计公报（笔者自行整理）

以2015年为例，全国中等职业学校发展到1.12万所，招生规模达到601.25万人，中等职业教育的招生规模已占高中阶段招生总数的43.0%，在校学生达到1 656.70万人，占高中阶段教育在校生总数的41.0%，已占整个高中阶段教育的半壁江山。[①]2016年，共有全国中等职业教育学校1.09万所，中等职业教育招生593.34万人，中等职业教育在校生1 599.01万人，中等职业教育毕业生533.62万人，充分体现了我国中等教育结构调整的成果。以2018年为例，我国中等职业教育毕业生数已达4 872 763人。详见表4-9。

## （二）质量不断提高

我国中等职业教育的发展，首先关注的是教育数量的增长，然后才逐渐注重质量的提高。这是职业教育发展比较初级的阶段，在中国人民共和国成立初的一段时期内就是如此。甚至在改革开放以后中等职业教育改革的过程里职业高中的发展也呈现这样的特点。

以1985年为例，我国进行了大刀阔斧的中等职业教育改革，具体做法包括：将部分普通高中改办为职业中学、职业技术学校；发动各行业举办职业中学、职业技术学校或举办学制长短不一的职业技术培训班。这一做法符合那个历史时期我国教育发展要求。但是当时的改革没有遵循质量优先的原则，基本上是选择普通中学中质量较差的即办学水平比较低的学校改办成职业学校。这样的学校中有很多根本不具备办职业学校的条件，学校师资也大部分是原来普通中学的教师。这些都直接导致了职业高中未来发展的困境，在观念上也使人产生中等职业学校是二流学校，是普通高中办不下去了才改办的想法。

20世纪90年代以后，伴随着我国经济快速、持续的发展对职业技术教育培养的人才质量和规格提出更高要求，中等职业教育的弊端开始日益暴露出来，开始表现出不适应。也就是在这一时期，我国开始对中等职业教育进行评估：1991年，国家教委发文认定首批省级重点职业高中206所；到1994年，国家已经确认了省、部级重点普通中等专业学校699所。[97]

全国骨干示范学校也不断建立和发展，评估工作提高了我国中等职业学校的质量。2000年教育部颁布《中等职业学校专业目录》和《关于中等职业学校专业设置管理的原则意见》，规范了中等职业学校的专业设置。

近年来，我国不断加大对于中等职业教育的经费投入，培养中等职业教育的师资

---

① 2015年全国普通高中1.32万所；招生796.61万人；在校生2 374.40万人；毕业生797.65万人，比上年减少1.97万人。全国中等职业教育共有学校1.12万所。其中，普通中等专业学校3 456所；职业高中3 907所；技工学校2 545所；成人中等专业学校1 294所。中等职业教育招生601.25万人，占高中阶段教育招生总数的43.0%。中等职业教育在校生1 656.70万人，占高中阶段教育在校生总数的41.0%。其中，普通中专在校生732.71万人，职业高中在校生439.86万人；技工学校在校生321.46万人；成人中专在校生162.67万人。——数据来源：2016年全国教育事业发展统计公报（2019年11月16日查阅）

来保证中等职业教育的发展。另外，中等职业学校为了自身的发展，为了在激烈的人才竞争中拥有一席之地也不断地改革和探求自身发展的道路。当前，我国中等职业教育已经形成了多种办学主体、多种学校类型的教育体系，在许多农村地区，建立了以县级骨干中等职业技术学校为中心的教育网。

当前，我国中等职业教育开始出现"两极分化"的局面。办得不好的招生难、就业难甚至无法维系下去，办得好的学校毕业生非常抢手，就业率甚至超过大学生就业率，这就是中等职业教育在市场竞争中不断改革发展、质量提升的最好证明。这也代表着我国未来中等职业教育发展的方向和中等职业学校发展的原则：向质量要生存。

**（三）办学思想发生转变**

中国人民共和国成立后，尤其是改革开放以后，中等职业教育的办学思想实现了重大转变，突出表现在："由计划培养向市场驱动转变，由政府直接管理向宏观引导转变，由学历本位向能力本位转变，中等职业教育改革发展的思路更加清晰"。[98]

在办学方向上，坚持"以服务为宗旨、以就业为导向"的办学方针，中等职业教育的发展始终坚持为经济结构调整和技术进步服务，为促进就业和再就业服务，把加快职业教育发展与繁荣经济、促进就业、消除贫困、维护稳定与和谐紧密结合起来，进一步增强了职业教育发展的生机与活力。

在办学体制和机制方面，坚持实行政府主导、面向市场、多元办学。其主导思想是推动产教结合，加强校企合作，积极开展"订单式培养"。中等职业教育的发展要充分调动企事业单位和经济主管部门的积极性，鼓励集体、个人和其他社会力量办学，大力发展民办职业教育，形成公办、民办职业教育共同发展的格局。在中等职业教育发展的过程中，日益重视国际间的交流与合作，学习其他国家和地区先进的中等职业教育经验。

在办学模式上，坚持实事求是，探索灵活、多样、开放的办学模式。扩大中等职业院校在合作办学、招生、专业设置、学籍管理、课程开发与安排、教师聘任、教材选用等方面的自主权，提高其面向市场依法自主办学的活力；坚持学历教育与培训并举，职前和职后教育相结合，以社会需要为准则，开展形式多样、长短结合的职业教育，不拘一格培养人才；实行开放式办学；整合教育资源，使职业教育向规模化、集约化、连锁化方向发展。充分发挥城市和东部地区优质职业教育资源和就业市场的优势，推进东西部之间、城乡之间的职业院校联合招生、合作培养、联动发展。

教学改革不断深化，中国人民共和国成立后我国的中等职业教育围绕经济社会发展的需求，不断深化教育教学改革。在不同的历史时期，国家先后颁布了各类职业院校的教学计划和各科教学大纲。根据行业、企业、社会用人标准和劳动力就业市场的需求，及时调整中等职业教育的专业设置、课程结构、组织方式、教学内容和教学方法，指导教材的开发。

特别是近年来，中等职业教育坚持以就业为导向，大力推行工学结合、校企合作、顶岗实习的人才培养模式，促进职业教育与生产劳动相结合，着力培养学生的职业道德、实践能力和就业能力。开展"订单式培养"，逐步实行学分制，探索建立弹性学制，为学生分阶段完成学业提供方便，较好地满足了学生多样化的学习需求。[99]

在2002年，国家颁发《国务院关于大力推进职业教育改革与发展的决定》，指出要加强中高职教育，加强职教与成人教育以及普通教育的深入沟通与衔接，构建人才成长发展"立交桥"。扩大中职院校毕业生升入高职院校的人数比例。中高职（3+2）分段人才培养模式学制为五年，（3+2）分段所涉及专业的招生对象为初中毕业生或者同等学力者；考试方式均采用统招方式，前三年均在中等职业院校的本校进行中职教学计划内本专业所有课程的学习，中等职业院校后两年通过升学的学生到对口高职院校继续学习。中高职（3+2）分段改变了当前中等职业院校单一办学的模式，实现了中职与高职教育的顺利衔接。①

教育部联合有关部门先后举办了全国职业院校学生技能大赛，2017年大赛比赛项目涵盖77个大项，81个分赛项。其中，中职组11个专业类，32个大项（35个分赛项）；高职组15个专业类，45个大项（46个分赛项）。

第44届世界技能大赛于2017年10月14日至19日在阿联酋举行，我国代表团获15枚金牌、7枚银牌、8枚铜牌和12个优胜奖，全面展示职业院校学生积极向上、奋发进取的精神风貌和熟练的职业技能，在全社会引起了强烈反响。随着中等职业教育教学改革的不断深入，中等职业教育的质量显著提高。近几年来，中等职业学校毕业生的就业率不断升高，受到用人单位的普遍欢迎。

**（四）教育经费不断增加**

为了推动和保障职业教育的发展，各级政府坚持以财政拨款为主，多渠道筹措职业教育经费，不断加大投入力度，努力改善职业院校办学条件。

1983年起，中央财政设立了城乡职业技术教育专项补助经费，引导和支持各地改

---

① 目前全国众多城市如广东、天津等省市的中高职院校都已开始实行中高职（3+2）衔接模式，根据2017年天津市教委发布的天津市中高职（3+2）分段招生计划，其中有40所中专和职业高中院校实行中高职（3+2）分段招生计划，分别与专业对口高职院校建立合作。但由于中高职院校分段分校办学等特点，中高职（3+2）分段在有效衔接以及沟通方面存在一些问题。

善职业教育的办学条件。2002年召开全国职业教育工作会议后，中央财政用于职业教育的经费投入大幅度增加。

2003年以来，中央财政已累计投入68亿元，重点支持了1 396个职业教育实训基地、1 592所县级职教中心和示范性中等职业学校建设，重点支持了100所示范性高等职业学校的建设，组织实施了"中等职业学校教师素质提高计划"，开展了骨干专业教师的国家级培训。[100]2005年国务院决定，"十一五"期间，中央财政对职业教育投入100亿元，重点用于支持职业教育基础能力建设。地方政府不断增加对职业教育的投入，加强职业教育基础能力建设。除各级财政增加投入外，国家鼓励企事业单位、社会团体和公民个人捐资助学，多渠道筹措职业教育经费。在各级政府、有关部门、办学单位的关心支持下，职业院校的办学条件逐步得到改善。

**（五）学生资助体系逐渐确立**

中等职业教育发展的主要意义突出体现在提高劳动者的素质，促进农村劳动力转移，加快社会主义新农村建设等方面。受"高校扩招"的影响，更多的学生在高中阶段教育中选择普通高中，中等职业教育的教育对象主要是农村学生、城市中家庭困难的学生，所以中等职业教育中有一部分家庭贫困的学生因得不到有效的资助而不能顺利完成学业，还有一部分学生因为家庭条件困难而不能接受中等职业教育。

2005年，温家宝同志在全国职教会上明确提出："要建立和完善职业教育学生助学制度，使贫困家庭学生通过国家帮助和本人勤工俭学得以顺利完成学业，进一步体现社会主义教育的公平与公正。"

2006年，财政部、教育部联合印发《关于完善中等职业教育贫困家庭学生资助体系的若干意见》和《中等职业教育国家助学金管理暂行办法》，并安排8亿元资助了家庭经济困难的中等职业学校学生。

2007年5月13日，国务院印发了《关于建立健全普通本科高校高等职业学校和中等职业学校家庭经济困难学生资助政策体系的意见》，对建立和完善中等职业教育贫困家庭学生资助政策体系、国家助学金评审程序、助学金的管理与监督等内容都做出明确的规定，标志着新的中等职业学校学生资助政策体系的确立。

2007年5月22日的《我国教育报》发表评论：按照新的资助政策规定，国家用于中等职业学校学生资助的经费每年约为180亿元，其中中央财政90多亿元，受资助面达到中等职业学校学生总数的90%。

中等职业学校在校三年级学生，通过工学结合、顶岗实习还可获得一定报酬，用于支付学习和生活费用。职业院校家庭经济困难学生资助政策体系的建立和完善，对改变社会上鄙薄职业教育的观念、扩大职业教育规模、促进职业教育发展和教育公平起到了重要作用。

2015年,《中共中央关于制定国民经济和社会发展第十三个五年规划的建议》决定:推动义务教育均衡发展,全面提高教育教学质量;普及高中阶段教育,逐步分类推进中等职业教育免除学杂费,率先从建档立卡的家庭经济困难学生实施普通高中免除学杂费的政策;推行终身职业技能培训制度;实施新生代农民工职业技能提升计划。

**(六)产教融合不断深化**

(1)行业参与职业教育越发紧密。截至2017年年底,全国共成立了56个行业职业教育教学指导委员会,覆盖了95%的中职专业,发布了近60个行业人才需求预测与专业设置指导报告和13个行业职业教育年度报告。

(2)校企合作改革不断深入。各地出台了一系列政策举措,广泛开展"订单式培养"、校中厂、厂中校、现代学徒制等探索,推动中职学校校企合作改革。

(3)中职学校参与集团化办学热度高涨。截至2016年年底,全国已经成立的1 406个职教集团中,由中职学校牵头组建的集团有722个。

(4)现代学徒制试点持续推进。2015年起,教育部先后三批共遴选了552个国家现代学徒制试点单位,其中有中职学校94所。18个省份出台政策推进本地区试点工作,一些试点行业制定了现代学徒制实施行业标准。

**三、中国中等职业教育的问题分析**

党的十九大报告提出,"普及高中阶段教育,努力让每个孩子都能享有公平而有质量的教育"。《国务院关于加快发展现代职业教育的决定》中要求"总体保持中等职业学校和普通高中招生规模大体相当"。作为高中阶段教育的重要组成部分,中等职业教育理应在普及高中阶段教育中发挥中坚作用。然而近年来,我国中职教育规模呈现明显萎缩态势。2010年至2016年,中等职业教育在校生数由2 231.8万人下降至1 597.32万人,占高中阶段学生总数的比例降至40.25%,减少了7.53%。而且,家长及适龄儿童接受中等职业教育的意愿非常低。那么,中等职业教育为什么会面临发展困境?我们未来应发展什么样的中等职业教育?

首先,必须找到中等职业教育发展困境的根源。党的十九大报告提出,新时代我国社会的主要矛盾已经转化为人民日益增长的美好生活需要和不平衡不充分发展之间的矛盾。基于这一定位,新时代职业教育发展面临的主要矛盾是,人民群众和经济社会对优质(质量、内涵)、多层(体系有关)、多样的职业教育需求与职业教育发展不优、不强、不活（体系）之间的矛盾。[101] 这一矛盾恰好诠释了当前我国中等职业教育发展面临的困境。我国中等职业教育为什么一直处于弱势地位？这其中既有中等职业教育自身发展的因素，更有来自社会环境、整个教育体系等外在因素的制约。但综合来看，进入中等职业教育后，不能获得满意的教育质量，未来的发展道路不畅，是学习者不愿意选择中等职业教育的根本原因，造成该原因的有以下几个问题：

### （一）生源状况不理想成为提升职教发展水平的"瓶颈"

生源状况是指学校入学生源的数量、结构和质量等整体情况，学校的办学质量受到它的直接影响。当前生源状况无论是从中职学校入学生源的成绩和入学意愿度，还是从适应职业教育的情况等几方面来看，都很不理想。

绝大部分家长因为一直以来受到几千年"学而优则仕"的封建思想影响，对孩子的期望值都比较高，大多希望孩子考取大学而不愿意让孩子进入中等职业学校学习。随着普通高校招生人数的逐年递增，高中也随之扩大招生，教育行政部门难以发挥政策调控的"杠杆"作用，使得进入中职学校的优秀生源愈来愈少。

另外，中等职业学校招生困难，各级各类职业学校为了生存，使出浑身解数抓招生，无暇顾及生源质量，取消了分数线的限制，招生秩序与行为不规范。部分中等职业学校的专业设置跟不上经济发展的步伐，难以满足人才培养的需要，从而导致培养出来的学生无法满足市场的需求，就业失去保障。由于职业资格准入制度没有得到严格的建立与实施，中职毕业生的就业受到严重影响。教师的数量、质量问题是制约职教质量提升的重要因素。

### （二）生师比偏高，专任教师数量不足

教师是办好职业技术学校最基本的力量，有高质量的教师，才能有高质量的教学；只有高素质的教师，才能推动职业技术教育的发展。但是，我国中等职业教育师资队伍建设的现状仍然不能完全适应中等职业教育事业的发展。

按照教育部中等职业学校生师比的设置标准，学生与专任教师之比为17∶1。比较2012—2016年生师比，如表4-12所示。

表4-10 2012—2016年中等职业学校生师比统计

| 2016年 | 2015年 | 2014年 | 2013年 | 2012年 | 2011年 |
| --- | --- | --- | --- | --- | --- |
| 19.84∶1 | 20.47∶1 | 21.34∶1 | 22.97∶1 | 24.19∶1 | 25.01∶1 |

数据来源：教育部全国教育事业发展统计公报（笔者自行整理）

从2011年开始，中等职业学校生师比超过了25∶1。一直到2016年生师比才慢慢逐年减少，根据数字评估可能需再耗时2—3年才能接近国家标准。数据表明中等职业学校专任教师数量的增长不能满足学生规模增长的需要，师资短缺现象更趋严重。从14个专业大类来看，除极少数专业科类基本符合标准外，绝大多数专业专任教师普遍偏少，其中，普通中等专业学校土木水利工程类、加工制造类、交通运输类、医药卫生类、商贸与旅游类生师比都在30以上；职业高中农林类、资源与环境类、加工制造类、交通运输类、信息技术类、商贸与旅游类、社会公共事业类生师比都在35以上。

### （三）教师队伍结构不合理

文化基础课教师比例偏大，专业课教师和实习指导课教师数量不足。师资学历水平不能满足中等职业教育发展的需要。

统计显示，2016年教师学历结构不断改善，高学历教师比例增加。中小学、中职及高校专任教师的学历合格率分别达到98%、90%、99%以上。可见，在学历合格率方面中职依然垫底，不合格学历仍然很多。职教师资队伍的学历水平是限制职教教师专业化发展的一个"瓶颈"，急需突破。[①]

### （四）"双师型"教师偏少

"双师型"教师是既能教授理论课，又能指导学生实训的专业课教师。一方面，他们要像文化课教师那样，有较高的文化和专业理论水平，有较强的教学、科研能力；另一方面，又要类似于工程技术人员那样，有广博的专业基础知识，熟练的专业实践技能，一定的组织生产经营和科技推广能力，以及指导学生创业的能力和素质。由于中职教师的来源主要以高等院校应届毕业生为主，这些教师是从学校毕业后直接上讲台，几乎没有实践经验。

尤其是中职学校的专业教师，绝大部分毕业于普通高校，他们接受的大学本科教育主要以专业理论学习为主，其专业实践也以实验室的实验为主，缺少与社会、企业的联系，大多缺乏专业实践经验和必需的专业技能。由于先天不足（从校门到校门），这部分教师普遍感到"双师型"教师的目标要求比较高，达到目标的困难也较大。

---

[①] 2016年8月31日，教育部发布会介绍了教师队伍建设和教师节宣传庆祝活动有关情况。据介绍，截至2015年，全国各级各类学校共有专任教师1 539万人。其中，学前教育205万人、义务教育阶段918万人、高中阶段（含中等职业教育）254万人、高等教育（含高等职业教育）157万人、特殊教育5万人。他们工作在51万所学校，支撑起了3.06亿在校学生这个世界上最大规模的教育体系，为中国大陆实现从人口大国向人力资源大国的转变做出了巨大贡献。教师学历结构不断改善，高学历教师比例增加。

虽然近几年教育部和各级职教部门花了大力气对专任教师（特别是专业教师）进行了以培养"双师型"教师为目标的职业培训，但与整体的需求相比，具有双师型素质的教师数量还远远不够。

以2012年大连市中等职业学校"双师型教师队伍现状调查问卷"为例，据调查数据显示，大连市19所中等职业学校专任教师总人数1 337人，学校专任教师中"双师型"教师人数483人，专任教师中"双师型"教师占比36.1%，不足2/5。[102] 与《教育部关于"十一五"期间加强中等职业学校教师队伍建设的意见》中提出的，到2010年专业课教师和实习指导教师中持有相关专业技术资格或职业资格的人数达到50%以上有较大差距，存在"双师型"教师队伍总量不足的问题。

再以2016年内蒙古大学双师型教师调查问卷为例，收回的379份有效问卷中，男性教师占比37.8%，女性教师占62.2%。教师的年龄结构调查显示，31—40岁教师占比最大，为51.23%，41—50岁教师占比22.36%。按照相关理论分析，教师年龄结构比较合理。参与调查教师中"双师型"比例为46%。

教育部教师工作司副司长黄伟2019年2月19日就"双师型"教师队伍建设工作情况进行了详细介绍，重点强调建设一批国家级职业院校教师教学创新团队，教育部下一步将明确"双师型"教师的国家要求，建立准入任用制度。据统计，2018年我国职业院校专任教师共有133.2万人，其中，中职专任教师83.4万人，高职专任教师49.8万人。"双师型"教师总量为45.56万人，其中，中职26.42万人，高职19.14万人，分别占专任教师比例的31.48%和39.70%。

## （五）教学质量有待提高

中等职业教育内涵发展的动力和能力不足。激发中职学校发展活力的体制机制改革尚不深入，行业企业和其他社会力量共同参与办学的制度体系尚未完全建立，中职学校在人才培养、专业建设等方面的创新动力和能力均有不足。

教师队伍，尤其是兼职教师缺乏相对的稳定性，影响了教学质量。因为兼职教师不稳定，很难保证教学的连续性，尤其在是教学时间长的课程方面；对学生学习的基本情况缺乏深入了解，适应时间长，不能完全做到因材施教；教师的实践操作能力亟待提高。

由于我国职业教育师资的培养起步较迟，同时职业学校教师大部分来自普通教育战线，他们的专业理论较强，但不太熟悉职业教育技巧，专业实践能力也有缺陷。而即使有部分教师是来源于各企事业单位的一线优秀人才，但教育理论背景相对缺乏，教学技能存在较大不足，从而在一定程度上也影响了教学质量。

### （六）合作制度建设不力导致企业与学校合作积极性不高

职业教育要得到又好又快的发展，关键之一是抓好校企合作。企业对职业学校的支持，不仅包括接受学生和教师实习，还应深度参与职业学校培养目标、教学计划和教学大纲的制订，或者提供一定的实习设备等。《职业教育法》规定，企业、事业组织应当接纳职业学校和职业培训机构的学生和教师实习；对上岗实习的，应当给予适当的劳动报酬。

目前，许多地方落实这一规定时都是职业学校有积极性，企业没积极性。主要原因是，企业与学校责、权、利不明确，企业只有义务和责任而没有利益。企业接受职业学校的学生、教师实习，需要配备专门的指导教师，工作的质量可能会受影响，有些企业还要承担学生因技术不熟练而损坏机器设备或发生安全事故的风险，而且国家对企业支持职业教育的税收优惠和经费补偿政策也不够完善。

### （七）教育投入收益率低的状况亟待改变

区域间中等职业教育发展不平衡问题突出。地区间经济发展不平衡导致对中职教育经费投入差异较大，部分县城中职学校办学条件持续薄弱，中西部地区城乡中等职业教育的发展差距仍然很大。

无论是与发达国家，还是与世界平均水平甚至与一些发展中国家相比，我国对中等职业教育的投入都是比较低的。职业高中经费短缺尤为严重。具体表现为生均预算内经费增幅不高，许多学校缺少培养学生职业技能的必要设施和设备，缺少进行必要的职业实习和教师进修所需的资金，办学条件仍然达不到职业教育教学的基本要求。同时，由于我们的中等职业教育长久以来一直采用只注重投入量的增加而不注重投入产出比例变化的粗放型投入方式，这样一来，原本就投入不足的中等职业教育产出也就更少了，造成收益率极其低下的结果。粗放型投入方式的改变是节约职教资源、避免浪费的极为必要的举措。

中职办学规模盲目扩张，点多面广，没有侧重点和自身真正亮点。什么专业红火开什么专业，什么专业听起来唬人就办什么专业。实则根本没有配套的设备、师资，甚至连课本都没有就敢办学。比如近几年大热的高铁、航空等专业，大部分中职院校的教学条件根本无法达到行业的用人要求，最为离谱的是某些专业的所谓专业教师根本没有一个是这个专业出身，都是临时搭建的草台班子，拿着教参就敢上讲台。

再加上政府也没有统一的部署和规划，不能严格把控办学资质。有些民办学校根本不具备办学资格，就能上马招生。这样的结果就是中职又回到恶性循环的时代。无论学生、教师、家长还是社会都会对职业教育失去信心和希望。

中职学校只有"出口畅"才能保证"进口旺"，因此为了保证招生数量和质量，打通就业渠道，得到社会的认可和尊重，一种新的人才培养模式，即"订单式培养"应运而生。并且在实践检验中证明，"订单式人才"培养模式是使中职学校摆脱目前困境，使企业有劳动力保障、社会经济得以正常发展的有效途径。

# 第五章 中国高等职业教育之研究

## 第一节 中国高等职业教育的沿革进程

中华人民共和国成立70年来，我国高等职业教育从无到有、从弱到强、砥砺奋进、创新变革。总结高职教育创新发展的实践经验，高职教育将不断完善国家政策体系、建立分类管理体系、优化高职教育布局结构、深化教育教学改革、深化体制机制改革，实现高质量发展。高等职业教育的发展离不开政策的引导与推动。

我国现代高等职业教育始于1980年第一批短期职业大学的兴办，1982年通过的《中华人民共和国宪法》总纲第十九条，提出了发展中等教育、职业教育、高等教育，明确了职业教育的宪法地位；1985年我国中央发布《关于教育体制改革的决定》："发展职业技术教育要以中等职业技术教育为重点，发挥中等专业学校的骨干作用，同时积极发展高等职业技术院校"，明确了高等职业技术教育是职业教育体系的重要组成部分；1996年颁布的《中华人民共和国职业教育法》规定，职业学校教育分为初等、中等、高等职业学校教育，高等职业教育根据需要和条件由高等职业学校实施，或者由普通高等学校实施；1998年颁布的《高等教育法》规定，高等学校是指大学、独立设置的学院和高等专科学校，其中包括高职学校和成人高校，由此确立了高等职业教育的法律地位。我国现代高等职业教育经过40年发展，已取得了巨大成就，为经济社会快速发展提供了大量人才和智力支撑。

我国目前已初步形成了与社会主义经济体制相适应、与劳动力市场需求相结合的具有我国特色的现代高等职业教育体系。教育规模不断扩大，成为高等教育的半壁江山。《2018年全国教育事业发展统计公报》显示，2018年全国共有普通高等学校2 663所（含独立学院265所），比上年增加32所，增长1.22%。其中，本科院校1 245所，比上年增加2所；高职（专科）院校1 418所，比上年增加30所。全国共有成人高等学校

277所，比上年减少5所；普通高等学校校均规模10 605人，其中，本科院校14 896人，高职（专科）院校6 837人。

为了理清高职教育政策的变迁过程，本书从已有政策文本内容出发，结合我国高职教育发展历程，以相关政策制定的历史背景、目标指向、发挥的作用以及阶段性特征等为主要依据，将我国高职教育政策的历史进程大致划分为四个阶段：第一阶段，初步探索阶段（1978—1991）；第二阶段，规范化建设阶段（1992—1998）；第三阶段，跨越式发展阶段（1999—2005）；第四阶段，特色化发展阶段（2006年至今），我国高等职业教育进入全面快速发展时期。

## 一、初步探索阶段（1978—1991）

在中华人民共和国成立初期，由于引进苏联教育办学模式，我国将发展职业教育的重点放在中等职业教育方面，国家决定将中华人民共和国成立前成立的专科学校改组为中专学校，大力发展初、中等技术教育。中华人民共和国成立初期的职业教育，由于中高职衔接问题以及经济社会发展对职业技术人才要求较低等原因，对专科学校实行分化政策，即中专学校、技校与高等教育分离。

1966年，"文化大革命"爆发，这场政治灾难严重殃及教育领域。在"文化大革命"的引导下，全国范围内的高校停课闹革命，大量学生辍学，正常的教育教学活动难以开展，我国高等职业教育事业停滞不前，甚至出现倒退现象。

1976年10月，"文化大革命"的错误被党和政府及时纠正，十年浩劫结束，我国重新投入到各项事业的建设进程当中。同年12月，我党召开了十一届三中全会，会上对"左倾"思想进行了批判，将党和政府的工作重心转移到社会主义现代化建设上来。会后，邓小平同志提出优先发展教育的战略目标，重视教育在社会发展中的作用，要求将教育事业作为党和政府的重点工作之一，积极促进教育事业发展，我国教育事业在饱受摧残之后迎来了新的发展机遇。伴随着教育事业逐渐步入正轨，高等职业教育也获得了恢复重建和发展的机会。

随着改革开放的不断深入，经济发展速度加快，党的十二届三中全会上提出对经济体制进行改革，传统的产业结构逐步调整，生产工艺水平持续提高。这对于一线的生产工人、技术人员在数量和质量方面都提出了更高的标准，职业教育必须有效承担起为经济生产培养技术性人才的重任。然而由于我国职业教育基础薄弱，高职教育发展则更为滞后，所培养的职业人才的数量和质量都难以满足经济快速发展的需求，人才短缺现象严重，经济发展迟滞。发展高等职业教育，成为我国改革开放、经济建设和社会发展的迫切需要。

## （一）职业大学及相关政策的萌芽

高考制度恢复之后，国内高等院校招生工作随之开展，高等职业学校也逐渐开始设立。1979年，为中等技术教育培养师资的职业技术师范学院成立，这是中华人民共和国最早建立的高职教育性质的学校。经济社会的发展和科学技术的不断进步使国家对高层次技术人才的需求逐渐加大。到了20世纪80年代，高等层次的职业教育主要是由中央和地方的职业大学完成。

1980年，国家教委首次批准建立了包括金陵职业大学在内的13所职业高校。这些学校由地方政府举办，属于专科教育，主要招收普通高中毕业生和少量中职毕业生，由国家统一组织入学考试，开设专业可分为管理、财经、应用文科、政法等十大类，大多实行三年学制，具有灵活多样、多渠道筹措办学经费、学生缴费上学、不包分配等特点。这些大学均担负着短期内为经济发展提供高层次技术人才的职责，因此被称为"短期职业大学"。这13所职业高校的创办是我国举办高职教育的起点，与此同时，中国高职教育政策也进入了初步探索阶段。[103]

1982年，第五届人大会议上第一次以中央政策的形式提出大力发展高职教育。此次会议要求尽快试办一批短期职业大学和专科层次的职业学校，这些学校应具有"花钱少，见效快，可收学费"的特点。[104]

1983年，国务院规定了成立高等专科学校和短期职业大学的审批主体和审批程序，将此类高职院校的审批权赋予中央各部委以及所在省、市、自治区的政府，要求其依照法定的办学标准和审批流程进行审批，并向教育部报备。这一政策鼓励大城市、部分发展较快的中型城市以及大型企业积极举办短期职业大学，且规定这些短期职业大学的"规模不宜过小"。[105]

在高职教育政策的初步探索阶段，以短期职业大学的形式举办高职教育，在一定程度上缓解了培养技术型人才的教育压力，也对此后高职教育的发展形式做出了积极探索，在办学形式、教育教学方式以及管理体制等方面为今后政策的制定收获了宝贵经验。然而，职业大学都是由地方举办，在办学条件方面存在不足，教育资源相对不足，规模较小，办学模式和办学渠道单一，无法长期承担起为经济建设提供高素质技能型人才的重任。

## （二）提出构建职业教育体系设想

1985年颁布《中共中央关于教育体制改革的决定》，"高等职业教育"这一概念终于首次以官方形式得到规范阐释。这个文件强调了要大力促进职业教育发展，积极开办高等职业院校，明确提出了建立职业教育体系的设想，并且规定这个体系应当"从初级到高级，行业配套"，[106] 既结构合理，又能实现与普通教育的良好沟通。《中共中央关于教育体制改革的决定》还指出职业技术教育体系要实施两次分流制度，即一部分高中毕业生升入普通大学，另一部分可选择接受高职教育，勾勒出了一个职普沟通、中高职衔接的职业教育"立交桥"雏形。该文件成为中国第一个提出构建职业教育体系设想的政策性文件。

1986年，李鹏在全国职业教育工作会议上的发言指出，高等职业教育在我国教育领域具有重要地位。自此，"高等职业教育"开始成为政府政策文件中的官方表述，在高职教育活动中被广泛使用。

1991年，《国务院关于大力发展职业技术教育的决定》对职业技术教育体系基本框架进行描述时，再次强调"从初级到高级""与其他教育相互沟通、协调发展"的"立交桥"构建。这些规定明确了高职教育是职业教育体系的重要组成部分，为前者的稳定发展在政策层面提供了必要保障。不过这一时期的有关政策仍以发展中等职业教育为重点，并没有针对高等职业教育提出相应措施，对于建立职业技术教育体系还只是一个初步的设想。

### （三）优化高等职业教育类型结构

1983年，教育部等部委在关于加速发展高等教育的报告中，第一次提出赋予中央和省级政府以下的部分级别地方政府设立高职院校的自主权，鼓励在大城市和一些经济发达的中等城市积极创办高等专科学校和职业大学，同时也提倡大型企业参与其中。

1985年，《中共中央关于教育体制改革的决定》提出了中心城市政府举办高职教育的办学体制，具体由中央、省级政府和中心城市政府实行三级办学体制来落实，以增加高职院校数量，促进高职教育的快速发展。

1985年，国家教委提出以五年一贯制的形式开办一批职业院校，并选定了包括西安航空工业学校在内的3所中专学校作为办学试点，实行"四五套办"的办学模式。这一试点工作取得了良好的效果，五年一贯制的办学模式很好地适应了我国高职教育的实践要求。这种新型的办学模式出现之后，在教育实践过程中不断得到完善，在一定程度上促进了高职教育办学形式多样化发展，为国家经济发展提供了大量的技术人才，实现了其经济价值，得到了社会各界的认可。五年一贯制的高等职业教育办学模式开辟了一种符合中国实际国情的前进路径，是一次关于我国高职教育办学思路和办学模式的成功探索。

1987年，国务院进一步明确要根据具体需求，通过"职工大学、职工业余大学以及管理干部学院"等多种方式举办高职教育。[107]此类政策的出台，明确了高职教育的类型，确定了其基本结构，对高职教育的办学形式进行了有益的探索。

1990年，《关于加强普通高等专科教育工作的意见》指出，目前大部分短期职业大学与普通高等专科学校相比，在服务对象、专业设置、培养目标、培养模式、毕业生去向等方面难以做明显区分。因此，应当采取适当分流的政策来举办高职教育。在充分结合当地经济发展需求和高职教育实际水平的前提下，教育行政部门和各办学主体应当对高职院校的办学方向做出适当的调整。这份文件明确阐述了高等专科教育的性质、形式和培养目标，进一步确定了高等专科教育在教育体系中不可缺少的重要地位。

### （四）奠定高职教育评估政策基础

改革开放初期，我国的高职教育获得了新生，并且在国家和社会的大力支持下，很快就有了较大的发展，办学质量逐渐成为人们关注的重要问题。教育评估是对高职院校办学进行质量监管的一种有效方式。这一时期高等职业教育开展的评估还处于借鉴普通高等专科学校评估的阶段。

1985年，《中共中央关于教育体制改革的决定》首次正式提出了关于高等学校教育教学质量评估的问题。1990年，国家教委颁布了《普通高等学校教育评估暂行规定》，这个规定是中国首个关于高等教育质量评估的专门性政策文件。这个政策的出台，为我国规范有序地开展高等教育评估工作指明了初始方向。

1991年，国家教委在相关文件中指出："各高等专科学校要进行经常性的自我评估"，并且也将着重针对部分高等专科学校开展教育评估和检查工作。这个文件的出台，提出了我国开展高职教育评估工作的具体要求，成为建立高职教育评估制度的基础性政策之一。

经济发展和政治变革需要教育领域做出积极的响应，制定高职教育政策指导教育实践开展就是政府主动做出的积极应对。尽管本阶段的一些具体政策，如对短期职业大学实行收取学费和自主就业政策，以及制定高职教育办学分流政策，在一定程度上造成了招生困难，影响了高职教育扩大规模，拖慢了发展速度，使我国高等教育的多类型探索陷入困境。但是，总体来说，这一阶段的相关政策进行了初步的探索和大胆的尝试，以建立规范化的高等职业教育制度为目的，为我国高职教育的发展打下了良好基础，为下一阶段的建设指出了初始方向。

## 二、规范化建设阶段（1992—1998）

20世纪90年代是我国社会主义现代化建设关键的十年。80年代的改革开放使我国的经济建设取得了举世瞩目的成就。1990年下半年，党中央召开了十三届七中全会，确定了我国经济建设新的战略目标。在正确的目标指引下，中国的经济实力获得了长足的发展，但随之而来的是经济发展与高素质人才短缺的矛盾逐渐凸显。与此同时，我国经济体制改革不断深入，经济体制的转变是此时期对高等职业教育政策影响最重要的因素。党的十四大对我国经济发展进行了整体布局，并就产业结构调整和提高效益作了战略部署。因此，大力发展高职教育，充分实现其经济价值、社会价值，成为这一时期推动现代化建设的重要前提工作之一。

在教育领域，高职教育经过改革开放初期十几年的发展，到20世纪90年代已经初具规模，院校数量、在校生人数有了较大增长。与此同时，这一时期我国高等教育领域的工作重心逐渐发展到了调整结构布局上来。因此，对高职教育也提出了新的要求，需要其积极适应高等教育领域的结构调整节奏，逐步实现发展方式由规模扩张向优化结构的转变。

同时，20世纪90年代，我国在教育领域的改革逐渐深化，而教育立法工作却远远滞后于教育实践活动的发展步伐，许多教育工作的开展面临着无法可依的局面。这一时期的相关政策，明确指出了"职业技术教育的有关法规和配套政策不健全"，[108]并针对高职教育政策规范化程度不高这一问题，对加强教育立法提出了呼吁，要求"加快教育法制建设"，[109]并且要有配套的保障措施，保证法律政策的落实效果。在高职教育发展困境的倒逼以及政策法律精神的呼吁中，我国高等职业教育进入了规范化建设时期。

### （一）高职教育纳入国家教育体系

1993年，政府出台《中国教育改革和发展纲要》，进一步明确了职业教育的发展方向，提出各级人民政府要提高重视程度，广泛地调动和鼓舞各部门、企事业单位以及全社会参与职业教育，努力营造大力举办"多形式、多层次职业技术教育"的氛围。与此同时，要关注地区性专科教育的发展。这个文件为我国教育工作的改革进程和发展方向提供了明确的规划，也成为我国高职教育的相关工作在接下来一段时期内应当遵循的原则与路线，初步阐释了高职教育与其他各级各类教育的衔接问题，为其进一步发展提供了切实的保障，成为提倡构建高职教育体系的先声。

1994年7月，国务院为贯彻落实《中国教育改革和发展纲要》的相关精神，制定并下发了具体的实施意见。这份实施意见当中明确提出，要构建起一个包括初、中、高各等级层次在内的职业教育同其他教育类型能够"共同发展、相互衔接、比例合理"的教育体系。[110]该实施意见高度评价了高等职业教育在我国经济建设和教育事业发展中起到的关键作用。同时,明确了这一类型的学校与上级行政主管部门的隶属关系,进一步阐明了职业教育与其他各类教育的关系。该实施意见同时也是中国首个对不同层次级别的职业教育之间的衔接关系做出明确要求的专门性教育类政策,为解决中、高职以及普、职之间的衔接问题提供了较为明确可行的政策指导,为将高职教育纳入国家教育体系夯实了基础。

1995年10月,国家教委在下发的文件中正式承认了职业大学在高等职业教育中的地位,将其确立为我国一种重要的高等教育学校类型,其所授予的学历与其他类型的全日制高校学历一样获得国家和社会的认可,在今后的工作中要更加注重凸显办学特色。同时文件规定,高等职业院校的发展应列入教育事业发展规划当中,经费投入也在政策层面得到了有效的保障。随着一系列政策的出台,高职教育的地位正式得到了政府和社会的认可,也就此确立了其在国家教育体系中的一席之地,为今后的发展赢得了坚实的保障。

（二）吸取高等教育资源转入高职

为了促进各级各类教育均衡发展,为高职教育提供更为丰富、合理的可利用资源,使其能够充分发挥应有的经济作用和社会作用,进而良好地解决供求关系紧张、资源配置不合理以及教育规模盲目扩张的问题,政府在逐步将高等职业教育纳入国家教育体系的同时,也开始注重教育资源的合理配置以及引导教育资源向高职教育流动,适时地出台了一些有关办校主体的具体政策,"三改一补"政策是其中影响最为突出的政策之一。

全国教育会议于1994年6月召开,此次会议明确提出调整教育结构,将职业教育的发展摆在突出位置,通过职业教育提高劳动者素质。同时,会议更是对高等教育领域的规模扩张提出了要求,明确指出高职教育领域将是此后一段时期规模扩大的主体。会议指明了我国高等职业教育要走内涵发展的道路,同时还确定了促进高职教育发展的基本方针和具体思路,即通过"三改一补"方式发展高职教育。这一政策也成为20世纪90年代中后期发展高职的主要政策。所谓"三改一补"就是通过改革和调整"现有职业大学、部分高等专科学校和独立设置的成人高校"的办学模式以及培养目标,来促进高职院校规模发展。在高职院校数量依然供不应求的情况下,可以尝试在一些符合条件的重点中专学校,"通过改制或举办高职班等方式作为补充"。[111]

1994年7月，为进一步提高高等教育资源的配置效率，《关于〈中国教育改革和发展纲要〉的实施意见》中提出，通过"三教统筹"的途径来促进高职教育发展。具体内容包括，在高职院校数量扩张的过程中，可以采取改革已有高等专科学校、职业大学、成人高校以及各种形式的培训班的方法来完成这一任务。这一方法的提出，综合考量了我国高等教育发展的现实境况，有效地改变了以往盲目新建高职院校的局面，实现了对于有限的教育资源的合理配置和充分利用，为我国高职教育发展提供了一种具有可行性的新思路。

1998年，国家教育部成立，在再次强调要依靠"三教统筹"方针发展高职教育的前提下，对原本的"三改一补"方式进行了修改和完善，进而提出了"三多一改"，即多形式、多模式、多机制和深化改革，具体来讲就是要通过拓展高职教育办学形式来扩大教育规模，强调通过多种人才培养模式来完成既定的培养目标，同时还应当广泛调动社会参与办学的积极性，扩大办学主体，增强办学力量。"深化改革"则是指要通过改革现有的体制机制，提高高职教育的教育质量，在办学和教育过程中充分体现高职教育的特色。总体而言，"三多一改"是政府在高职教育政策建设过程中做出的一次积极尝试，为高职教育政策今后的发展提供了有益的指导。

### （三）正式确立高职教育法律地位

重视高职教育的法制建设，出台一系列基本的法律法规是高职教育政策规范化建设的重要标志之一。在社会主义民主法治推进的过程中，高职教育作为一项重要的社会事业，必须加强自身的法制建设。

加快教育法制建设，是1993年发布的《中国教育改革和发展纲要》所提倡的一项重要精神。该文件提出，要在短期内快速完成基本教育法律法规的制定和落实工作，争取在20世纪末初步建立起教育法律法规体系的框架，并通过"建立和完善执法监督系统，逐步走上依法治教的轨道"。[112]

随后，《义务教育法》《教师法》以及《教育法》应运而生，这些教育领域的基本法的出台，为高职教育立法奠定了良好基础，极大地推动了其法制化建设的进程。与此同时，为了进一步明确职业教育的改革方向和发展前景，国家教育行政部门根据相关政策和教育实践的实际情况，适时地出台了一些政策措施，在一定程度上为高职教育立法工作提供了便利。经过前期的充分准备，此时在国家层面开展高职教育的立法工作已经具备了相对成熟和完善的条件。

高等职业教育能否获得相应的法律地位对于其体系的构建至关重要。在国家的鼓励下，高等职业教育在此时也进入了法制建设的关键阶段。这一时期最具标志性的事件就是"三部现行法律"共同奠定了高等职业教育的重要地位。

1995年，第八届人大会议审议通过了《教育法》，作为教育领域的基本法，该法也成为高职教育立法所应依照和遵循的基本框架，为高职教育专项法律法规的制定以及配套政策措施的出台提供了法律保障，也加速了高等职业教育法规建设的进程。

1996年9月1日起，《职业教育法》正式实施，成为我国第一部专门规范。经过一系列的调整之后，高职教育的发展速度有了显著提高。职教活动的专门性法律，标志着我国高职教育政策步入了依法治教的规范化建设阶段。

这一专门性法律，对于职业教育的体系构建、保障措施以及实施方式等重要内容做出了明确具体的阐释，在法律层面充分肯定了高职教育所应有的地位，进一步规范了其教育目标和实施办法。该法所包含的"高等职业学校教育根据需要和条件由高等职业学校实施"等相关条文，对高等职业教育做出了具体、直接的规范。

《职业教育法》将高职教育的相关政策提升到了法律层面，首次在法律意义上肯定了其地位，并且对于高职教育体系建设的目标、途径、方法以及保障措施等基本内容都做出了明确翔实的规定，例如，高职教育的人才培养模式、学生的培养与考核、教师队伍建设等。这些内容为高等职业教育改革与发展提供了强有力的法律保障，为中高职衔接和职教体系完善提供了法律依据。随后，国家相继出台了一系列政策为贯彻实施《职业教育法》保驾护航。

1998年8月，《中华人民共和国高等教育法》（下简称《高等教育法》）正式审议通过，并于1999年1月1日开始施行。《高等教育法》是全面规范高等教育领域的各种法律关系、保障和推动我国高等教育事业改革与发展的重要法律。其中明确指出："高等学校是指大学、独立设置的学院和高等专科学校"，高等职业学校也包含其中。这一规定，对"高等职业教育"的范围进行了界定，进一步明确了高职教育作为一种高等教育类型的法律地位，标志着我国高等教育法律体系初步形成。

在20世纪最后的十年间，中国高等职业教育在政策法规建设方面取得了显著的成绩。《职业教育法》和《高等教育法》等一系列法规分别从"职业性"和"高等性"两个方面，对高职教育的法律地位进行了正式确立，成为我国此后一段时期内，相关政策法律制定和实施的依据及指导性法律。但其对高等职业教育的性质地位、体系制度、管理体制、运行机制、经费来源以及评价标准等做出的规定难免不够具体和详尽，此后的教育立法工作一直在对其进行补充和完善。

### (四)深化高职学校教育教学改革

在完善高职教育法律规范的同时,国家为加强对高职教育的指导和监督,进一步深化职业教育体制改革,陆续颁布了许多切合实际需要的新政策。这一时期,高职教育的评估作为高等教育的重要部分而得到重视,国家开始建设以工程专科为代表的专业改革和评估的试点,并开展了专科教学工作的评价试点工作。1994年起,国家教委开始在全国范围内的本科高校进行教育评估工作,在此基础上形成了我国高教领域质量评估体系的基本框架。在这个体系的指导下,国家教委从普通高等专科院校的教育活动出发,制定了两个教学工作评价方案,逐步开展了合格评价和优秀评价试点。这些实践活动都为后来制定高职教育评估政策的规范做出了必要的探索。

为促进高等职业院校教育教学质量的提高,1995年,国家教委在总结职业大学发展经验的基础上出台了两个具体的政策:

《关于推动职业大学改革与建设的几点意见》首先充分肯定了职业大学在我国高职教育事业发展中做出的贡献,要求通过优化职业大学的管理机制,积极推进其改革发展走向深化。该文件同时还强调职业大学未来发展过程中,应当充分考虑培养技术人才的特殊性,并且从加强高职教育特色、完善基础设施建设、深化校企合作以及加强师资队伍建设、改革招生制度、调整职业大学收费制度等多个方面,具体地提出了改革与建设的要求和措施。

《关于开展建设示范性职业大学工作的通知》则提出了建设示范性高职院校的设想,旨在通过支持重点院校建设来提高高职院校的整体教育教学水平。与此同时,该通知还明确提出了建设示范性职业大学的具体要求,主要包括基础设施建设、师资队伍培养、教育教学评估以及领导管理机制等多个环节。此外,该文件要求建立"一支专兼结合、结构合理、素质较高的师资队伍……其中有三分之一以上的'双师型'教师"。这不仅对高职院校兼职教师队伍建设提出了关注,并且还首次在政策层面提出了建设"双师型"教师队伍,以法律形式确立兼职教师和"双师型"教师的地位,为此后高职教师的培养营造了良好的政策环境。

这两个政策文件中的具体措施为高职院校的办学工作提供了有益的指导,很大程度上促进了全国范围内高职院校教育教学水平的提高,为高职教育的快速发展奠定了政策基础。此外,从以上有关高职教师队伍发展的政策中可以看出,专业技能水平和实践经验是该时期我国高职教师队伍建设的核心。但由于缺少相关政策法规保障,配套机制不健全等因素,高职院校教师队伍建设面临诸多困难。

1997年,为了进一步明确和细化高等职业院校设立的条件,国家教委根据当时高等职业教育的实际情况，综合考虑高等职业教育的特点，颁发了《关于高等职业学校设置问题的几点意见》，首次明确了高职院校设置的基本标准和程序。这个文件明确了建立高职院校在招生规模、基础设施水平以及管理体制等方面的基本要求，对高等职业教育人才培养模式的主要特征及基本原则也进行了初步规范。

1998年2月，《面向21世纪深化职业教育教学改革的原则意见》指出要"深化职业教育教学改革，加强教育基础工作，努力提高教育质量，办出职业教育特色"。[16]

这一时期高职教育政策文件对高职教育的规范监督作用更为显著，在内容方面，此阶段的一系列政策对高职教育的管理体制、人才培养模式、招生就业、师资建设、教学管理等多个具体环节进行了规范，极大地丰富了政策内容，为更多的教育活动提供了政策依据；就形式方面而言，部分政策以法律条文的形式得以确立，内容表述更为明确与规范，并且具有了更强的法律效力，在权威性方面有了很大的提升，确保了政策在执行过程中的贯彻落实效果。

### 三、跨越式发展阶段（1999—2005）

20世纪末21世纪初，国际国内形势发生了巨大变化。1997年"亚洲金融危机"打破了亚洲经济急速发展的景象，我国采取了扩大内需的政策以缓解国内及亚洲经济紧张形势，其中发展教育是拉动内需的重要举措之一。2001年，我国顺应经济全球化趋势正式加入WTO，市场经济环境发生了巨大变化，职业教育成为一种服务贸易，机遇与挑战并存。这需要高等职业教育及时扩大规模、提高教学质量。

党的十六大提出要走新型工业化道路，推动经济结构的战略性调整。随着这一战略的提出，以及我国社会主义市场经济的进一步加快，我国产业结构调整和经济增长方式转变对劳动者的素质提出了更高的要求，社会迫切需要大量实用型、技能型的高素质人才，这成为我国继续发展高等职业教育的内在动力。但由于教育的相对滞后，导致我国各行各业中技能型人才的供求矛盾日益突出，高级专门技术人员短缺甚至断层，结构性失业严重，加之国企改革，大批国有企业员工下岗，失业人员骤然增多。

这一时期，中国经济社会和教育事业继续向前发展，人民生活水平有了很大的提高，对于教育也有了更多的期待，高中毕业生接受高等教育的意愿空前强烈。面对日益增长的升学需求，原有的高等院校规模和可容纳学生数量均有所不足。因此，1999年初，党中央国务院做出高等教育大众化建设的重大决策，推动其实现由"精英教育"向"大众教育"的转变。高等职业教育作为高等教育的重要组成部分，顺应高校扩招的潮流，得到了政府的大力支持。

此外，整体而言，20世纪90年代中期以来，高职教育在大发展的同时暴露出了在生源及其质量、毕业生就业率、学制以及办学模式等方面存在众多问题。高职教育在与社会需求的反复磨合中，逐渐总结了自身的问题与经验，进一步明确了高职教育的社会适应性与根本任务。

在高等教育大众化的浪潮中，高职教育急需弥补自身的缺陷，进行规模扩张，以顺应国家宏观的教育战略规划，满足经济社会发展对技术型人才的需求。通过高等职业教育相关政策建设，探索高职教育的理论与实践问题，建立完善的高职教育制度，使高职教育的跨越式发展成为现实之必需。促进高职教育规模快速发展，更重视高职教育人才培养的质量成为这一时期的主要关注点，具体分析如下：

**（一）推动高职教育规模扩张**

1999年1月，教育部印发《试行按新的管理模式和运行机制举办高等职业教育的实施意见》，提出"探索以多种形式、多种途径和多种机制发展高等职业技术教育"，指出了高职教育发展的多种途径，为高职教育规模的大发展奠定了基础。现在看来，这个文件是大力发展高职教育的动员令。在当时高等职业教育不甚发达、高等职业学校数量不足的情况下，通过与之相同档次的高等教育机构利用新的管理模式和运行机制举办高等职业教育，在短期内扩充了高等职业教育规模，也完善了整个职业教育体系。与此同时，作为相同性质的国家级重点中等专业学校也可以利用新的模式和机制举办高等职业教育，这不但实现了资源优化重组，还提升了职业学校的层次，利于其长远发展。

1999年1月，《国务院批转教育部面向21世纪教育振兴行动计划》（以下简称《振兴行动计划》）是我国相关的政策文件中，第一次明确提出积极发展高职的方针政策。同时，这个计划倡导多途径发展高等职业教育，并提出对当前已经设立的高职院校、成人高校等进行"改革、改组和改制，且选择部分符合条件的中专改办"的基础上，还规定"部分本科院校可以设立高等职业技术学院"。这表明在政策层面上，已经明确了多渠道发展高职教育的倾向。

《振兴行动计划》还提出了要加强不同层级的职业教育之间的衔接工作，积极促进普高与高职之间相互沟通、相互连接的关系的构建，"要逐步研究建立普通高等教育与职业技术教育之间的立交桥，允许职业院校的毕业生经过考试接受高一级学历教育"。这些规定保证了高等职业教育的生源，为其规模的进一步扩大提供了有力支持。

对于高等职业教育的发展，《振兴行动计划》还做了具体安排，比如规定将1998年和1999年年度计划的新增招生人数主要分配给地方性高职院校，支持其扩大招生规模。

以《振兴行动计划》为标志,高等职业教育进入了规模快速扩张的新阶段。

上述文件重申了多渠道发展高职教育的必要性,引导专科以上层次的高等院校参与办学,鼓励有能力的企业承担社会责任,积极举办高职学校,加强社区性的综合型高职院校的设立。此外,还提出了一系列有关高等职业教育的重大决策:拓宽人才成长渠道,建立更有利于人才培养的体制机制;职高教育管理权力更多地向省级政府下移,提高发展高职教育的灵活性和自主性;鼓励高校增加招生名额,提高高中毕业生升学率等。这项政策的出台,拉开了我国各类高校扩招的序幕,为高职创造了大发展的契机,直接促进了其规模的快速发展。

2000年3月8日,教育部下发《关于申请国务院授权省、自治区、直辖市人民政府审批设立高等职业技术学校有关问题的通知》(以下简称《通知》),提出提高省级政府举办高职教育的积极性,赋予其审批设立高职院校的自主权。这样省级政府便可以在充分考虑本地现有的教育基础的前提下,自主审批高职院校的设立,对高职院校的数量和规模进行适时的调整,以满足经济建设和人民接受教育的需求。这个文件的制定与实施,成为我国高职教育发展史上的重要里程碑之一。它充分调动了省政府举办高等职业技术教育的积极性,获得各省的积极响应,各省纷纷根据《通知》的精神制定了本省发展高等职业技术教育的实施办法。

2002年8月,《国务院关于大力推进职业教育改革与发展的决定》(以下简称《决定》)颁布。《决定》指出要进一步促进高等职业教育的规模化发展,并制定了明确的发展目标,要求2001—2005年,高职院校应为社会培养八百万名以上的高级技能人才。与此同时,《决定》再次强调要搭建起人才培养的"立交桥",通过促进中职与高职、普教与职教之间的相互沟通和良好衔接,增强各级各类教育之间的联系,"扩大中等职业学校毕业生进入高等学校尤其是进入高等职业学校继续学习的比例",同时也应适当增加专科层次的高职学生升入本科院校接受更高层次教育的机会。丰富办学形式,扩大办学主体是促进高职教育规模增加的有效途径。同时,《决定》提出基础条件较好的地方政府可以因地制宜,积极设立具有综合性、社区性的高等职业教育机构,经济实力较强的"大型企业可以单独举办或与高等学校联合举办职业技术学院"。

2004年3月3日,国务院公布《2003—2007年教育振兴行动计划》,要求"大量培养高素质的技能型人才"。这一计划成为新世纪初期我国教育实现稳定过渡和跨越式发展的目标指南。2004年9月,教育部等七部门联合发文,提出要充分肯定地方政府管理职业教育的主体地位,"各级政府要办好公办职业院校,行业企业要继续办好职业学校",[113]更是具体地提出了每个市要重点办好一所高职院校的目标。

2005年10月，《国务院关于大力发展职业教育的决定》中为职业教育工作的开展制定了具体要求，在招生方面，五年后实现高职教育招生规模占高等教育的百分之五十以上。另外，还要求地市级城市都至少要设立一所高职院校。为丰富办学主体，充分利用各种社会资源，该文件还积极引导高职教育办学格局的多元化发展，要求"政府主导、依靠企业、充分发挥行业作用、社会力量积极参与、公办与民办共同发展"，要充分发挥公办职业学校在职业教育中的主力军作用，探索以公有制为主导、产权明晰、多种所有制并存的办学体制。

**（二）改革高职教育管理体制**

管理体制的改革一直是我国教育改革中十分重要和关键的内容。1998年，教育部对自身的管理机构和管理制度进行了主动整改，在行政层面扫清了高效管理高职教育的障碍。1999年，在明确行政管理主体的基础上，教育部和国家计委下发了《试行按新的管理模式和运行机制举办高等职业教育的实施意见》。改革和调整管理体制是这个文件的主要内容，主要强调了改革领导体制，积极探索新的发展方式，在各省开展试点招生工作，明确教育教学管理工作的职责与内容等。

这项政策对于中央与地方的管理职责进行了重新调整与划分，并且明确了地方政府在开展高职教育工作中的权限，规定省级政府可以根据本地区发展现状和需求制定招生计划和方法，并且应严格履行其在"专业设置、收费标准和户籍管理，监督检查学业证书发放，指导就业"等方面的职责，这实际上进一步赋予了其在管理高职教育方面的自主权。

此外，文件还要求改革现有的运行机制，按新的模式举办高职教育，依照此办法举办的高职教育为专科教育。教育经费方面，主要由学生支付的学费构成，政府予以适当的财政补助。就业方面，实行学校推荐和自主择业的就业方式，国家在高职教育工作中主要负责"统筹规划、综合协调和宏观管理……不再统一印制毕业证书内芯"，不再实行分配就业，不再发放就业派遣报到证。这些政策内容，被人们称为"三不一高"，在政策层面要求收取较高的学费，客观上加大了高职学生的经济负担，打击了学生和家长选择高职教育的积极性，加重了招生的不公平现象。

为贯彻落实以上规定，文件还积极推行招生试点工作。为检验文件中提议的管理模式和运行机制对于高职教育实践活动的作用效果，该文件提出，在1999年普高教育招生计划中，专门划拨十万个名额用于在部分省份、部分地区开展高职教育改革的试点工作。

此项政策推动我国高等职业教育管理体制走向完善，成为我国高职教育进入快速发展时期的重要标志。在我国教育体制改革的大浪潮之下，高职教育领域积极进行管理模式和运行机制的探索和创新，依据我国教育事业的发展现状和总体发展规划，制定了"三不一高"政策，体现了政策的预见性，在一定程度上促进了我国高等职业教育的发展。

1999年5月，教育部发文提出要尽快实施"设立实施专科教育的高等学校，经国务院授权，也可以由省、自治区、直辖市人民政府审批"的制度。同年6月，政府进一步出台了一系列重大决策，在高职教育管理体制改革方面，要求改革教育管理体制，提出"把发展高等职业教育的权力以及责任交给省级人民政府"。

2000年1月，国务院办公厅下发通知，进一步将高职教育学校的审批设立权力向下转移至各省级地方政府，明确规定了省级人民政府的职责与权限：省级政府获权进行审批设立的高职院校，是指在本地区范围内实施职业技术教育的专科层次的高等学校；在进行自主审批时，省级政府必须严格遵守申请报批程序，由教育部审核批复，并备案；各省、自治区、直辖市，应充分领会国家政策精神，按照国家整体规划，制定本地区高职教育的发展和布局规划，着眼于对本地区现有教育资源的充分利用、合理调配和优化，坚持走多样化办学的路径。同时，省级人民政府也应当承担起管理和监督的职责，严格审核高等职业学校的办学资质，规范其名称的拟定和修改。对于部分特殊类别的高职院校，如师范类、医学类，以及由国家部委的相关部门开设的学校，文件也针对性地规定其"设立和调整仍由教育部负责"。[114]

2000年3月，授予省级政府进行高职院校审批权限的相关文件出台并逐步得到落实，各省政府在自行审批高职院校资质的过程中，应严格按照教育部要求，提供相关文件，主要包括"省级人民政府审批设立高等职业学校的正式行文……关于本地区各级各类教育发展的近期规划，特别是本地区高等教育的发展和布局规划……本地区高等职业技术教育的发展和布局规划"。[114]该政策文件进一步扩大了省级地方政府管理高职教育的自主权，是我国在教育管理体制方面做出的一次有益探索，提高了地方政府办学的灵活性和主动性，对于全面贯彻高职教育办学"地方为主，政府统筹"的指导思路具有积极的推动作用。

（三）关注高职人才培养质量

这一时期，国家政策在鼓励高等职业教育规模扩张的同时，对于其教育教学质量提升也给予了极大的关注，高度重视高职院校的人才培养改革与发展，为高职教育的规范、健康发展奠定了重要的基础。教学改革与建设是提升高职人才培养质量的突破口。因此，这一阶段的高职教育政策加强了对于教育教学工作改革与建设的指导，出台了更为明确可行的人才培养政策方案和措施，形成了制度化、常态化的工作模式。在一系列促进高职教育教学改革的政策措施中，尤其以加强人才培养工作评估和推进示范性高职院校建设最为突出。

2002年3月，教育部高教司印发了《关于加强高职高专教育教材建设的若干意见》，要求成立教材编写委员会，建设一支高水平教材编写队伍，鼓励、支持教师参与教材编写，在五年内编写、出版500本左右教材。同年11月，教育部等三部委联合发文指出："对职业技术学院和具备条件的职业技术学校毕业生，实行免试部分科目等政策"，[115]以此来推动学历证书与从业资格证书相衔接的双证书制度逐步得到落实。

为确保高等职业教育的健康发展，加强教育教学质量监控，教育部启动了高职教育人才培养评估工作。为保障评估工作的有序开展，教育部于2003年牵头成立了主要的评估机构，包括高职院校人才培养水平评估委员会和各专业大类教学指导委员会，初步完成了政策文件制定、评估组织建立、专家队伍组建、评估培训、实践检验等一系列基础工作，并于当年选定了26所试点院校进行了评估。

2004年4月，教育部印发《关于以就业为导向深化高等职业教育改革的若干意见》，进一步明确了人才培养目标，指出高等职业教育应"培养面向生产、建设、管理、服务第一线需要的，下得去、留得住、用得上"的，具备较强专业知识技能和较高职业道德素质的高层次应用型人才。特别强调了以就业为导向推进高等职业教育改革，并针对促进高等职业教育改革，提出了"走产学研结合的发展道路；科学合理地调整和设置专业；加强教学建设和教学改革"等针对性意见。

2005年3月，《教育部关于进一步推进高职高专院校人才培养工作水平评估的若干意见》出台。该文件在"以评促建、以评促改、以评促管"政策精神的指导下，对高职教育评估的一些关键工作进行了明确规定，主要包括实施范围、标准设定、评估主体、实施方案和保障措施、结论认定以及评估纪律等方面的内容。经过这一时期的政策建设，高职评估制度的指导思想更加明确，评估内容和方式更加具体化，突破专科评估，初步形成了高职教育自己的质量评估制度，为后期高职教育评估制度的改革和完善奠定了基础。示范性高职院校建设是教学改革与建设的另一个重要方面。①

---

① 1999年的《教育振兴行动计划》中提出："挑选30所现有学校建设示范性职业技术学院。"教育部印发《关于开展建设示范性职业技术学院工作通知》，全面阐述了示范性院校建设的目标任务、具体措施和保障机制。9月14日，教育部发出通知，启动第一批示范性职业技术学院建设工作，并下达中央财政专项资金。

2005年10月，《国务院关于大力发展职业教育的决定》提出，要在中央宏观管理下，充分发挥地方作用，开展示范性高职院校建设计划，要积极"整合资源、深化改革、创新机制"，[116]重点建设100所水平突出、教育教学质量高的示范性高职学校。通过大力支持这些院校的办学、教学工作，提高其人才培养能力，充分发挥它们在深化高职教育改革、促进机制体制创新过程中的模范带头作用。

此后，《关于实施国家示范性高等职业院校建设计划，加快高等职业教育改革与发展的意见》进一步明确了示范院校计划的宗旨要求、实施方案等内容，而且从经费问题着手，由中央主导，设立专门用于示范院校建设的资金项目，减轻地方政府的财政压力，缓解相关学校的经费紧张状况，充分调动地方政府和学校的积极性。为贯彻落实该意见的精神与规定，教育部与财政部联手，相继出台了众多保证示范院建设有序推进的政策。

与此同时，在计划实施的初期阶段，政府还出台了一系列相应的操作性指导文件，进一步对示范院校建设中的目标要求、实施方案、质量评估等内容进行了阐述说明，同时也对中央和各级政府在计划实施过程中的权责进行了细致的划分，规范了各个主体的行为。教学改革与建设关乎高职教育人才培养质量提升，除上述两项关键性工作之外，还包括专业与课程建设、师资人才培养与引进、校企合作、基础设施建设、人才培养模式改革、学生实习等高职院校人才培养改革的基础性、长期性工作。

### （四）落实"双师型"教师人才培养工作

1999年1月13日提出的《振兴行动计划》，指出应利用已有的高职院校资源，"重点建设50个职业教育专业教师和实习指导教师培养培训基地"，也应当充分发挥地方政府和院校的作用和优势，推进师资培训基地建设工作的开展。

2000年，《关于加强高职高专教育人才培养工作的意见》对"双师型"教师进行了定义，明确指出"双师型"教师既要具备教师资格，又应当掌握相关领域和行业的专业知识技能。"双师型"教师队伍的建设，将成为我国高职教育人才培养水平提升的重要基础。

2002年5月15日，提出《关于加强高等职业（高专）院校师资队伍建设的意见》，其中就有关教师培训培养的任务与途径、提高专任教师业务水平、完善教师学历结构等方面提出了原则性意见，要求高职高专院校制定师资队伍建设规划和教师激励政策，加大投入，健全保障措施。文件再次对"双师型"教师队伍建设的相关问题进行了详细规定，要求高职院校应当注重现有教师的"双师"素质培养，鼓励教师在校企合作过程中主动参与，接受相关专业技能的培训；同时也应当扩大教师队伍，通过优化晋升途径、提高薪资水平等方式，提高自身对高素质人才的吸引力，"从企事业单位引进既有工作实践经验、又有较扎实理论基础的高级技术人员和管理人员"。

《关于加强高职（高专）师资队伍建设的意见》，以及2005年《国务院关于大力发展职业教育的决定》等文件中，多次强调了建设兼具理论基础与技术应用能力的"双师型"教师队伍的目标，同时对组织实施师资培养培训基地建设和师资培训工作、完善教师到企事业单位实践的制度等问题，进行重申和补充，并通过设立"中央财政职业教育专项资金，以奖励等方式支持市场需求大、机制灵活、效益突出的实训基地建设"。师资队伍建设是影响高等职业教育人才培养质量的关键因素，许多政策当中都涉及高职教师队伍建设。在一系列教师培养培训政策的推动下，我国职业教育教师的素质不断提升，整体规模不断扩大，初步建立起职业教育教师政策体系，为提高人才培养质量发挥了推动和保障作用。

这一时期，国家政策鼓励高等职业教育规模积极扩张，政策效果显著，高职院校的数量、规模、在校生人数等不断攀升。同时，对于其教育教学质量提升也给予了极大的关注，高度重视高职院校的人才培养改革与发展，为高职教育的规范、健康发展奠定了重要的基础。这一阶段的积极建设与完善，为我国高职教育政策加强内涵建设、注重特色化发展的新阶段的到来拉开了序幕。

## 四、特色化发展阶段（2006年至今）

新世纪以来我国进入全面建成小康社会的决定性阶段，全面推进经济建设发展进入新常态。政府深入贯彻落实科教兴国和人才强国战略，创新驱动发展战略正在深刻影响经济结构的变革。政府大力提倡工业4.0、中国制造2025、互联网＋等，强调创新驱动，鼓励大众创业，万众创新。我国要成功实现经济转型升级，推动产业结构迈向中高端，不断提升中国制造业水平，需要高职教育继续发挥作用，为社会提供大量专业技能水平过硬、具有创新意识和工匠精神的应用型人才。在这样的经济背景下，我国更要强调高等职业教育需依据我国经济社会发展的具体形势进行特色化建设。

这一时期，政府对于教育事业以及职业教育有了新的认识和要求。随着以人为本、促进公平思想的影响不断深入，国家也逐渐改变原来只重视职业教育的经济服务功能的做法，开始关注到教育的公平和学生的个体生涯发展需求。

2014年6月23日，中共中央总书记习近平在全国职业教育工作会议上高度评价了职业教育的重要作用。他强调："职业教育是国民教育体系和人力资源开发的重要组成部分，是广大青年打开通往成功大门的重要途径。"

正是基于以上背景，这一时期的高等职业教育政策更多地指向教育质量提升，推动其逐步实现特色化、内涵式发展。因此，2006年后，国家政策更加注重通过合理布局，努力提高高职院校的办学水平，特别强调通过示范性高职院校的建设带动整体水平的提升，强调人才培养模式的根本转变和通过课程建设、专业建设等途径切实提高教学水平，全面提升学校服务社会的能力，发挥优质教学资源的共享功能和辐射作用，几个重点分析如下：

**（一）示范性高职院校建设，带动整体水平提升**

示范性院校建设计划，是我国首次在高职教育领域开展的大型专项建设计划，是高职教育迈进特色化发展阶段的标志性政策。

2005年10月，建设100所示范性院校的计划初步提出。经过一年的酝酿与筹划，2006年，教育部下发文件，指导示范性高职院校建设计划的落实，要求"重点支持建设100所示范性院校"，以此来促进高职教育的教学水平提升，带动其发展更加体现我国特色，实现健康有序可持续发展。这一文件为在"十一五"期间开展国家示范性高等职业院校建设提供了政策保障。

2006年11月，《关于实施国家示范性高等职业院校建设计划，加快高等职业教育改革与发展的意见》出台，示范性高职院校建设计划开始落实。该文件分别从目标、管理、保障等方面对计划实施的具体内容进行了详细的说明，规定了必要的原则要求，明确提出此项计划的实施应保证导向性、效益性和创新性。与此同时，该文件还提出要有侧重性、有针对性地支持一批"定位准确、产学结合紧密、制度环境良好、辐射能力较强"的院校的办学工作，希望以此来加强示范院校的内涵建设，进一步强化其在办学特色、教育质量、模范引领以及社会贡献等方面的优势，引领高职教育发展方向。

2007年6月，"国家示范性高等职业院校建设计划"开展半年后，为加强计划实施的规范性和科学性，政府及时出台了相应的项目管理办法，再次强调了"地方为主、中央引导、突出重点、协调发展"的原则，实行以院校管理为基础、地方管理为主的分级管理方式。

2009年2月，教育部再次强调了要重视发挥示范性建设院校的典型带动作用，加强与其他院校的交流合作，逐步实现基础设施的共享，充分发挥优势资源的价值，帮助"本地区、同行业高职院校完成学生顶岗实习前的实训教学"。

2010年，《关于印发〈国家中长期教育改革和发展规划纲要（2010—2020年）〉的通知》指出要注重基础能力建设,"支持高等职业教育示范校建设,促进优质资源开放共享"。同年7月,为贯彻落实这一政策的相关要求,《关于进一步推进"国家示范性高等职业院校建设计划"实施工作的通知》决定,启动第二期建设计划,对进一步推进计划实施工作的目标要求、实施程序和保障措施等做出了明确的规定,要求地方政府完善政策、加大投入,创新办学体制机制,提高办学积极性、自主性,围绕教育质量开展各项工作,通过调整专业布局和课程设置,培养优秀师资,实施质量保障措施等来实现教学目标,继续推进"管理运行机制改革,增强高职院校服务区域经济社会发展的能力"。

2011年6月,随着相关文件的下发,2011年度骨干高职学校项目建设工作正式启动。文件要求建设项目的主管部门和承接单位要切实承担起自身的责任,制定明确、可行的项目建设阶段目标,强化过程管理,贯彻落实各项规定要求,增加专项资金的投入,确保资金规范使用,推进学校办学体制改革,"以专业建设为核心,加强内涵建设,提高人才培养质量",实现本地区高职教育质量的全面提高。

2014年6月,《现代职业教育体系建设规划(2014—2020年)》颁布,在建设开放型职业教育体系部分,鼓励骨干职业院校走出去,贯彻国家对外开放战略,增强国际竞争力,提高我国教育对周边国家的辐射力、影响力。在此规划的指导下,普通本科高校同示范性高职院校、骨干高职院校联合培养本科技术型人才的试点工作逐渐开展。

2015年,《教育部关于印发〈高等职业教育创新发展行动计划(2015—2018年)〉的通知》鼓励"示范性和沿边地区高等职业院校利用学校品牌和专业优势,积极吸引境外学生来华学习"。

2017年1月,《教育部2017年工作要点》中要求,加大支持力度,建设40所基础条件优良的示范性高职院校。"示范性高等职业院校建设计划"开展并取得成果,建设了一批较高水平的高职院校,高等职业院校的办学水平得到了很大程度的提升,有力地带动了其他高等职业院校教育教学改革活动的积极开展,提高了主动为区域经济社会发展服务的意识和能力,为建设中国特色高等职业教育提供了重要的实践探索经验,带来了前所未有的发展机遇。

## (二)促进高职内涵建设,加快发展现代职业教育

发展中国特色高等职业教育要求深刻认识现代职业教育体系内涵,以强化特色、提升内涵为核心思想,以社会人才需求为导向,为高等职业教育改革提供强有力的保障。这一阶段,全国职业教育战线从推进人才培养模式改革、专业建设、教师人才培养、实习实训、校企交流、提高信息化水平、加强国际交流与合作等多个方面加快贯彻落

实习总书记提出的"着力提高人才培养质量"的要求。2006年，政府的政策文件在培养模式方面提出新的改革措施，要求通过加强工学结合、校企合作，"逐步建立和完善半工半读制度"，[117]"开创中国特色的职业教育发展的新局面"。这项政策的出台，进一步加强了职业院校与企业的联系，推进了职业教育培养模式向工学结合、校企合作方向转变。

2006年11月，《关于全面提高高等职业教育教学质量的若干意见》从教育目标、专业改革与建设、课程建设与改革、实训实习基地建设、师资建设、质量保障体系建设、领导保障和规范管理等8个方面，明确而具体地提出了提高高等职业教育教学质量的要求。该意见在质量评估工作中更加强调高职院校的办学特色，成为教学改革的纲领性文件。它的颁布，标志着我国高等职业教育工作重心从规模扩张转向突出内涵建设与教学质量提升的新进程。

随后，政府开展高职人才培养评估工作，修改和完善评估方案，引导和推进高职人才培养改革，促进教育质量提升。2008年颁布的《高等职业院校人才培养工作评估方案》，旨在促进高职学校关注内涵建设、提高教学质量。它的制定紧紧围绕专兼结合的教师队伍建设、毕业生就业率与就业质量以及"双证书"获取率与获取质量等关键因素，提出完善评价标准，创新评估办法，建立以学校为核心、行政部门引导、社会参与的教学质量保障体系。这个方案是具体贯彻以往政策精神的一项重要举措，在本科评估的基础上，形成了更符合高职健康发展特征的评估制度，为高职院校的内涵建设提供了保障，更有利于形成具有中国特色的高职教育评估制度。

这一时期，政府也积极完善招生政策。2010年3月22日，有关高职教育招生改革试点的相关通知下发，要求推进单独招生改革试点工作，引导学生向优质高职院校流动，保障招生规模与质量，建立完善"中国特色的高等职业教育体系和多样化选拔录取机制"。

鉴于建立和完善现代职业教育体系的需要，政府制定并落实了相关政策。2010年，《发展规划纲要（2010—2020年）》颁布。该政策确定了我国新一轮高职教育改革与发展的战略目标和发展路径，提出在此后的10年时间内，要逐步建立起"适应经济发展方式转变和产业结构调整要求、体现终身教育理念、中等和高等职业教育协调发展的现代职业教育体系"。这一要求的提出，标志着我国高职教育进入全面提升质量的阶段。

前述《发展规划纲要（2010—2020年）》在继承以往教育政策的基础上，在人才培养模式、"双师型"教师队伍、实训基地建设、中高职教育衔接以及质量保障与评估等方面取得了重大突破。该文件还重点强调了教育公平和学生的个体生涯发展需要，提出应注重教育公平，确保每个学生都有权利接受职业教育。

2010年10月，国务院办公厅出台《关于开展国家教育体制改革试点的通知》，决定开展"改革职业教育办学模式，构建现代职业教育体系"的专项改革试点。这份文件对于改革试点工作的管理机制、机构设置、路径选择、监督评估等方面的内容做出了明确说明，成为推进教育体制改革试点工作的指导性文件。在此之后，围绕现代职教体系的构建，相关政策陆续出台，将建立健全职业教育课程衔接体系的具体试点要求、行动计划，以及综合全面的中高职协调发展意见付诸实践。

2011年颁布的《关于推进中等和高等职业教育协调发展的指导意见》，是我国首个专门指导中高职协调发展的教育政策文件。该文件全面系统地从教学内容设计、教育质量评价、人才培养目标、基础能力建设等方面提出了一系列中高职协调发展的具有可操作性的、比较完整的指导意见。

2011年9月，《关于推进高等职业教育改革创新，引领职业教育科学发展的若干意见》要求，高职教育应当明确发展方向，改革人才培养模式，提高为经济社会服务的能力，在政府宏观引导下，加强与企业的沟通合作，促进多元办学模式形成，不断完善人才培养质量监测体系，加强职业教育信息化建设，加强"双师型"教师队伍建设，改革招考制度，探索多样化选拔机制，完善保障机制，实现高职教育持续健康发展。

2014年，国家层面将职业教育的改革与发展提升到前所未有的高度。同年5月，《关于加快发展现代职业教育的决定》要求"形成适应发展需求、产教深度融合、中职高职衔接、职业教育与普通教育相互沟通，体现终身教育理念，具有中国特色、世界水平的现代职业教育体系"。同时，文件对高职教育提出了激发办学活力，注重人才培养质量，提升发展保障水平等方面的具体要求。

2014年6月，《现代职业教育体系建设规划（2014—2020年）》提出了现代职教体系的构建设计，将优化高等职业教育结构、完善人才衔接培养体系、建立质量保障体系、完善"双师型"教师培养培训体系以及加速数字化、信息化进程等列为现代职业教育体系建设的重点任务，并提出了到2020年，基本建成中国特色现代职业教育体系的目标。此项政策更加强调这一体系内外推动发展的系统性和协调性，也使得现代职业教育体系建设的规划体现出开放性、完备性、发展性、灵活性的特征。

2014年10月，财政部和教育部出台相关的财政拨款政策，要求政府增加投入的同时，鼓励企业和社会力量参与举办高等职业教育，进一步完善多渠道筹措高职教育经费的机制，"建立完善高职院校生均拨款制度要与深化校企合作等制度改革创新相结合，形成激励相容、奖优扶优的机制"。[118]

2015年10月，教育部先后颁布了《普通高等学校高等职业教育（专科）专业设置管理办法》和《普通高等学校高等职业教育（专科）专业目录（2015年）》，明确了教育部、各省教育厅以及高职院校的职责，对专业设置的条件、要求、程序以及指导监督进行了规定，强调各地和高校应做好高职专业建设规划，优化资源配置和专业结构，根据学校办学实际和区域产业发展情况设置专业。

与此同时，国家提倡高职教育创新发展，在《高等职业教育创新发展行动计划（2015—2018年）》中明确指出要从提升专业建设水平、开展优质学校建设、引进境外优质资源、加强优质师资培养、信息技术应用等方面入手丰富和优化教育资源，通过逐步推进分类考试招生、鼓励行业参与职业教育、落实高等职业院校办学自主权等措施增强院校办学活力，以深化校企合作发展、加强创新创业教育、开展现代学徒制培养为途径加强技术技能积累。此外，还要完善质量保障机制、提升思想政治教育质量，并强调从组织领导、管理督查等方面加强保障。

2017年，"十三五"规划中要求加快发展现代职业教育，在提高质量、促进公平、优化结构等方面进行了战略部署，成为近期我国高等职业教育改革发展的行动纲领和指导性文件。2017年12月，《国务院办公厅关于深化产教融合的若干意见》提出"将产教融合作为促进经济社会协调发展的重要举措"。该文件在"构建教育和产业统筹融合发展格局"部分提出了促进高等教育融入国家创新体系、推动学科专业建设与产业转型升级相适应、健全需求导向的人才培养结构调整机制等具体措施。

2018年1月，《教育部关于印发〈教育部2018年工作要点〉的通知》将推动《职业教育法》起草修订、加强职业院校教材建设、开展第二次全国高职院校适应社会需求能力评估以及制定国家高职教育专业评估试行方案等工作列入其中。并且再次强调完善职业教育和培训体系，深化产教融合、校企合作，启动中国特色高水平高职学校和专业建设计划。[119]

2018年5月，全国普通高等学校毕业生就业创业工作电视电话会议召开。会议指出，要深化高等教育供给侧结构性改革，优化学科布局结构，增设产业升级和社会发展急需专业、创新的人才培养模式来培养更多的创新型、复合型、应用型人才。

2019年颁布《国家职业教育改革实施方案》。该方案完全对接了《加快推进教育现代化实施方案》《中国教育现代化2035》等文件在职教方面的要求，并将当前主要任务细化成若干具体行动，指出了长远的发展目标。该方案总共20项政策措施，被分成7个方面，因此又被称为"职教二十条"，是职业教育高质量发展阶段的行动指南。经过这一阶段政策的不断调整与完善，我国目前已经初步构建起适应社会主义市场经济体制和满足人民终身学习需求，与市场需求和就业紧密结合，纵向衔接、横向贯通、结构合理、形式多样、灵活开放、自主发展的具有中国特色，并与国际接轨的现代职业教育体系。

## 第二节　中国高等职业教育的特点、影响与问题分析

研究高等职业教育，要从客观实际出发，以我国高等职业教育的现状为基础，把高等职业教育的发展与整个教育现状相结合，与整体的办学模式相统一。从目前我国现有的高等职业教育体制来看，大体上可以分为这样几种办学形式：第一种是由地方政府创办的职业大学和具有独立设置机构的职业技术学院；第二种是为实现继续教育，以成人教育为主的高等院校；第三种是具有独立实体，并能独立办学的高等专科院校；第四种是具备高等教育办学水平的中等专科学院，在这种中等专科学院中设置五年制的高等职业教育形式；第五种是在现有的普通本科院校中设置的独立核算的二级办学单位，这些二级办学单位就是本科的附属职业学院。这五种高等职业教育的办学模式各具特色，形成了当下我国高等职业教育发展的总体态势，构建出目前我国高等职业教育的办学体系。有关高职院校数与校均规模如表5-1、表5-2所示。

以2018年为例，全国各类高等教育在学总规模达到3 833万人，高等教育毛入学率达到48.1%。全国共有普通高等学校2 663所（含独立学院265所），比上年增加32所，增长1.22%。其中，本科院校1 245所，比上年增加2所；高职（专科）院校1 418所，比上年增加30所。全国共有成人高等学校277所，比上年减少5所；研究生培养机构815个，其中，普通高校580个，科研机构235个。普通高等学校校均规模10 605人，其中，本科院校14 896人，高职（专科）院校6 837人。[①]

表5-1　2012—2016年高职院校数与校均规模

| 年份 | 院校数（所） | 全日制在校生平均规模（人） |
| --- | --- | --- |
| 2012 | 1 297 | 5 858 |
| 2013 | 1 321 | 5 876 |
| 2014 | 1 327 | 6 057 |
| 2015 | 1 341 | 6 336 |
| 2016 | 1 359 | 6 528 |

数据来源：2012—2016年全国教育事业发展统计公报（笔者自行整理）

---

[①] 数据来源：2018年全国教育事业发展统计公报。

表5-2　2018年全国高等职业教育统计[①]

| 统计 | 各类高等教育 | 普通高等学校 | 成人高等学校 | 本科院校 | 高职（专科）院校 |
|---|---|---|---|---|---|
| 学校总数（上年增减数） | 2 940 所（+27 所） | 2 663 所（含独立学院265所）（+32 所） | 277 所（-5 所） | 1 245 所（+2 所） | 1 418 所（+30 所） |
| 招生数（上年增减数） |  | 790.99 万人（+29.50 万人） | 273.31 万人（+55.78 万人） | 422.16 万人 | 368.83 万人 |
| 在校生数（上年增减数） | 3 833 万人 | 2 831.03 万人（+77.45 万人） | 590.99 万人（+46.84 万人） | 1 697.33 万人 | 1 133.70 万人 |
| 毕业生数（上年增减数） |  | 753.31 万人（+17.48 万人） | 217.74 万人（-29.30 万人） | 386.84 万人 | 366.47 万人 |

数据来源：2018年全国教育事业发展统计公报（笔者自行整理）

## 一、中国高等职业教育的办学模式

### （一）职业大学和职业技术学院

职业大学是我国最早举起高等职业教育旗帜的新型大学，兴办于1980年，开始仅有10多所，后来曾发展到120多所。这类学校不但受到我国改革开放需求的强劲推动，也从世界发达国家和地区已有的发展高等职业教育比较成熟的经验中得到了很多启示，成为我国高等教育中一批具有新的办学机制的新型学校。学校在专业设置方面，完全以地方经济和社会发展需要为主要依据，灵活性强；在经费来源方面，不单依靠国家的投资，采取多渠道筹资模式；在师资队伍方面，强调有理论又有实践，专职与兼职教师相结合；在学生入学与就业方面，学生需要缴费上学，不包分配。这种新的办学机制给这些学校带来了强大的生命力，也是对传统的高等学校办学体制的重大改革，是一个大胆的尝试。

要加快高等教育的发展，迅速地扩大高等教育的规模，需要对高等教育的体制进行改革。职业大学的兴起，适应了我国高等教育体制改革的需要，为高等教育规模的发展做出了重大的贡献。但由于这一时期高等教育改革和发展的重点在规模上，高等教育结构问题并没有受到应有的重视，人才类型和教育类型多样化的观念尚未形成。早期的职业大学的发展尽管表现出了很强的地方性，而且在办学体制方面也有重大突破，但在人才培养模式和培养规格上特点并不明显，基本上是沿袭高等专科教育的做法，因此，其职业性特征并不突出。

---

① 包括研究生、普通本专科、成人本专科、网络本专科、高等教育自学考试本专科等各种形式的高等教育在学人数。

这种认识和实践上的局限性，导致了一些职业大学在发展方向上摇摆不定。一些职业大学不安于自身的性质和地位，借升格之名向普通高校靠拢；一些职业大学不但更换了校名，而且逐步偏离了原有的办学思路和方向；还有一些职业大学经过多次反复后重新认清了自身的发展方向。

1995年10月，国家教委在《关于推动职业大学改革与建设的几点意见》中提出："必须进一步明确，职业大学是我国高等教育的一种办学形式，是高等职业教育的重要组成部分"，强调"推动职业大学的改革与建设，是我国高等教育进行结构调整，主动适应地方经济建设和社会发展需要的一项重大改革"，并要求"职业大学要保持相对稳定，要在办学特色上下功夫，今后职业大学不再改名高等专科学校"。到1995年，坚持下来的职业大学有80多所。

1997年9月，国家教委颁发《关于高等职业学校设置问题的几点意见》，为了规范高等职业学校的设置和学校名称，其中规定新设高等职业学校一般称为职业技术学院。同年，深圳职业技术学院和邢台职业技术学院相继挂牌，成为我国首批相对规范的高等职业学校。

1999年，经教育部批准的职业技术学院有90多所，其中民办学校超过10所。近年来，随着高等教育管理体制改革的发展，职业技术学院的审批权限下放到各省级人民政府，各地方的职业技术学院数量呈直线上升的趋势。2016年统计公办、民办学校共1393所，北京市职业技术学院数量有25所，天津市职业技术学院数量有27所、河北省60所、上海市26所、江苏省90所、安徽省74所、福建省52所。[①] 职业技术学院数量的大幅增加，不仅适应了我国高等教育大众化的发展进程，也重新刮起了中等专业学校新一轮的升格风。我们在为高等职业教育跨越式大发展欢呼的同时，也要密切关注高等职业教育办学质量的降低和由此引发的中等职业教育的滑坡问题。

### （二）我国高等专科学校

我国高等专科学校的体制需要改革。早在清朝末年，洋务运动中举办的高等实业学堂就属于专科教育，也是职业教育。到了国民政府统治时期，我国的高等职业教育取得了一定的发展与进步，出现了大批具有很好办学模式和很高办学声誉的专科院校，其中较有代表性的是中央工专、北平美专、苏南工专等，这些专科学校为当时的国民政府培养了大量优秀的人才，在一定意义上说，解决了当时技术人才短缺的问题，属于职业教育的一种类型。

---

① 来自2016年教育部全国普通高等学校名单。

## 第五章 中国高等职业教育之研究

中华人民共和国成立以后，我国的专科教育有了新的变化，取得了一定的进步，无论是在办学形式还是办学规模方面都有了一定的发展，但是，其间职业教育也遇到了很多困难，这对整个职业教育事业的发展有一定的影响，也暴露出客观存在于当时社会中的一些阻碍。

20世纪80年代以后，我国的高等专科学校才有了稳步发展，到1988年，高等专科学校增至470多所。高等专科教育出现起伏不定的原因有多方面：

（1）急功近利的理念和急于求成的发展模式。无论是我国刚刚成立的时候，还是大跃进时期，无论是整个社会还是教育方面都存在急于发展的现实状况。另外，因为当时我国的经济状况相对落后，所以要求教育事业的积极配合，尤其是职业教育更需要迅速发展，这样一来，就导致了一些不切实际的冒进做法和政策。在对专科教育的需求增长时，忽略现实条件的局限，抛却教育规律；在基本满足时，形势急转直下，陷入低谷。在不具备客观条件的情况下，又急于发展更高水平的职业教育，这样必然导致职业教育的人才培养质量受到一定程度的影响，不但不能解决急需人才的供给问题，反而会导致人才的浪费，进而造成恶性循环，人才培养过程中的大起大落也必然随之产生。

（2）认识领域存在误区。对普通高等专科教育的性质、定位、作用和发展方针等没有形成明确统一的认识，把专科教育当成低水平的高等教育或本科教育的调节与补充。发展专科教育的主要动因往往是周期短、层次低、费用低、就业要求低等。因此，基于这样一种理念上的误区，习惯上把专科教育当成是解决临时人才培养问题的一种形式或者是救命稻草，然而事实上，这并不能从根本上解决人才短缺的问题。

（3）专科教育的特色缺失。专科教育该如何发展、怎样发展，一直以来都是职业教育中难以解决的问题。长期以来，专科院校一直处于上挤下压的状态，使得专科院校不能得到应有的重视和发展空间。出现这种情况的原因有很多，但是，根本原因却在于其特色不够突出。高等专科教育的办学特色不鲜明，造成专科教育的价值和优势无法得到充分发挥。投入不足、办学条件较差，也是影响专科教育培养质量的原因。

专科教育发展面临困境并不意味着社会对专科人才的需求过剩。从历史的经验看来，在整个教育过程中，对于专业技能型人才培养的重任一直由高等职业教育来承担，而普通的高等教育在这个过程中却往往处于旁观者的地位，并没有起到培养技能型人才的作用，其各方面优势也没有得到发挥，这种在观念和政策上存在的问题被无形地带入到高等职业教育的办学理念中，导致了我国普通高等教育办学模式的单一化。随着经济和社会发展，这种状况越来越难以适应社会的需求。一方面，国民经济建设要靠更为专业的技能型人才,然而,高等教育在这个过程中并没有真正起到这方面人才培养的作用,从而导致技能型人才的供不应求,也就影响到整个国民经济的建设与发展;另一方面,从目前我国普通高等教育的人才培养模式角度来看,普通高校培养出来的毕业生不能真正在工作的第一线发挥充分的作用,既有教育模式的弊端,也有学生自身操作能力不足的原因,这就导致了表面上的一线工作岗位人才"供不应求"和"供大于求"现象的发生,而事实上,这就是教育政策的问题,教育政策应该适当地改革和调整。近年来,专科毕业生就业难,实质上已经给现行专科教育的培养目标和人才培养模式敲响了警钟。

相比之下,西方的高等专科学校属于非学术性高等学校,从建立之日起就有明确的定位,具有很强的职业性;而我国的高等专科学校要获得新生,必须摆脱传统"学科本位"观念的影响,走发展特色高等职业教育的道路。原国家教委聘请的我国职业教育顾问的德国的伯克博士认为:"中国现有大学的60%应按德国的非学科性专科教育那样来办"。[120]这里所指的应转向"非学科性专科教育"的学校首先应该是高等专科职业学校。

高等专科学校应成为发展高等职业教育的重点,从现实角度来看,高等职业教育的发展空间很大,对于普通高等教育而言,其侧重点多在于知识型人才的培养,而对于中等职业教育而言,其侧重点多在于一般技能型人才的培养,唯独高等职业教育培养的人才既具备普通高等教育培养的知识水平,又具备中等职业教育培养的技能水平,如果处理得当,高等职业教育将有更大的发展空间。然而,目前很多专科学校受传统观念的影响,轻视职业技术教育,片面追求学历、学位教育,忽略职业技能,造成专科特色的缺失和人才质量的下降,面临严重的生存危机。

### (三)成人高等学校

长期以来,我国的高等教育被分为两种类型:普通高等教育和成人高等教育。①

---

① 接受成人高等教育参加招生全国统一考试,简称"成人高考",是中国成人高等学校选拔合格的毕业生以进入更高层次学历教育的入学考试,属于国民教育系列,列入国家招生计划,参加全国招生统一考试,各省、自治区、直辖市统一组织录取。设立之初,是为解决在岗人员的学历教育和继续教育问题,参加者多为成年人,是国家高等教育的重要组成部分。成人高考分为专科起点升本科(简称专升本)、高中起点升专科(简称高起专)和高中起点升本科(简称高起本)三个层次。录取入学后的学习形式包括函授、业余和脱产三种,以前两种形式为主,脱产学习只有极少数成人高校具有。经教育部审定核准举办成人高等学校的教育类型有:远程教育学院、广播电视大学、职工大学、业余大学、职工医学院、管理干部学院、教育学院、普通高校的成人(继续)教育学院(以下统称成人高校)。

普通高等教育的概念定义为："以符合规定尚未就业的青年为主要培养对象，以全日制为主要施教形式的各级高等教育"。而成人高等教育的概念为：对符合规定入学标准的在业或非在业成年人实施的高等教育，旨在满足成年人提高自身素质或适应职业要求的需要，是培养专门人才的途径之一。其特点是办学和教学形式的多样化，分学历教育与非学历教育两种。与此相对应的是两种高等教育的办学机构：普通高等院校和成人高等院校。

对于普通高等院校而言，其招生计划由国家下达，从入学到教学再到毕业都由教育机构全程监督，入学需要通过统一的正规考试，教学要按照国家的教学计划，毕业由国家统一颁发相应的学历证书和毕业证书。

对于成人高等院校而言，其生源主要是社会在职人员，主要进行技能培养，通过技能学习获得相应的资格等级和与之相对应的证书。区分两类教育的主要依据是教育的对象、教学的组织形式和招生的计划属性等。20世纪90年代以来，社会对人才的需求量日益增多，对人才类型的要求日益多样化，高等教育资源也更加丰富，我国高等教育发展的主要矛盾逐渐由数量和规模的问题逐渐转变为质量和结构的问题。

在这种背景下，传统区分高等教育类型的依据已不适应高等教育发展和改革的需要，特别是随着高等职业教育的迅猛发展，高等职业教育作为一种教育类型的特征日益突显。这样一来，"三改一补"的职业教育政策便顺理成章地纳入高等职业教育体系中，[1]成人高等教育也成为高等职业教育系统中的一员，被列入到高等职业教育的教育形式中，并发挥着积极的作用。

同时，成人高等教育的特征和发展现状也为高等职业教育的积极开展提供了可能。

（1）我国的成人高等学校多数与企业或行业有着天然的联系，不仅可以充分依托企业或行业办学，实现资源共享，解决师资队伍、实验设施和实训基地等问题，还可以及时了解社会需求状况，合理调整专业设置和教学内容，提高人才培养质量以及及时调整人才培养方向。

（2）作为成人高等教育，其面对的教育群体是社会在职人员，学员本身已经具备一定的实际操作经验，加上教师对其进行专业的技能培养，就更有助于其在以后的工作岗位中发挥更大的作用。因此，这种模式就成为高等职业教育的特色，为高等职业教育体系填充了新的活力，更有助于专业人才的培养。

---

[1] "三改一补"方针，即对现有的高等专科学校、短期职业大学和独立设置的成人高校进行改革、改组和改制，并选择部分符合条件的中专改办。这些新设置的高等职业技术院校均为专科层次，主要面向地区经济建设和社会发展培养生产、服务和管理第一线需要的适用型人才。

（3）成人高等教育被列入高等职业教育的范畴，实质上是对以往学历教育形式的改革与创新，无论是在教学形式上，还是在教学内容上，或者是最终的人才培养成果，都有自身的特色，为高等职业教育体系的完善发挥了更大的作用。同时，成人高等教育在办学实践中，已经形成了主动适应经济社会发展需要的教育观念，在培养应用型专门人才方面积累了大量的宝贵经验。

目前，我国成人高等教育已经形成了多形式、多层次、多规格、多类型和多渠道办学的新格局。截至2017年5月31日，全国高等学校共计2 914所。其中普通高等学校2 631所（含独立学院265所），成人高等学校283所。当然，由于成人高等学校大多存在师资力量，教学设施，办学经费，生源等方面的问题，因此，成人高等学校并非都可以举办高等职业教育。按国家相关政策的规定，在办学条件、师资力量和学校规模等方面具有一定优势的一部分学校可以改制为职业技术学院；另一部分则可以改为社区学院，提供专科教育的学习课程和短期培训课程，成为终身教育体系的组成部分。

### （四）重点中专中的五年制高等职业教育

长期以来，我国职业教育发展的主体是中等职业教育。随着职业教育层次的提升，中等职业教育成为高等职业教育发展的基石。1985年7月，国家教委批准在西安航空工业学校、国家地震局地震学校和上海电机制造学校3所中等专业学校试办五年制技术专科，具体办法是以中专名义招收初中毕业生，2年期满时，按学生的学习成绩和志愿，择优选拔一部分升入专科，学习3年，考试合格后，发给大专毕业证书；其余学生仍然按中专教学计划，学习2年，考试合格后，发给中专毕业证书，简称"四五学制套办"。

实行这种学制的目的在于试办一种依托于中等专业学校的具有职业技术教育性质的专科学校，使中专升格，但不改变其性质。经过多年的试点，这3所学校的办学取得了显著成绩。

1994年9月，国家教委决定在另外部分重点中等专业学校举办初中后五年制高等职业班；1996年6月，又批准了部分学校；到1997年，这类学校已经超过20所。之后，一些省市又积极推动中等专业学校采取"3+2"的形式举办高职班。至此，中等专业学校五年一贯制的办学模式成为现阶段高等职业教育发展的特殊形式。

综合分析我国职业教育体制现状，可以发现重点中等专业学校具备办好高等职业院校的基础。第一，重点中专举办高等职业教育符合我国职业教育发展的内在规律，有利于规范职业教育体系。我国现有3 000多所中等专业学校，其中有近1/3属于国家级重点中专学校，这是一笔巨大的教育财富。鼓励有条件的重点中专学校举办高等职业教育，不但可以充分利用现有教育资源，而且可以缓解高等职业教育资源缺乏的矛盾。第二，重点中专有着较长时间的职业教育办学实践经验，特别是改革开放30年来，这些学校在改革、深化、发展、创新的过程中，积极借鉴国外先进的职业教育理论和办学模式，获得了许多成功的经验，教学质量和水平不断提高。第三，有利于中等职业教育和高等职业教育的沟通与衔接，从根本上改变中等职业教育作为终结性教育的状况，推动开放式职业教育体系的构建和完善。在近20年的探索中，五年制高等职业教育的优势逐步明晰，以毕业生就业率为例，1999年全国五年制高等职业教育毕业生的就业率高达96%，2000年为97%；2001年和2002年，在全国高校就业出现较大困难的情况下，五年制高职毕业生的就业率达到87%。[121]

高等职业教育的发展应当具有多样性，五年制技术专科是教育改革的大胆尝试，也是一种国际公认的成熟学制。国家确定"三改一补"发展高等职业教育方针中，把中专作为高等职业教育的一个补充，不仅表明中专在职业教育体系中具有承上启下的作用，也充分考虑到我国的国情和高等教育的发展状况。但是，中等专科教育毕竟不属于高等教育范畴，这就使中等专业学校在办学理念、管理模式、教学方法等方面暴露出较大的滞后性。有的学校仍然沿袭传统的发展模式，缺乏高等教育的校园氛围，办学条件和教学设施相对落后，难以适应高等职业教育大发展的要求。近年来，由于普通高等教育的不断扩招，中等专业学校招生数量和质量逐年滑坡，许多学校办学规模大幅缩减，面临严峻生存危机，应该引起广泛关注。

### （五）本科院校举办的二级职业技术学院

1999年，在国家大力发展高等职业教育政策的影响下，一批普通本科院校纷纷建立二级职业技术学院，成为发展高等职业教育的一支新的生力军。

传统大学在人才培养方面的变化表现为学术性教育和职业性教育的界限逐渐模糊，二者在教育目标上逐渐融合，而且有向职业性倾斜的态势。

通过"三改一补"政策，我国最初将职业大学、高等专科学校和成人高等学校作为发展高等职业教育的三种主要形式。然而，这三种学校在我国高等教育体系中一直处于弱势地位，而且存在许多问题亟待解决，如学科结构，高等职业教育特色，师资力量，经费投入，校舍规模等。因此，仅仅依靠单一的"三改一补"政策不能全面实现高等职业教育的改革与发展目标，尤其不能保证高等职业教育的人才培养质量。

正是基于这一现实，1998年教育部颁发的《面向21世纪教育振兴行动计划》中提出了"部分本科院校可以设立高等职业技术学院"。1999年6月13日我国中央、国务院《关于深化教育改革全面推进素质教育的决定》中进一步指出"支持本科高等学校举办或与企业合作举办职业技术学院（或职业学院）"。

这表明政府希望通过部分本科院校的参与，来增强和充实高等职业教育发展的力量，提升其社会影响力和教育质量。根据这一指导方针，近几年来，全国举办高等职业技术教育的本科院校已达到230多所，包括一些著名的重点大学。

教育部2014年对外说明指出，1999年大学扩招后600多所"专升本"的地方本科院校，将逐步转型为职业技术学院，做现代职业教育，重点培养工程师、高级技工、高素质劳动者等。

无论对于高等职业教育的发展，还是对于普通高校自身的改革，普通本科院校办高等职业教育都具有非常重要的意义。大多数普通本科院校都拥有资源优势和品牌效应，对于高等职业教育的发展具有重要的意义：①大学尤其是重点大学拥有雄厚的综合实力和很高的学术地位与声誉，在一定限度内，让这些大学参与高等职业教育的发展建设，对于提高高等职业教育的地位和社会影响力具有重大的作用；②目前我国高等职业教育尚未形成与普通高等教育结构相协调的层次结构，在从事本科教育的大学开展高等职业教育专业人才培养，有利于推动高等职业教育向更高层次发展；③相对而言本科大学拥有雄厚的师资力量、完善的教学设施、先进的实验基地，依托这些大学来办高等职业教育，有利于改善高等职业教育的综合办学条件，保证高等职业技术人才培养质量的提高。

同样，大学举办高等职业教育对于大学自身的发展与改革也具有重要影响，主要表现在：①有利于加强大学与社会之间的互动，更好地为地方经济和社会发展服务；②有利于推动大学教育观念的转变，进一步深化人才培养模式的改革；③国家对举办高等职业教育的政策调整，也为大学自身内部的改革创造了良好的机遇，为推进大学办学体制和运行机制改革提供了重要启示，为教育结构调整提供了借鉴，为学校综合办学能力的提高提供了活力。

近年来，普通本科院校办高等职业教育面临着挑战。一方面，随着高校的持续扩招，规模不断扩大而资源相对不足的矛盾逐渐出现；另一方面，现阶段高等职业教育的发展层次被国家政策限定在专科水平，挫伤了一些本科院校的办学积极性。在这种情况下，普通本科院校是否应该举办高等职业教育引起广泛关注，有的省市甚至出台了一系列政策来限制普通本科院校继续举办高等职业教育。在多重因素的影响下，有的普通本科院校停办了高等职业教育，有的则逐年缩减高等职业教育的招生规模。

当然，也有一些重点大学仍然继续积极开展高等职业教育本科层次的试点工作，如同济大学、重庆大学、西南交通大学、南京林业大学等，还有一些重点大学尝试开展研究生层次的高等职业教育，主要是为中职和高职院校培养师资，如西安交通大学、天津大学、东南大学、哈尔滨工业大学、同济大学、厦门大学、云南大学、华中科技大学等。从长远发展来看，随着高等学校发展定位的逐渐明确，一部分普通本科院校举办高等职业教育不但不应该削弱，反而应当逐渐加强。

## 二、中国高等职业教育的特点分析

职业教育政策强调建立现代职业教育体系，随着社会的发展以及全球化和工业化的推进，我国经济进入高速发展阶段，产业面临新一轮的升级。要想适应经济发展状况，就必须大力发展职业教育，建立现代职业教育体系。

20世纪80年代，由于职业教育在教育结构、办学条件等方面存在一系列问题，中央在1985年《关于教育体制改革的决定》中提出"逐步建立起一个从初级到高级、行业配套、结构合理又能与普通教育相互沟通的职业技术教育体系"，首次提出了职业技术教育体系的概念。

20世纪90年代，职业教育发展缓慢，难以适应经济发展的需要，存在专业设置不能满足市场需要、管理体制不畅等问题。在这样的背景下，国务院在1991年《关于大力发展职业技术教育的决定》中，提出了"我国特色职业技术教育体系"的基本框架。2005年，国务院在《关于大力发展职业教育的决定》中首次提出了现代职业教育体系的概念。

经济的高速发展、产业的转换升级以及产业结构的调整，对人才的素质和技能都提出了新的要求，迫切需要高素质人才，可目前职业教育的发展还未能满足这一要求。所以，迫切需要建立和完善现代职业教育体系，国家于2010年开始，颁布各项政策，建设现代职业教育体系。

2010年7月，《发展规划纲要（2010—2020年）》提出，职业教育要贯穿人的一生，在注重培养学生知识和技能的同时，也要重视培养学生的职业道德；同时，还指明了现代职业教育体系必须具备的三个基本属性：要体现经济发展的需求性；要体现终身学习的开放性；要体现职业教育的系统性。

2014年6月，国务院印发《关于加快发展现代职业教育的决定》，提出要加快职业教育的发展。该决定对今后一个阶段职业教育的目标、办法等做出了规定，提出"到2020年，形成适应发展需求、产教深度融合、中职高职衔接、职业教育与普通教育相互沟通，体现终身教育理念，具有我国特色、世界水平的现代职业教育体系"。2014年

6月,教育部等六部发布了《现代职业教育体系建设规划(2014—2020年)》的通知,对职业教育发展的目标、要求做出了规定。基于此,现代高等职业教育体系特点主要体现以下几方面:

### (一)适应发展需求

适应发展需求,是指职业院校要面向市场,不断调整发展方向。要增强职业院校的自主性,使职业院校自主处理学校事务,这样,职业院校才可以灵活地根据市场变化调整专业设置等,更好地适应社会需求,增强职业院校的竞争力。例如,在专业设置方面,要定期做好市场调查,进行市场人才供需分析,并依据科学的数据分析进行专业的增减;在课程开设方面,学生要进行的实践操作课程要保障相应的时数,并且还要开设相应的人文课程。同时,在办学主体方面,也应鼓励多元化,采取税收减免等措施吸引企业、行业等共同办学,鼓励社会、个人捐资助学,支持职业教育的发展。

### (二)产教深度融合

产教深度融合的办法:①在专业的设置方面,要使教学内容与实际生产保持一致,使得学生的技能学习能满足生产需要。②在校企合作方面,可采取多样化的合作方式,像订单培养、企业在校中设厂等,学生可以在企业中观摩学习生产过程,也可实习实践。在管理方面,可设置专一机构,由学校和企业领导共同商讨、管理。③在创新技术机制方面,学校、企业和科研部门可以共同合作,研发产品和新技术,也可负责国家的一些科研项目,三方共同完成,这样,不仅有利于提高技术水准,也有利于增加收益。④在民族工艺传承方面,职业院校应注重民族文化和工艺的传承,开设相关专业。宣扬民族文化不仅有利于传承民族文化和工艺,也有利于使职业院校办出自己的特色,更具有市场竞争力。

### (三)中高职衔接

中高职衔接途径有:①中等职业院校和高等职业院校在培养目标、课程内容等方面要注意做好衔接和沟通,避免课程内容的重复或缺乏衔接。②完善学历、学位证书和资格证书制度,加强不同层次职业教育的衔接,同时,采取相应办法,建立普通教育和职业教育的转换制度,实现职业教育内外部的转换。③建立从中职、高职、本科到研究生的培养机制,改变以往职业教育断头的局面,满足学生继续深造学习的教育需求,也使得学生在专业技能方面的学习更加深入,有利于培养社会所需要的高素质、高技能人才。

## （四）普职相互沟通

普通教育和职业教育要相互沟通，在课程开设、资源共享、学生转换等方面实现沟通、合作。首先，普通学校要开设一些职业教育课程，增强学生的实践能力，职业院校也要重视通识课程的学习，提高学生的基本素质。其次，普通院校和职业院校应加强相互转换和资源共享。无论是职业院校的学生还是普通院校的学生都可以选择通过考试进入普通院校或是职业院校学习，普通院校和职业院校在课程的学习和学分上应当互相认可。普通院校和职业院校在场地设施和教师方面也可以进行合作，在教师方面进行教师互聘，在场地和教学设施方面实现共享。

## （五）终身教育理念

终身教育包含职业辅导教育、职业继续教育和劳动者终身学习。职业辅导教育：普通教育学校要开设相应的职业技术的课程，比如劳动课、指导课等，为学生提供相应的职业教育，以促使学生今后更好地发展。职业继续教育：各类职业院校和培训机构要为各类人群提供不同种类的职业技术培训，以便他们更好地就业和进行职业技术转换。劳动者终身学习：是指要让职业技术教育贯穿劳动者的一生，让劳动者在任何阶段都可以选择自己需要的职业技术培训进行学习，得到终身学习和发展。

此外，《现代职业教育体系建设规划（2014—2020年）》还对课程改革、"双师型"教师培养培训、招生考试制度改革、经费投入等一系列问题做了详细说明。现代职业教育体系的提出和构建设计，对职业教育的发展提出了相应的措施和要求。现代职业教育体系的建设和规划体现出开放性、完备性、发展性、灵活性的特征。

开放性体现在职业教育要根据社会经济的发展，对人才培养的目标、结构等进行相应的调整，同时，职业教育也应面向各类人群，贯穿人的一生。完备性体现在职业教育不仅和普通教育相沟通、相融合，而且建立了由中职、高职、本科、研究生构成的体系，学生可以在职业技术教育方面有更深入的学习和更多的发展。发展性体现在职业预备教育、职业教育、职业继续教育贯穿人的职业发展，有利于发展学习者的职业能力以及职业技能的提升和职业的转换，还有利于满足学习者不同阶段的需求，促进个人发展。灵活性体现在随着普通教育和职业教育的沟通，职业教育和普通教育开展了学分互认等制度。凡此种种都表明：职业教育更加注重内涵发展，致力办出使人民满意的教育。

在短暂的30多年中，我国高等职业教育走过了一段艰难、曲折的发展历程。20世纪80年代是我国高等职业教育的初创时期，这个时期高等职业教育的地位得到了具体的确立；而20世纪80年代后期到20世纪90年代中期是我国高等职业教育发展过程中的调整阶段，这个阶段中，对高等职业教育发展过程中遇到的一些问题进行了系统的改革和调整，为以后高等职业教育的发展阶段性地扫清了障碍；20世纪90年代后期至今是我国高等职业教育的完善和飞速发展时期，其间，高等职业教育无论是在理念还是政策方面都有了新的发展和进步，为整个社会培养的人才也越来越实用。高等职业教育的发展历程是坎坷的，但是这并不能阻碍高等职业教育发展的步伐，高等职业教育事业的特色也开始越来越突出。

### 三、中国高等职业教育的影响分析

纵观我国教育事业的发展历程，从历史背景的角度看，我们有着长期的"重学轻术"文化传统和价值取向；从教育观念的角度看，"重理论，轻实践"的传统教育观念长期主导着我们的人才培养工作，仿佛职业教育是"后娘所养"，注定没名没分，难登大雅之堂。在许多人的潜意识中，职业教育是普通教育的补充，无论是身份还是地位都低于普通教育，属于次等教育。

我国高等职业教育劣势地位的扭转和改善，首先来自政府的积极态度和相关政策的支持。职业教育的发展离不开政府的支持，发达国家高等职业教育发展中的一条重要经验就是政府的推动作用。近几十年来，随着我国社会的发展和经济的进步，对技术应用型人才的需求越来越迫切，政府对高等职业教育的重视和支持力度呈显著的加大趋势。

中央政府先后召开多次的全国职业教育工作会议及高职高专教育"产、学、研结合"经验交流会，对高等职业教育的管理体制进行调整和改革，把举办、发展和管理高等职业教育的权限下放到省级人民政府；积极放宽高等职业教育的招生指标，允许各类高等职业院校根据现有的办学资源状况自主招生，在发展过程中学到了宝贵的经验。

### （一）政策是高等职业教育发展与改革的关键

回顾我国高等教育发展历史，在很长一段时期，无论是在法律上还是在现实中，高等职业教育在我国高等教育中的地位都较低。从20世纪90年代开始，发展高等职业教育日益成为政府高等教育政策的重要内容之一。

这一时期是我国高等教育发展速度最快、改革成效最大、取得成绩最为突出的重要时期，也是高等教育发展政策制定和调整较为集中的一个阶段。在众多高等教育政策的制定中，加快推进高等职业教育的发展与改革成为重点，也是相关政策制定的目标之一。这表明，高等职业教育在政府教育政策中已经占据了一席之地，并正在从高等教育政策的边缘向中心移动。事实上，也正是政府教育政策的大力支持，才创造了高等职业教育飞速发展的局面。

我国高等职业教育劣势地位的扭转和改善还取决于高等职业教育自身发展功能的提升。从教育政策角度看，实现高等教育大众化是《面向21世纪教育振兴行动计划》中确立的重要教育发展目标之一。1998年，我国高等教育的毛入学率为9.8%；2000年制定的《全国教育事业第十个五年计划》中提出，到2005年，我国高等教育的毛入学率将达到15%，在校生数达到1 600万人。我国高等教育进入国际公认的大众化阶段，高等职业教育已经发挥并正在持续发挥主管道作用。

从经济角度看，我国要成为世界制造工厂，要发展制造业、高新技术产业，走新型工业化道路，离不开数以千万计的技术、技能型人才，离不开较高素质的劳动者。目前，全国共有独立设置的高等职业学校908所，占全国普通高校总数的58.5%，基本上形成了每个市（地）至少设置一所高等职业学校的格局，成为与地方经济社会发展和人民利益联系最紧密、最直接的高等教育办学机构。

从社会发展角度看，建立终身教育体系和学习型社会，是我国坚持科学发展观、构建和谐社会在文化教育方面的重要特征和重要任务。职业教育和培训是终身教育体系和学习型社会的重要支柱，对于构建终身教育体系和形成学习型社会，具有不可替代的作用。

### （二）政策目标与发展方向的明确

随着我国职业教育发展所需要的外部环境和条件的不断改善，人们对职业教育在现代社会发展中的地位和作用的认识水平不断提升，政府发展职业教育的指导方针也越来越明确。

1985年5月，《我国中央关于教育体制改革的决定》中强调调整职业教育结构，大力发展职业教育，并逐步建立起一个从初级到高级、行业配套、结构合理又能与普通教育相互沟通的职业教育体系。

1991年，根据我国经济社会对多样化人才的需求，《国务院关于大力发展职业技术教育的决定》中强调，力争在20世纪90年代初步建立起具有我国特色的、从初级到高级、行业配套、结构合理、形式多样，又能与其他教育相互沟通、协调发展的职业技术教育体系的基本框架。

1996年颁布的《职业教育法》中强调，建立和健全职业学校教育与职业培训并举，并与其他教育相互沟通、协调发展的职业教育体系。

2002年7月颁布《国务院关于大力推进职业教育改革与发展的决定》,强调力争在"十五"期间初步建立起适应社会主义市场经济体制,与市场需求和劳动就业紧密结合,结构合理、灵活开放、特色鲜明、自主发展的现代职业教育体系。

2003年教育部、劳动保障部、国防科工委、信息产业部、交通部、卫生部六部门共同启动了"制造业和现代服务业技能型紧缺人才培养培训工程",将全国250多所高等职业院校和340多所中职学校,作为技能型紧缺人才示范性培养培训基地。

2004年教育部制定的《2003—2007年教育振兴行动计划》中提出,要实施"职业教育创新工程",强调"大力发展职业教育,大力培养高素质的技能型人才特别是高技能型人才""以就业为导向,大力推动职业教育转变办学模式"。2003—2007年的5年内,我国职业院校将向相关行业领域输送毕业生100万人,提供短期技能培训300万人次。时任教育部副部长吴启迪表示,有关部门将争取中央则财政支持,为这项工程的实施提供必需的经费。[122]

教育部还将实施"试办示范性软件职业技术学院"项目和"制造业高等职业人才培养工程",计划在全国遴选建设35所示范性软件职业技术学院,建设40个左右高水平区域共享的高等职业教育制造业人才培养实训中心;力争在5年内为国家培养30万制造业高等职业技术人才和20万软件蓝领人才。

从2002年起,国家对高等职业教育越来越重视,颁布了一系列政策,也不断召开讨论会,对高等职业教育体系中的相关问题进行探讨,明确了高等职业教育的办学宗旨、办学目的、办学模式、办学方法等。可见,高等职业教育真正成为我国高等教育的重要组成部分,高等职业教育的发展已由一般的倡导和规划层面进入了实质性有步骤的实施阶段。

### (三)多类型、多层次和多模式办学与发展格局的形成

20世纪80年代初是我国高等职业教育的萌芽时期,职业大学最先成为发展高等职业教育的标志。从1980年到1985年,职业大学由最初的10多所增加至120多所。这一时期,职业大学大多数是由地方创办的,规模相对较小,办学模式和办学管道也比较单一,这种状况一直持续到20世纪90年代中期,详见表5-3。

表5-3 职业大学发展基本情况

| 年份 | 1990 | 1991 | 1992 | 1993 | 1994 | 1995 | 1996 | 1997 | 1998 |
|---|---|---|---|---|---|---|---|---|---|
| 学校数 | 114 | 114 | 85 | 83 | 87 | 86 | 82 | 80 | 101 |

数据来源:历年中国教育事业统计年鉴(笔者自行整理)

到了20世纪90年代后期，高等职业教育开始不断完善，无论是办学规模还是办学数量都有了明显的提高，办学机构和办学方式也开始变得多元化，这为整个高等职业教育的发展创造了良好的条件，也为高等职业教育体系的建立和完善打下了坚实的基础，详见表5-4。

表5-4 高等职业教育院校数量变化情况

| 年份 | 1996 | 1997 | 1998 | 1999 | 2000 | 2001 |
| --- | --- | --- | --- | --- | --- | --- |
| 高职高专院校数/所 | 424 | 417 | 432 | 474 | 442 | 448 |
| 成人高校数/所 | 1 138 | 1 107 | 962 | 871 | 772 | 862 |
| 合计 | 1 562 | 1 524 | 1 394 | 1 345 | 1 214 | 1 310 |

数据来源：历年中国教育事业统计年鉴（笔者自行整理）

20世纪90年代末，政府明确提出了要采用多形式和多模式来发展我国高等职业教育的政策，引发了我国高等职业教育在类型结构、层次结构和办学模式等方面的深刻变革。类型结构方面，举办高等职业教育的学校类型有职业技术学院、短期职业大学、普通高等专科学校、独立设置的成人高校、本科院校举办的二级职业技术学院、具有高等学历资格的民办高校以及部分重点中等专业学校等。截至2002年底，全国共有1 374所独立举办高等职业教育的院校，占全国高等学校总数的68.6%，其中，职业技术学院548所，高等专科学校219所，成人高等学校607所。[123] 以下整理2009—2018年高等教育学校数（所）及中等教育学校数（所）统计资料，如表5-5所示。

表5-5 2009—2018年高等教育学校数（所）统计

| 指标 | 2009 | 2010 | 2011 | 2012 | 2013 | 2014 | 2015 | 2016 | 2017 | 2018 |
| --- | --- | --- | --- | --- | --- | --- | --- | --- | --- | --- |
| 普通高等学校数 | 2 305 | 2 358 | 2 409 | 2 442 | 2 491 | 2 529 | 2 560 | 2 596 | 2 631 | 2 663 |
| 本科院校学校数 | 1 090 | 1 112 | 1 129 | 1 145 | 1 170 | 1 202 | 1 219 | 1 237 | 1 243 | 1 245 |
| 专科院校学校数 | 1 215 | 1 246 | 1 280 | 1 297 | 1 321 | 1 327 | 1 341 | 1 359 | 1 388 | 1 418 |
| 职业技术学院学校数 | 1 071 | 1 113 | 1 143 | | | 1 186 | | | | |
| 其他机构（教学点）学校数 | 74 | 56 | 47 | 36 | 33 | 31 | 28 | | | |
| 独立学院学校数 | 322 | 323 | 309 | 303 | 292 | 283 | 275 | | | |
| 成人高等学校数 | 384 | 365 | 353 | 348 | 297 | 295 | 292 | 284 | 282 | 277 |
| 民办高等教育机构学校数 | 812 | 836 | 830 | 823 | 802 | 799 | 813 | 742 | 747 | 750 |

数据来源：历年中国教育事业统计年鉴、全国教育事业发展统计公报（笔者自行整理）

一批投资大、机制新的民办高校正在进入高职领域，目前，我国已有民办高等职业院校164所，占高职学校数的18%。[124]层次结构方面，按照现有的政策性界定，高等职业教育是大专层次的教育，高职高专成为高等职业教育的代名词。近几年来，高等职业教育在层次结构方面进行了积极的探索，少数本科院校举办了试点和示范性的应用技术本科。经教育部批准的50多个国家重点建设职业教育师资培养训练基地中有20多个是依托重点大学建立的，还开展了主要招收中等职业学校教师的研究生层次的培养工作。

高等职业教育层次结构的拓展和提升，体现出高等职业教育的类型和体系特征。办学模式呈现多样化的趋势。与高等职业教育发展初期相比，目前各类高等职业院校的办学途径更为宽泛。

除原有的政府办学模式外，还有公办民助、民办、校企联办以及中外合作办学等多种模式。从隶属关系来看，各类高等职业院校中除少部分隶属国家部委和私营企业外，大部分归地方政府管理。这种办学机制，增加了办学主体的多元化，调动了地方政府办学的积极性。

### （四）高等职业教育规模的增长

伴随着高等教育的跨越式发展，我国高等职业教育事业规模迅速扩大。20世纪90年代是高等职业教育规模发展的重要时期，其在高等教育总规模中所占比例逐渐上升。1999年，党中央、国务院做出大幅扩大高等教育招生规模的决定，并将招生计划增量部分主要用于发展高等职业教育。2002年，国务院召开全国职业教育工作会议，颁布了《关于大力推进职业教育改革与发展的决定》，提出"要积极发展高等职业教育，有条件的市（地）可以举办综合性、社区性的职业技术学院"。1998—2003年，全国高等职业教育招生数从43万人增长到200万人，在校学生从117万人增长到480万人。短短5年时间，高等职业教育招生数和学生数分别增长3.7倍和3.1倍，分别占全国普通高校招生数和学生数的52.3%和42.3%，成为高等教育界的"半壁江山"。[125]这些详见表5-6。

根据表5-6中可以看出，高等教育院校每年招生数、在校生数、毕业学生数均不断攀升，高等职业教育的蓬勃发展显而易见，相对也提醒我们必须思考与解决学生就业问题。

2019年全国教育事业统计公报显示，2019年全国共有各级各类学校53.01万所，比上年增加1.13万所，增长2.17%；各级各类学历教育在校生2.82亿人，比上年增加660.62万人，增长2.40%；专任教师1 732.03万人，比上年增加59.18万人，增长3.54%。

2019年中等职业教育招生600.37万人，比上年增加43.32万人，占高中阶段教育招生总数的41.70%，这一比例较上一年数据（42.27%）没有明显变化；2019年高职（专科）院校1 423所，比上年增加5所。普通专科在校人数1 280.7万人（上一年数据为1 133.7万，较上年增加147万），2019年招生人数493.6万（上一年数据为368.8万，较上年增加124.8万）。2019年3月5日，李克强总理在政府工作报告中提出"今年高职院校大规模扩招100万人"。随后扩招启动，单列计划招收退役军人、下岗失业人员、农民工、新型职业农民等群体。

表5-6　高职高专教育2012—2018年发展数据统计　　　　　　（单位：万人）

| 年份 | 招生数 高等教育本专科 | 招生数 成人高等教育本专科 | 招生数 合计 | 在校生数 高等教育本专科 | 在校生数 成人高等教育本专科 | 在校生数 合计 | 毕业学生数 高等教育本专科 | 毕业学生数 成人高等教育本专科 | 毕业学生数 合计 |
|---|---|---|---|---|---|---|---|---|---|
| 2018 | 790.99 | 273.31 | 1 064.3 | 2 831.03 | 590.99 | 3 422.02 | 753.31 | 217.74 | 953.05 |
| 2017 | 761.49 | 217.53 | 979.02 | 2 753.59 | 544.14 | 3 297.73 | 735.83 | 247.04 | 982.87 |
| 2016 | 748.61 | 211.23 | 959.84 | 2 695.84 | 584.39 | 3 280.23 | 704.18 | 244.47 | 948.65 |
| 2015 | 737.85 | 236.75 | 974.60 | 2 625.30 | 635.94 | 3 261.24 | 680.89 | 236.26 | 917.15 |
| 2014 | 721.40 | 265.6 | 987.0 | 2 547.70 | 653.12 | 3 200.82 | 659.37 | 221.23 | 880.6 |
| 2013 | 699.83 | 256.49 | 956.32 | 2 468.07 | 626.41 | 3 094.48 | 638.72 | 199.77 | 838.49 |
| 2012 | 688.83 | 243.96 | 932.79 | 2 391.32 | 583.11 | 2 974.43 | 624.73 | 195.44 | 820.17 |

数据来源：历年中国教育事业统计年鉴，国家统计局、教育部发展规划司的全国教育事业发展统计公报（笔者自行整理）

### （五）人才培养模式改革的深化

经过几十年的探索，我国对高等职业教育的认识更为深刻。高等职业教育的发展正逐步由注重规模和数量的增长向更加注重特色和质量的提高转变。树立科学的教育观念，创新办学理念，推进人才培养模式的深化改革，已成为我国高等职业教育改革与发展的重点。

高等职业教育人才培养模式基本特征明确：①以培养生产、建设、管理和服务第一线的高等技术应用型专门人才为根本任务；②以社会需求为目标，以培养技术应用能力为主线设计教学体系和培养方案；③以"应用"为主旨和特征构建课程和教学内容体系；④实践教学的主要目的是培养学生的技术应用能力，并在教学计划中占有较大比例；⑤"双师型"教师队伍的建设是提高高等职业教育教学质量的关键；⑥产学结合、校企合作是培养技术应用型人才的基本途径。[126]

一批示范性办学基地的建立，标志着我国高等职业教育人才培养的质量工程全面启动。在专业与课程建设方面，从2000年起，我国相继启动了示范性职业技术学院和示范性软件职业技术学院建设，加强专业和课程建设。教育部确定了415个精品专业建设项目，并以这些精品专业为龙头，带动各省市和学校开展专业改革试点，同时，还确定了近300门国家精品课程。

推进教材建设方面，国家"十五"期间已规划并陆续出版500多本高等职业教育的精品教材，还引进一些国外最为成熟的优秀职业技术教材，这基本上可以解决高等职业教育的教材问题。

在师资队伍建设方面，教育部已审批建立了50多所国家重点建设职业教育师资培养培训基地，其中有20多所是依托国家重点大学建立的，主要开展职业教育本科和研究生层次的师资培养。同时，还分别在天津和上海专设高等职业教育培训基地，开展"双师型"师资队伍建设工程。

我国高等职业教育人才培养模式改革不断向纵深推进，为整个高等职业教育体系的建立和完善打下了基础，同时，也推动了高等职业教育事业的发展。

在人才培养方面，开展"定向培养"或"订单式培养"模式，走校企合作和"产、学、研"相结合的道路，实现双赢和共同发展。在学籍与教学管理方面，实行更加灵活的学籍管理和教学管理制度，实行学历教育与职业培训以及职业资格证书制度并举。

在学制改革方面，把高等职业教育学制由三年逐步过渡到两年。这些积极的政策保证了我国高等职业教育改革的顺利开展。

### （六）激进与稳健的有机融合

当前国际竞争异常激烈，格外凸显了对经济实力和教育水平的要求。随着我国高等教育事业的稳步发展，高等职业教育也在不断前进，高等职业教育政策也在日趋完善。我国高等职业教育政策的发展既表现出一定的激进性特征，又表现出稳健性的特点，是两种特征的有机融合，推动着我国高等职业教育又好又快地向前发展。

随着《我国中央关于教育体制改革的决定》《我国教育改革和发展纲要》等政策的先后出台，与之对应的一系列高等职业教育改革的政策也相继颁布和实施。在高等职业教育的办学体制方面，以中央、省（自治区、直辖市）、市三级政府为办学主体的灵活性办学体制已经初步建立。

同时，国家加大对社会力量办学的鼓励和扶持，这种多元化的办学体制也已经初步形成。在高等职业教育的投资模式方面，以财政拨款为主体，采用校企联办等筹资方式募集资金，多渠道资金筹集模式已经开始发挥作用。

在高等职业教育的管理体制方面，共建共管、合作办学、学校合并、协作办学和转由地方政府管理等五种形式的改革方案都取得了一定的成效，并正在逐步加强中央教育行政主管部门的宏观调控，地方教育行政部门主管的微观管理，以及中央教育行政主管部门和地方教育行政主管部门对高等职业教育的统筹管理。在高等职业教育的内部管理体制方面，由统一招生转变为学校根据区域特点和社会发展的需求自主招生，各院校依法自主办学和自我约束的能力大大提升，越来越符合经济发展的需要，逐渐走向科学化、制度化、灵活化的发展道路。

总之，通过各项高等职业教育改革政策的制定和实施，我国高等职业教育的体制在很短的时间内发生了巨大的变化。从我国高等职业教育的总体发展情况来看，通过一系列激进的政策决定，我国高等职业教育致力走规模化、结构化、质量化、效益化相统一的协调发展道路，初步形成了适应国民经济建设和社会发展需要的多层次、多形式、多技能、多学科的高等职业教育体系，为我国高等职业教育的稳步发展打下了坚实的基础。

我国高等职业教育政策也充分体现了稳健性的特征。为了满足社会发展的多样化需求，我国高等职业教育分成了不同的发展方向，有的侧重基础教学，有的侧重职业技能的培养，有的侧重系统培训。不同的办学目标和办学水平决定了不同的评价标准。随着我国高等职业教育规模的不断扩展，各方对教学质量、人才培养等方面也非常重视，使我国高等职业教育健康稳步地发展。由于当前我国区域教育发展水平很不均衡，一部分品学兼优但是经济困难的学生被排除在高等职业教育大门之外。

为了解决这一问题，国家科学建立了奖学金和助学金制度，这也标志着我国高等职业教育助学政策体系的完善建立。各高等职业学校都成立专门的学生资助管理中心，由校级领导直接负责，主抓全校的国家助学贷款、奖学金、勤工助学、特殊困难补助、学费减免等工作的落实。我国在促进高等职业教育公平方面的稳健政策也使得我国高等职业教育不断进步。

## 四、中国高等职业教育的问题分析

作为我国高等教育的重要组成部分，高等职业教育肩负着培养数以千万计的高素质技能型人才的使命，是我国实现社会主义现代化建设的主要推动力。纵观高等职业教育30多年的发展历程，国家政策所发挥的作用不容忽视。改革开放至今，我国已经出台了百余部高等职业教育政策，涉及高等职业教育的方方面面，对我国高等职业教育的发展起到了极大的推动作用。但是，我们也应当注意到，政策的制定往往滞后于问题的出现，它所预期的发展前景与趋势在某种程度上与实际并不相符。

总结并明确当前高等职业教育政策存在的问题，可促使新政策的制定更加完备，以实现高等职业教育的快速发展。

### （一）高等职业教育政策的制定缺乏系统性衔接

高等职业教育与中等职业教育衔接政策的制定缺乏系统性。作为职业教育的主体部分，二者密不可分。20世纪90年代中期出台的《职业教育法》与《高等教育法》均强调了要"建立完善职业教育体系，使初等、中等和高等职业教育相互衔接"，1999年国务院颁布的《面向21世纪教育振兴行动计划》更是明确指出"中等职业学校毕业生中有一定比例可进入高等职业学校学习"。虽然近年来在政策指导下各地纷纷采取了中等职业学校毕业生参加高等职业学校入学考试的政策，实现了中高职的衔接，但这种衔接还不够完善，主要表现在两个方面：一是比例偏小；二是中高职课程安排与教学模式不一，重复教学状况经常出现。而且，此后国家颁布的一系列政策中虽有提及中高职衔接问题，但均未给出详细实施标准。

高等职业教育与普通高等教育衔接政策的制定缺乏系统性。作为两种不同的教育类型，二者采取的人才培养模式也必然不同。高等职业教育所要培养的是技能型的实用人才，更强调技能的培训；普通高等教育偏向理论型，更强调以理论知识学习为主的通识教育。我国早在1999年出台的《面向21世纪教育振兴行动计划》中就提出了"要逐步研究建立普通高等教育与职业技术教育之间的立交桥，允许职业技术院校的毕业生经过考试接受高一级学历教育"，此后出台的《关于深化教育改革全面推进素质教育的决定》更是明确了这一点。但是，这些政策仅仅强调要加强二者之间的沟通，忽略了二者之间的差别，之后也未出台相关的配套措施明确如何进行衔接。在此背景下，高等职业教育与普通高等教育的衔接只能是纸上谈兵。在现有高职毕业生进入普高学习的主要途径——专升本考试中，所用的教材和考试内容对于技术专长的高职生并不适用。

### （二）产学研合作政策建设滞后于实践发展

校企合作、产学研结合是我国高等职业教育发展的主要路径，第四次全国职业教育会议明确提出职业教育的发展要坚持"政府统筹、面向社会、地方为主、依靠企业"的思路，在高等职业教育发展中充分发挥行业企业的作用。此后，国家又出台了《教育部关于以就业为导向深化高等职业教育改革的若干意见》《教育部关于职业院校试行工学结合、半工半读的意见》等政策，并且在全国大规模建立校企合作的试点。但仅仅通过政策做出明文规定是不够的，还需要相关的监督措施，我国还没有建立规范完整的校企合作机制，企业参与的积极性较低。

### （三）高等职业教育政策内容宽泛、可操作性不强

法律规定内容宽泛，缺乏独立的法律文本。我国的高等职业教育起步较晚，法制建设水平还比较低，目前我国涉及高等职业教育的法规仅有《教育法》《职业教育法》和《高等教育法》，且内容不多，主要为概括性、原则性和目标性的规定。随着我国社会发展步伐的加快，相关规定逐渐滞后于社会进步与人才发展的需求，在一定程度上影响了高等职业教育的快速发展。

高等职业教育政策缺乏可操作性。自产生以来，我国高等职业教育的发展一直都依赖于国家政策的引领和指导，至今国家已经制定了百余部有关高等职业教育的政策，囊括了高等职业教育的方方面面。但是，其中大部分政策都只是描述了美好的发展前景，很少涉及与高等职业教育发展密切相关的具体组织问题和实施措施。有些政策对某些方面的工作做出了完美的计划，却没有明确指出将这些条款落到实处时该由谁来处置和如何处置，责任划归不够详细，内容比较宽泛，可操作性不强，严重影响到政策的落实和执行效果。

### （四）资金投入政策的支持和保障力度不足

充足的资金投入是实现高等职业教育顺利发展的基本保障。众所周知，高等职业教育作为培养高技能型人才的主要场所，它的发展是一个耗资巨大的过程，与普通高等教育相比，需要投入更多的设备、场地和人员。目前，我国举办高等教育事业的经费主要采取中央财政和地方财政的拨款为主，社会和企业适当承担的机制。在这有限的教育投入中，受传统"普优职劣"的鄙薄职业教育观念的影响，国家财政预算内的高等教育事业经费主要投向了普通高等教育，尤其是国家重点建设的一批"211""985"大学，这与当前高等职业教育占据高等教育"半壁江山"的地位不相称。21世纪伊始开展的国家示范性高等职业院校建设工程，获取了为数不多的高等职业教育事业经费的大部分，以致其他普通的高等职业院校所获得的教育经费比例越来越小。

另外，随着校企合作工作的展开，高等职业教育的产业化属性开始显现，舆论界对其展开了一系列讨论并不断将其扩大化，认为高等职业教育应该依靠高等职业教育的受益者和自身的产业运作来满足增加资金投入的需求。受这一言论影响，各级政府对高等职业教育的投入逐年降低。高等职业教育经费并没有随着它的发展不断增加，反而出现了减少，经费不足致使高等职业院校的办学条件和教学设施跟不上社会科技发展的步伐，影响了高等职业院校的发展。

### (五)对高等职业教育的定位不清晰

高等教育是指在完成中等教育的基础上进行的专业教育，是培养高级专门人才的社会活动，主要分为普通高等教育、成人高等教育两大类。[127] 目前我国学术界对于高等职业教育属于哪一类型并没有给出清晰的界定，甚至国家政策本身也存在矛盾。

1986年国务院出台的《普通高等学校设置暂行条例》对普通高等学校定义进行归纳，指出"普通高等学校是指以通过国家规定的专门入学考试的高级中学毕业生为主要培养对象的全日制大学、独立设置的学院和高等专科学校、高等职业学校"。根据这一条例规定，高等职业教育属于普通高等学校。1999年1月11日教育部与国家计委联合印发的《试行按新的管理模式和运行机制举办高等职业技术教育的实施意见》又提出"高等职业教育应由短期职业大学、职业技术学院、具有高等学历教育资格的民办高校、普通高等专科学校、本科院校内设立的高等职业教育机构（二级学院）、经教育部批准的极少数国家级重点中等专业学校、办学条件达到国家规定合格标准的成人高校来举办，但是凡承担此项试办任务的上述各类学校，不得安排常规的普通高等学历教育的招生"。这与《普通高等学校设置暂行条例》的说法相矛盾。此后政府出台的一系列政策对于高等职业教育的定位都没有再进行讨论，至今这个问题仍然存在。高等职业教育定位不明确，在发展过程中高等职业院校难以找准自身的定位，严重影响高等职业教育的健康稳定发展。

### (六)观念落后，对高等职业教育认识不足

政策制定主体对高等职业教育的认识不足。政策制定主体即决策者，是影响政策效果的关键因素之一。高等职业教育作为与社会经济关系最为密切的教育类型，是推动社会经济发展的主要力量，这也是美国与德国的高等职业教育政策经验所告诉我们的。作为教育政策的制定者和决策者，政府在高等职业教育的发展进程中肩负着不可推卸的重担。虽然现阶段我国对高等职业教育越来越重视，但是这种重视更多地体现在政策文件的制定和宣传中，并没有实质性的发展措施，出现"政策重视、行为忽视"的现象，高等职业教育的发展依旧是困难重重。而且，由于对高等职业教育认识不足，政策文本的制定不够完善，对于一项新政策的执行通常没有明确的标准和规定，使得新的政策难以落实到位。

政策执行主体对高等职业教育认识不足。教育政策的执行主体是指各级教育管理机构和管理人员，执行者的政策态度、政策理解能力、政策执行能力等直接影响教育政策的执行水平，影响教育政策目标的实现。[128] 在教育政策的执行过程中，经常出现

执行者为了自身利益的需求，对上级的政策内容进行取舍，甚至是附加不恰当的内容，又或者为了规避责任，擅自将政策范围扩大化，使政策的范围、力度和目标超越原有政策要求的情形。在我国高等职业教育政策执行当中，最明显的一个特征就是对高等职业学校的专业设置和教材选择方面实施包办和强制执行政策，这与高等职业院校日益增长的自主发展需求不相符。此外，我国高等职业教育的起步晚于其他国家，发展水平还比较低，人们鄙薄职业教育的观念严重，个别高等职业教育政策执行者也有这种观念。这种错误观念影响了政策执行者的政策态度及其对政策的理解与把握，进而影响到高等职业教育政策的落实程度与执行效果。

### （七）配套政策、法规缺失，措施不得力

缺少独立的法律体系，硬性规范缺失。当前我国仅有《教育法》、《职业教育法》和《高等教育法》三部教育类法案，其中有关高等职业教育的内容寥寥无几。高等职业教育具有高等教育与职业教育双重属性，较其他教育类型具有一定的特殊性。

《教育法》、《职业教育法》和《高等教育法》制定于我国高等职业教育初步发展之时，均未涉及高等职业教育的管理体制、运行机制和办学条件等重要问题，至今高等职业教育仍旧缺少一部真正属于自己的法律。而且，我国出台的百余部有关高等职业教育的政策均以"意见""建议""决定""通知""办法"等形式出现，硬性规定程度较低，在执行中易出现可有可无的错觉，影响高等职业教育政策的执行。

高等职业教育政策的出台，缺少相关的配套政策措施。首先，高等职业教育发展经费不足，这个问题从我国高等职业教育创立开始就一直存在。虽然近些年来高等职业教育备受国家重视，也得到了一定的发展，但是经费保障问题始终没有得到解决，经费不足阻碍着高等职业院校的发展。而且，我国高等职业教育被过早地推向市场，受市场经济利益的驱使，也为满足经费需求，高职院校盲目扩大招生规模，降低教学投入，严重损害了学生利益和学校形象。其次，高职院校毕业生就业保障机制缺乏。近几年国家出台的相关政策和法律均强调了高等职业学校要实行双证书制度，但在许多企业招聘员工的过程中并未要求就业者提供相关的从业资格证书，使得部分没有接受正规职业教育和培训而又有相关技术的农民工也可以参与竞争，挤压了高职学生的就业市场，挫伤了人们进入高等职业学校就读的积极性。

### （八）缺乏有效的监督机制

建立有效的监督机制是保证高等职业教育政策实施效果的前提和基础。回顾整个发展历程，不难发现，我国高等职业教育政策在执行过程中，监督不到位的现象时有

发生，主要表现在三个方面：

（1）法律监督缺失。作为与高等职业教育关系最密切的法律，1996年出台的《职业教育法》在高等职业教育的发展进程中起到了极大的推动作用，但是也存在着不足，主要表现在高等职业教育办学主体责任不明确、职业教育体系不完善等方面。在政策执行过程中，因责任不明确出现问题，却无法可依。

（2）现有监督政策有名无实。我国高等职业教育政策的落实程度检验通常以实施后的小组考察或提交执行报告的形式进行，给政策执行者可乘之机，曲解政策内容和实施效果作假现象时有发生，极大损害国家政策的科学性和权威性。而且，实质性的监督和控制缺失，致使政策执行不力的问责制度形式化现象严重，经常出现惩治不力或有法不依、执法不严的情况。

（3）缺乏有效的奖惩机制。自高等职业教育政策产生以来，我国并未出台过明确、严格的奖惩办法，这使得政策执行主体对是否执行某一政策或是执行的程度拥有选择的权利，因为无论执行与否、好与坏都不会受到惩罚。在那些固守传统的高等职业学校中，政策中空状况时有发生。尤其是高等职业教育进入市场化发展阶段以后，高职院校竞争压力不断增大，毕业生就业率成为其关注的焦点，对国家政策纷纷采取应付的态度，国家政策难以落到实处。

### （九）传统思想的束缚

（1）传统儒家思想的束缚。儒家思想对我国社会的发展影响深远，一直到今天，其"重理论、轻实践"的传统观念仍旧存在于人们的头脑中，是我国科技发展水平低下的原因之一。传统的高等教育受其影响，重视学术，以试卷考分作为学生能力的评判标准，忽视学生实践能力的培养，这与当今高等职业教育的人才培养目标相悖。

（2）传统官本位思想的束缚。官本位思想在封建社会一直被视为真谛，认为只有谋取官职才是人生最好的出路，将科举视为晋升的最好途径。当今社会，这一思想仍旧存在于我国大部分家长的头脑中，影响到人们对学生的教育观念与教育方式。尤其是在计划经济时代，这种思想得到强化，吃"皇粮"的工人及干部备受青睐。随着社会经济的不断发展，社会职业阶层分化加剧，主要有公务员、工人、农民、私营业主等。与其他职业阶层相比，公务员之所以成为人们热烈追捧的目标，原因就在于其工作稳定及有良好的发展前景，近年"公务员热"就是最好的例子。

### （十）错误的人才消费观

当前我国社会发展存在一个十分矛盾的现象，一方面，大批的高校毕业生无法就业，另一方面，我国高级技工人才严重匮乏，无法满足经济发展需求。这一现象的产生归咎于错误的人才消费观。当前许多用人单位盲目地追求高学历，能力高低是其次，一些原本只需高职生就可以完成任务的岗位，非硕博文凭不可，降低了高等职业院校学生的就业率和学生入读职业学校的意愿，阻碍了高等职业教育的发展。虽然改革开放以后，国家越来越重视发展高等职业教育，但是社会各界对高等职业教育的偏见并没有得到扭转，甚至有人认为高等职业院校不能称为真正意义上的高等教育。

### （十一）师资队伍建设缺乏政策法规保障

师资队伍建设是高等职业院校能够顺利发展的重要保障之一。国家对高等院校教师的资格、聘用、培训、进修等都有相关规定。根据原国家人事部《关于在事业单位试行人员聘用制度的意见》所表达的精神，与普通高等院校相同，高等职业院校的教师也实行聘任制，这为高等职业院校的师资队伍建设提供了一定的政策支持。

随着高等职业教育的不断发展，2002年以后国家对"双师型"教师队伍建设和兼职教师提出了明确的要求。教育部规定"各高职（高专）院校一方面要通过支持教师参与产学研结合、专业实践能力培训等措施，提高现有教师队伍的'双师'素质；另一方面要重视从企事业单位引进既有工作实践经验、又有较扎实理论基础的高级技术人员和管理人员充实教师队伍。学校在职务晋升和提高工资待遇方面，对具有'双师'素质的教师应予以倾斜"；"聘任兼职教师是改善学校师资结构、加强实践教学环节的有效途径，各高职（高专）院校要结合所在地实际，加强兼职教师队伍建设工作。兼职教师是指能够独立承担某一门专业课教学或实践教学任务、有较强实践能力或较高教学水平的校外专家。兼职教师主要应从企业及社会上的专家、高级技术人员和能工巧匠中聘请"。

目前，由于多数高等职业院校是由中专院校升格而成，教师的教学理念、学历结构、职称结构、知识结构都面临严重的挑战。在教学理念方面，其提升严重滞后于高等职业教育的发展实践，因此，在高等职业教育发展中，国家一直高度重视对师资力量的培训工作。2002年，教育部提出"各高职（高专）院校要制定教师培训培养工作计划和政策措施，鼓励支持教师参加培训和进修提高。对参加培训和进修提高的教师要将有关情况记入教师业务档案，作为岗位职务聘任和教学评估的重要依据"。

2005年，全国职业教育工作会议进一步要求"实施职业院校教师素质提高计划，地方各级财政要继续支持职业教育师资培养培训基地建设和师资培训工作"。在学历结构方面，由于原有的中专师资队伍中以本科学历为主，甚至有的教师只有大专学历，这种学历结构不适合高等职业教育的教育教学工作。在职称结构方面，原有的中专院校教师的职称多为助教和讲师，副教授很少，教授几乎没有，而作为高等职业院校副高级职称的比例应该有所提高，这样才有利于高等职业教育事业的发展。在知识结构方面，与学历结构具有相通之处，表现为知识结构与教学要求不协调，不能达到融会贯通，创新就更是微乎其微。

让人担忧的是，对高等职业院校教师的培训项目比较单一，无法满足教师在技术技能和教育教学理念方面综合发展和全面提高的要求。师资力量与高等职业教育发展的不协调现象，很难使高等职业教育摆脱"低等教育"的偏见，严重影响着我国高等职业教育的全面、协调、可持续发展。

# 第六章 中国职业培训之研究

## 第一节 中国职业培训的沿革进程

如何促进就业一直是经济学研究的一个重要问题。同时,失业作为世界各国普遍存在的现象,不仅是各国政府政策调控的重点,而且始终为整个社会所关注。如何促进就业困难人员重新就业,不仅关系到就业困难人员的切身利益与人力资源的开发利用,更直接影响到国家经济的发展与社会公平的实现。

我国人口众多,就业形势严峻,就业总量矛盾和结构性矛盾长期并存。特别是近年来,劳动者技能与岗位需求不匹配的现象更加突出,城镇就业压力不断增大的同时,农村富余劳动力向二三产业转移的速度加快,以高校毕业生为代表的青年劳动者就业和中高龄失业人员再就业的问题相互交织,这些因素极大影响着就业质量全面提升的目标的实现。

要解决就业结构性矛盾,走出有岗无人、有人无岗的现实困境,其中一个重要的有效途径就是大力加强劳动者就业技能培训,提升职业素质和就业能力。因此,党的十八大提出要"加强职业技能培训,提升劳动者就业创业能力,增强就业稳定性"。2013年9月10日,李克强在第七届夏季达沃斯论坛上与中外企业家代表对话交流中指出:要发展与就业相适应的职业教育培训,使很多还在大学和中学学习的人未来都能够掌握与市场需求相适应的就业技能。特别是我国有大量的农民,还有2亿多农民工,我们会采取多种措施加强对农民工和农民的培训,使他们在城市、在现代农业发展中能够找到合适的岗位,使他们的素质与岗位的需求一致。

《国家职业教育改革实施方案》明确提出以习近平新时代中国特色社会主义思想为指导,以习近平总书记关于教育的重要论述,作为办好新时代职业教育的根本。该方案坚持加强党对职业教育工作的全面领导,全面贯彻党的教育方针,落实习近平总书记在2014年提出来的高度重视加快发展的工作方针，落实服务发展、促进就业的办学方向，落实建设中国特色职业教育体系的工作目标，努力培养数以亿计的高素质劳动者和技术技能人才，努力完善职业教育和培训体系，努力让每个人都有人生出彩的机会。

就业培训政策属于公共政策的一项内容，是各级政府为促进就业、缓解就业矛盾而制定并组织实施的一系列制度政策。就业培训政策是政府行为，具有合法性和权威性，同时，政策中包括财政资金的支持，即政府在政策实施过程中提供专项补贴，本质上属于一种社会福利分配。

**一、中国公共职业培训方案的沿革**

我国早期的公共职业培训主要是职工岗位培训和农民技术培训，更多属于成人教育范畴。对城镇职工而言，主要是针对其岗位职业知识水平、工作能力或生产技能进行的培训；对农民而言，主要是传播农业科技知识，引导其运用科学技术提高农业生产水平。培训的实施机构主要是职工技术培训学校和农村成人技术培训学校及其他相关培训机构。我国早期的公共职业培训多是采取正规学校教育的形式，或是一些企业自发的培训行为，对培训目的、培训对象、培训内容、培训效果缺乏具体要求，培训费用也没有公共财政的支撑，因此，这类就业培训还不是严格意义上的公共职业培训。

20世纪90年代起，我国政府日益重视公共职业培训。1998年，国务院下发《关于切实做好国有企业下岗职工基本生活保障和再就业工作的通知》，提出要"根据下岗职工特点和社会需要，突出培训的实用性和有效性，提高下岗职工的再就业能力。对下岗职工提供再就业培训，并给予一定的补贴"。政府针对下岗职工的公共职业培训由此开展。

20世纪90年代末，随着我国劳动就业制度改革的深入及国企改革的进行，我国的失业问题开始凸显。同时，随着我国城市发展的不断加快，我国大量农村剩余劳动力也开始向城市转移。在这种情况下，公共职业培训作为政府提升下岗失业人员、农村剩余劳动力与其他社会弱势群体的职业技术水平、促进就业、维护社会公平与稳定的重要手段，其重要性日益凸显。

2002年，国务院下发《国务院关于进一步做好下岗失业人员再就业工作的通知》，提出"要根据劳动力市场变化和产业结构调整的需要，大力加强职业教育和再就业培训"。各地要充分利用全社会现有的教育资源，组织开展多层次、多形式的再就业培训，提高下岗失业人员的就业能力。该通知指出："对城镇就业转失业人员和国有企业下岗职工提供免费再就业培训，所需经费主要由地方财政承担，中央财政对困难地方给予适当补助。"这进一步扩大了我国公共职业培训的对象范围，并对公共职业培训的经费来源做了相应规定。之后，国务院各有关部门下发了一系列配套文件，构筑起我国公共职业培训制度的基本框架。

2003年，农业部、劳动部、教育部、财政部、科技部、建设部六部委发布《2003—2010年全国农民工培训规划》，对未来7年内的农村剩余劳动力培训进行整体规划。

2004年，农业部、劳动部、教育部、财政部、科技部、建设部六部委依据《2003—2010年全国农民工培训规划》，正式启动"农村劳动力转移培训阳光工程"（以下简称"阳光工程"）。"阳光工程"培训对象主要是农村剩余劳动力，目的是提高农村劳动力素质和就业技能水平，迅速实现农村剩余劳动力的转移。在培训经费上，以政府公共财政经费为支持，为处于经济不利地位的农村剩余劳动力增加社会发展能力与机会，提供条件与帮助。随着"阳光工程"的开始，农村剩余劳动力也被纳入我国公共职业培训的对象范围。[①]

2005年，劳动保障部下发《关于进一步做好职业培训工作的意见》，分别提出了针对下岗失业职工与农村劳动者的"技能再就业计划"、"能力促创业计划"和"农村劳动力技能就业计划"。其中"技能再就业计划"提出要在5年内对2 000万名下岗失业人员开展职业技能培训，培训合格率达到90%以上，培训后再就业率达到60%以上。要切实落实职业培训和技能鉴定经费补贴政策，完善经费补贴与培训质量和促进就业效果挂钩的机制和办法。"能力促创业计划"提出5年内要对200万城乡劳动者开展创业培训，培训合格率达到80%以上。同时，加快创业培训教师养成，提高培训质量，并为创业者提供培训、资金等"一条龙"服务。"农村劳动力技能就业计划"提出要在5年内对4 000万名进城务工的农村劳动者开展职业培训，加大培训政策和资金的支持力度，并给予进城务工的农村劳动者参加培训和实现就业的经费补贴。对进城登记求职的农村劳动者提供免费的职业指导等就业服务。从此，我国公共职业培训的发展得到进一步的丰富。

以下岗失业职工、农村剩余劳动力为主要对象的公共职业培训项目的不断开展，

---

① "农村劳动力转移培训阳光工程"是由政府公共财政支持，主要在粮食主产区、劳动力主要输出地区、贫困地区和革命老区开展的农村劳动力转移到非农领域就业前的职业技能培训示范专案。按照"政府推动、学校主办、部门监管、农民受益"的原则组织实施。旨在提高农村劳动力素质和就业技能，促进农村劳动力向非农产业和城镇转移，实现稳定就业并增加农民收入，推动城乡经济社会协调发展，加快全面建设小康社会的步伐。

使得我国公共职业培训事业均被纳入政府管理体系，公共职业培训制度在全国普遍落实巩固并强化起来。

2018年5月3日由国务院发布的《关于推行终身职业技能培训制度的意见》（国〔2018〕11号）指出，应持续开展高校毕业生技能就业行动，增强高校毕业生适应产业发展、岗位需求和基层就业工作的能力。深入实施农民工职业技能提升计划——"春潮行动"，将农村转移就业人员和新生代农民工培养成为具有高素质技能的劳动者，同时化解过剩产能职工安置工作，实施失业人员和转岗职工特别职业培训计划。实施新型职业农民培育工程和农村实用人才培训计划，全面建立职业农民制度。对城乡未继续升学的初高中毕业生开展劳动预备制培训。对即将退役的军人开展退役前技能储备培训和职业指导，对退役军人开展就业技能培训。面向符合条件的建档立卡贫困家庭、农村"低保"家庭、困难职工家庭和残疾人开展技能脱贫攻坚行动，实施"雨露计划"、技能脱贫千校行动、残疾人职业技能提升计划。对服刑人员、强制隔离戒毒人员，开展使其顺利回归社会的就业技能培训。（人力资源社会保障部、教育部、工业和信息化部、民政部、司法部、住房城乡建设部、农业农村部、退役军人事务部、国务院国资委、国务院扶贫办、全国总工会、共青团中央、全国妇联、中国残联等按职责分工负责。）

《国家职业教育改革实施方案》指出，要坚持以习近平新时代中国特色社会主义思想为指导，把职业教育摆在教育改革创新和经济社会发展中更加突出的位置，明确职业教育与普通教育是两种不同的教育类型，具有同等重要的地位。该方案更具体地指出要开展高质量职业培训工作，落实职业院校实施学历教育与培训并举的法定职责，按照育训结合、长短结合、内外结合的要求，面向在校学生和全体社会成员开展职业培训。

自2019年开始，围绕现代农业、先进制造业、现代服务业、战略性新兴产业，推动职业院校在10个左右技术技能人才紧缺领域大力开展职业培训。引导行业企业深度参与技术技能人才培养培训，促进职业院校加强专业建设、深化课程改革、增加实训内容、提高师资水平，全面提升教育教学质量。各级政府要积极支持职业培训，行政部门要简政放权并履行好监管职责，相关下属机构要优化服务，对于违规收取费用的要严肃处理。畅通技术技能人才职业发展通道，鼓励其持续获得适应经济社会发展需要的职业培训证书，引导和支持企业等用人单位落实相关待遇。对取得职业技能等级证书的离校未就业高校毕业生，按规定给予职业培训补贴。

随着创新驱动发展战略的大力推进，中国经济产业升级和结构调整不断加快，各行各业对技术技能人才的需求更加迫切，职业教育的重要地位和作用越发凸显。加快构建现代职业教育体系、提高职业教育水平、加强职业技能培训已经成为当下的重要课题。

## 二、中国公共职业培训方案的对象

国家统计局2020年1月17日公布的2019年国民经济和社会发展统计公报数据显示，2019年末，中国内地总人口（包括31个省、自治区、直辖市和中国人民解放军现役军人，不包括香港、澳门特别行政区和台湾地区以及海外华侨人数）140 005万人，比上年末增加467万人。全年出生人口1 465万人，人口出生率为10.48‰；死亡人口998万人，人口死亡率为7.14‰；人口自然增长率为3.34‰。

再根据国家统计局全国农村贫困监测调查结果，按现行国家农村贫困标准测算，2019年末，全国农村贫困人口551万人，比上年末减少1 109万人，下降66.8%；贫困发生率0.6%，比上年下降1.1%。

党的十八大以来，全国农村贫困人口累计减少超过9 000万人。截至2019年末，全国农村贫困人口从2012年末的9 899万人减少至551万人，累计减少9 348万人；贫困发生率从2012年的10.2%下降至0.6%，累计下降9.6%。2019年贫困地区农村居民人均可支配收入11 567元，比上年名义增长11.5%，扣除价格因素，实际增长8.0%；名义增速和实际增速分别比全国农村高1.9%、1.8%。

党的十八大以来，贫困地区农村居民人均可支配收入年均实际增速比全国农村高2.2%。2013—2019年，贫困地区农村居民人均可支配收入增速分别为16.6%、12.7%、11.7%、10.4%、10.5%、10.6%、11.5%，年均名义增长12.0%，扣除价格因素，年均实际增长9.7%，实际增速比全国农村平均增速高2.2%。2019年贫困地区农村居民人均可支配收入是全国农村平均水平的72.2%，比2012年提高10.1%，与全国农村平均水平的差距进一步缩小。

为精准落实脱贫致富工作，针对贫困地农村居民的职业培训就扮演着重要的角色。在当前我国各地公共职业培训实践历程中，公共职业培训制度的主要培训对象，除了包括前述城镇下岗失业人员、农村剩余劳动力、未继续升学的初高中毕业生、退役军人、建档立卡贫困家庭、"低保"家庭、困难职工家庭和残疾人，实施"雨露计划"的服刑人员、离戒毒人员，近几年来，针对高校毕业生就业形势日趋严峻的实际情况，政府也逐步将部分就业困难的高校毕业生纳入我国公共职业培训制度的培训对象之中。

### （一）下岗失业人员

20世纪90年代后期，随着我国国有企业改革进入攻坚阶段，下岗失业人员数量迅速增加。国家统计局1999年公布的统计数据显示，尽管在1998年我国的GDP增长率达到7.8%，但全国新增就业岗位仅有357万个，是改革开放以来最低的新增就业规模人数，全国就业增长率仅为0.5%，是中华人民共和国成立50年以来最低的就业增长率。

2007—2018年间，我国城镇登记失业人数（万人）介于830万人至982万人之间，城镇登记失业率（%）介于3.8%至4.3%之间，详见6-1、表6-2。

表6-1　2007—2012年城镇登记失业人数与城镇登记失业率统计

| 指标 | 2007 | 2008 | 2009 | 2010 | 2011 | 2012 |
|---|---|---|---|---|---|---|
| 城镇登记失业人数（万人） | 830 | 886 | 921 | 908 | 922 | 917 |
| 城镇登记失业率（%） | 4.0 | 4.2 | 4.3 | 4.1 | 4.1 | 4.1 |

数据来源：国家统计局

表6-2　2013—2018年城镇登记失业人数与城镇登记失业率统计

| 指标 | 2013 | 2014 | 2015 | 2016 | 2017 | 2018 |
|---|---|---|---|---|---|---|
| 城镇登记失业人数（万人） | 926 | 952 | 966 | 982 | 972 | 974 |
| 城镇登记失业率（%） | 4.1 | 4.1 | 4.1 | 4.02 | 3.90 | 3.8 |

数据来源：国家统计局

2019年6月10日人社部发布《2018年度人力资源和社会保障事业发展统计公报》。公报显示，我国就业基本面没变。截至2018年末，全国就业人员77 586万人，其中城镇就业人员43 419万人。全国就业人员中，第一产业就业人员占26.1%；第二产业就业人员占27.6%；第三产业就业人员占46.3%。2018年全国农民工总量28 836万人，其中外出农民工17 266万人。2018年末城镇登记失业人员974万人，城镇登记失业率为3.80%，年末全国城镇调查失业率为4.9%；全年全国共帮助4.9万户零就业家庭实现每户至少一人就业；选派2.8万名高校毕业生到基层从事"三支一扶"工作。截至2018年末，累计帮扶988万农村建档立卡贫困劳动力实现就业。

再以最近的2019年为例，根据国家统计局资料数据显示，2019年末总人口（分别含男女性与城镇、乡村人口）统计数据详见表6-3，年末全国内地总人口140 005万人，比上年末增加467万人，其中城镇常住人口84 843万人，占总人口比重（常住人口城镇化率）为60.60%（详见图6-1），比上年末提高1.02%。户籍人口城镇化率为44.38%，比上年末提高1.01%。全年出生人口1 465万人，出生率为10.48‰；死亡人口998万人，死亡率为7.14‰；自然增长率为3.34‰。全国人户分离的人口[①]2.80亿人，其中流动人口[②]2.36亿人。

---

① 人户分离的人口是指居住地与户口登记地所在的乡镇街道不一致，且离开户口登记地半年及以上的人口。
② 流动人口是指人户分离人口中扣除市辖区内人户分离的人口。市辖区内人户分离的人口是指一个直

表6-3 2019年末总人口（分别含男女性与城镇、乡村人口）统计

| 指标 | 年末数（万人） | 比重（%） |
| --- | --- | --- |
| 全国总人口 | 140 005 | 100.0 |
| 其中：城镇 | 84 843 | 60.60 |
| 乡村 | 55 162 | 39.40 |
| 其中：男性 | 71 527 | 51.1 |
| 女性 | 68 478 | 48.9 |
| 其中：0—15岁（含不满16周岁） | 24 977 | 17.8 |
| 16—59岁（含不满60周岁） | 89 640 | 64.0 |
| 60周岁及以上 | 25 388 | 18.1 |
| 65周岁及以上 | 17 603 | 12.6 |

数据来源：中华人民共和国2019年国民经济和社会发展统计公报

图6-1 2015—2019年常住人口城镇化率

数据来源：《中华人民共和国2019年国民经济和社会发展统计公报》

2019年就业情况：年末全国就业人员77 471万人，其中城镇就业人员44 247万人，占全国就业人员比重为57.1%，比上年末上升1.1%。全年城镇新增就业人员1 352万人，比上年少增长9万人（详见图6-2）。年末全国城镇调查失业率为5.2%，城镇登记失业率为3.6%。全国农民工总量[①]29 077万人，比上年增长0.8%。其中，外出农民工17 425万人，增长0.9%；本地农民工11 652万人，增长0.7%。

如上述资料显示，全球均面临了严峻的就业与失业形势，一方面，是因为我国人口的基数庞大；另一方面，是因为我国产业结构快速升级，资本集中与知识集中的新

---

辖市或地级市所辖区内和区与区之间，居住地和户口登记地不在同一乡镇街道的人口。
① 年度农民工数量包括年内在本乡镇以外从业6个月及以上的外出农民工和在本乡镇内从事非农产业6个月及以上的本地农民工。

兴技术产业及其企业在国民经济中所占比重越来越大,这些企业要求员工具有熟练的劳动技能。大量下岗人员是由于自身的知识和技能不能适应企业的要求而形成的结构性失业。

图6-2 2015—2019年城镇新增就业人数

| 年份 | 人数(万人) |
| --- | --- |
| 2015年 | 1 312 |
| 2016年 | 1 314 |
| 2017年 | 1 351 |
| 2018年 | 1 361 |
| 2019年 | 1 352 |

数据来源:中华人民共和国2019年国民经济和社会发展统计公报

随着下岗失业人数的增多,特别是结构性失业因素的凸显,针对下岗失业人员的公共职业培训得到了政府的高度重视。从1998年开始,政府实施的第一期"三年千万"再就业培训计划,通过动员社会培训力量,实行政府购买培训成果等有效措施,推动下岗职工和失业人员参加再就业培训。1998—2000年的3年间,全国各地共组织了1 300多万名下岗职工和失业人员参加培训。2001—2003年,劳动保障部又在全国组织实施了第二期"三年千万"再就业培训计划,共有1 535万名下岗失业人员参加再就业培训,培训后有879万人实现了再就业,再就业率为63%。

再审视近7年资料来看(如表6-1、表6-2所示),2012—2018年,我国城镇新增就业人数分别为1 266万人、1 310万人、1 322万人、1 312万人、1 314万人、1 351万人、1 361万人,城镇登记失业率连续5年控制在4.1%以内。2016年末,城镇登记失业率更是达到多年来最低的4.02%,就业形势保持稳定。2018年全年,我国就业的平稳态势继续延续,全国城镇新增失业再就业人数为551万人。

从以上就业与失业数据总体来看,我国的公共职业培训制度对促进下岗失业人员再就业发挥着极为重要的作用。

**(二)农村剩余劳动力**

从20世纪90年代起,我国根据市场经济发展和城市化进程的要求,对农村劳动力转移的政策做出了一些积极调整。农村劳动力进城被定位为"有序流动"加以引导、鼓励,这反映了我国城市化进程的供需要求及相应就业政策的转换问题。由于我国农业人口基数庞大，加之我国产业结构的升级与调整，农业从业人口迅速下降，我国有大量的农村剩余劳动力没能实现非农产业的转移。目前，我国农村尚有1.5亿富余劳动力，而且每年还要新增劳动力600多万。

再者，已经转移到城市的农民工也出现了大量的回流。国家统计局广西调查总队对广西14个市62个县（市区）的抽样调查结果显示，2016年广西农民工数量达1 231.8万人，其中本地农民工（本乡镇内）333.6万人，比上年增加33万人，连续两年呈现农民工"回流"现象。据估算，近几年，广西每年有3%左右农民工返乡创业就业，大部分选择自主创业。广西农民工返乡创业主要涉及种养殖、商贸服务、餐饮旅游、物流加工等行业。广西人力资源和社会保障厅称，截至2016年12月底，广西农民工创业担保贷款总量达到8.2亿元人民币，帮助1万多人实现创业梦想。

除广西外，湖南、陕西、重庆、河南等地亦出现农民工返乡"回流潮"。从坐着火车到城里打工，到开着汽车返乡创业，我国农民工群体正在发生新的变化。因此，由政府组织农村剩余劳动力进行职业技能培训，提高农民工职业技能，是实现农村劳动力迅速转移的重要手段。

我国国务院办公厅2016年11月29日已专门下发政策文件支持农民工等返乡下乡人员到农村开展创业创新，包括简化市场准入、改善金融服务、加大财政支持力度、完善社会保障政策、强化信息技术支撑等措施。

2018年5月3日国务院发布《关于推行终身职业技能培训制度的意见》（国发〔2018〕11号），指出深入实施农民工职业技能提升计划——"春潮行动"，将农村转移就业人员和新生代农民工培养成为高素质技能劳动者。

2019年1月18日人社部印发《新生代农民工职业技能提升计划（2019—2022年）》（以下简称《计划》），要求加强新生代农民工职业技能培训工作，促进农民工队伍技能素质全面提升。

《计划》强调，新生代农民工逐渐成为农民工主体，已占农民工总量的一半以上，是社会主义现代化建设的重要力量。开展新生代农民工职业技能培训，对提高我国人力资本质量，促进就业创业、乡村振兴和扶贫脱贫等均具有重要意义。

《计划》要求，到2022年末，努力实现新生代农民工职业技能培训"普遍、普及、普惠"，即普遍组织新生代农民工参加职业技能培训，提高培训覆盖率；普及职业技能培训课程资源，提高培训可及性；普惠性补贴政策全面落实，提高各方主动参与培训的积极性。《计划》指出，要对新生代农民工大规模开展多种形式的职业技能培训。提出广泛开展就业技能培训，促进转移就业；大力推进岗位技能水平提升培训，支持岗位成才;精准开展技能扶贫培训,助力脱贫攻坚;积极开展创业创新培训,培养创业带头人。要切实提高培训质量。提出创新培训内容和方式,提高培训针对性、有效性;扩大培训供给,实行市场化社会化的培训机制;做好公共就业服务,实现培训就业一体化。

党的十八大以来,各级人社系统对农民工群体积极开展职业技能培训,加强政策供给,推动工作任务落实,取得积极成效。以2014年人社部在全国组织开展农民工职业技能提升计划——"春潮行动"为例,据统计,2014—2017年,全国参加政府补贴性农民工职业培训的有3 856万人次,促进了农民工就业创业技能提升,并帮助农民工特别是新生代农民工增加受教育培训机会,提高专业技能和胜任岗位能力,将其培养成为高素质技能劳动者和稳定就业的产业工人。

### (三)高校毕业生

近几年来,由高校扩招等导致的毕业生就业难问题日益引起社会关注。20世纪90年代以来,我国高校入学率不断提高。特别是1999年以来,经过几年的连续扩招,我国适龄青年上大学的比例已从1998年的7%提高到2002年的15%,按国际标准,我国高等教育已经从"精英化"教育转向"大众化"教育阶段。再观察2008—2018年全国普通高校毕业生统计资料(详见表6-4),2018年753万毕业生面临就业结构性难题,这与2018年经济下行有关,因为受企业经营困难和去产能影响,部分企业行业或许会裁员或减少招聘岗位,这会对高校毕业生就业造成一定影响。

表6-4　2008—2018年全国高校毕业生人数　　　　(单位:万人)

| | 2008 | 2009 | 2010 | 2011 | 2012 | 2013 | 2014 | 2015 | 2016 | 2017 | 2018 |
|---|---|---|---|---|---|---|---|---|---|---|---|
| 人数 | 559 | 611 | 631 | 660 | 680 | 699 | 727 | 749 | 765 | 735 | 753 |

数据来源:中国教育部统计年报资料(笔者自行整理)

全国普通高校毕业生就业创业工作既面临诸多有利条件,又面对复杂严峻形势,要综合施策,推动高校毕业生就业创业工作取得新进展。教育部也采取了许多可行的措施:

(1)要引导和鼓励高校毕业生到基层工作。发挥中小微企业的"就业容纳器"作用,继续引导高校毕业生到城乡社区从事教育文化、卫生健康、医疗养老等工作,组织实施好"农村教师特岗计划""大学生村官"等中央基层就业项目。

(2)要向重点领域输送高校毕业生。围绕"一带一路""长江经济带""京津冀协同发展"等重大发展战略,向国家重点行业、重点地区、重大工程、重大项目输送毕业生,引导毕业生到先进制造业、现代服务业和现代农业等领域就业创业。鼓励优秀大学生投身军营报效祖国，推送更多高校毕业生到国际组织实习任职。

（3）要提高就业指导水平和服务能力。建立毕业生求职意愿信息数据库和用人单位岗位需求信息数据库，加强就业创业指导课程和学科建设，对困难群体毕业生实行"一生一策"动态帮扶，配齐配强专兼职就业指导教师。要深化高校人才培养改革，优化高等教育结构，加强应用型本科高校建设，大力发展现代职业教育，加快教育教学改革，强化实践教学，建立用人单位和毕业生就业状况回馈机制，促进高等教育更好地服务于国家战略和经济社会发展。

（4）要推进大学生自主创业。完善细化创新创业学分积累与转换、弹性学制管理、保留学籍休学创业等政策，做好创业指导服务。第三方社会调查机构麦可思2017年6月12日在京发布的《2017年我国大学生就业报告》（就业蓝皮书）显示，2016届大学生毕业半年后的就业率为91.6%，与2015届基本持平。[1]2016年12月22日，东北师范大学正式发布《我国大学生就业创业发展报告（2015—2016）》[2]，报告指出，2016届全国高校毕业生净就业率达到90.58%，创业率为2.93%。报告全面反映了当前大学生就业创业的整体情况，对指导大学生的就业创业工作具有重要意义。

2015年12月10日，我国对《发展规划纲要（2010—2020年）》五年实施情况进行了总体评估：近五年来，中职就业率保持在95%以上，高职毕业半年后就业率达90%，就业对口率近76%。近年来，加工制造、高速铁路、城市轨道交通、民航、现代物流、电子商务、旅游服务、信息服务等行业新增从业人员中，职业院校毕业生占70%以上。总体来看，职业教育推动经济发展、促进扶贫开发、改善就业情况的作用日益突显，以上综合分析更凸显职业培训在职业教育落实推动的过程中扮演非常重要的关键角色以及具有非常重要的功能。

## 第二节　中国职业培训的特点、影响与问题分析

为劳动者，尤其是弱势劳动者提供公共职业培训服务是我国政府公共服务职能中

---

[1] 这份报告的调查样本为2016届来自全国31个省（区、市）的28.9万名大学毕业生，覆盖了1 313个专业以及大学毕业生能够从事的635个职业，327个行业。报告显示，本科院校2016届毕业生半年后的就业率为91.8%，高职高专院校就业率为91.5%，与2015届的92.2%和91.2%基本持平。

[2]《中国大学生就业创业发展报告》是在东北师范大学承担的教育部哲学社会科学发展报告项目中产生的，报告针对大学生就业创业领域的焦点、难点问题开展对策研究，依据调查研究结果建立了"中国大学生就业创业发展状况数据库"，数据库信息已经覆盖全国31个省、自治区和直辖市的1 093所高校。

的一项重要内容。在传统的计划经济体制和改革开放之初，我国是就业与再就业培训的财政出资者、管理者，服务的提供者，政府几乎垄断了培训服务的全过程。为有效帮助因20世纪90年代后期以来在国有企业改革中下岗、失业职工实现再就业，以及新世纪以来为积极推进城乡统筹就业，提高劳动者就业能力，政府主导的大规模公共职业培训开始在我国实施，从中央到地方、从城市到乡村，各级政府、各地方政府都开始面临如何有效提供公共职业培训服务的问题。

## 一、中国职业培训的特点分析

有关职业培训的特点将以七个时期，并从政策形成原因、问题及具体的特点三个维度来进行分析：

### （一）计划经济时代面向体制内工人的就业培训时期

（1）原因：中华人民共和国成立初期，解决旧社会遗留的400万失业人员及城镇新成长的劳动力就业问题。

（2）问题：这种培训体制，为集中力量培养国家建设急需的技术工人起到了积极作用，但其缺陷和弊端也日益显现，主要表现为：职业培训与经济建设的需要脱节，专业设置和培养出来的人才与劳动力市场的需求不相适应。

（3）特点：创造就业岗位，提供转岗培训、推荐就业。1953年实施第一个五年成熟工人培养计划，通过技工学校教育和学徒培训两种方式重点开展技术工人和在岗技术工人培训，为企业的发展提供所需的技术工人服务。到1957年，技工学校发展到144所，5年共培养技术工人1 417万人，学徒培训人数达5 814万人。1965年底，全国技工学校达到400所，在校学生有18万人，学徒培训也取得了较大成就。

### （二）改革开放初期的以面向城镇待业青年为主的就业培训时期

（1）原因：1978年召开全国教育工作会议，邓小平同志在会上指出："应该考虑各级各类学校发展的比例，特别是扩大农业中学、各种中等专业学校、技工学校的比例。"1980年，国务院批转的《教育部、国家劳动总局关于中等教育结构改革的报告》和1983年教育部联合各部委颁布的《关于改革城市中等教育结构、发展职业技术教育的意见》明确了改革中等教育结构、发展职业技术教育的方向、途径和要求。

（2）问题：一是恢复发展中专（中等专业学校）和技校（技工学校）。1978年，国务院决定将技工学校管理工作由教育部门划归到劳动部门，由产业主管部门领导。二是新建并大力发展职业高中。1980年8月中共中央转发全国劳动就业会议的文件《进一步做好城镇劳动就业工作》，指出"必须积极逐步地把一部分普通中学改为职业学校"。这一时期的就业训练虽然开始得到政府的重视，但是城镇待业青年参加就业训练实施自费就学，学员在训练期间的一切费用自理，因此，就业培训的公共性依然较低，免费的就业培训还没有发展起来。

（3）特点：从财政上解决就业经费，要求在中央和地方两级财政中每年拨一笔专款用于生产自救、以工代赈和职业培训等事业。1981年6月，在国家劳动总局于西安召开劳动服务公司工作座谈会，总结西安开展就业训练经验后，北京、天津、长春、武汉、成都等许多城市，相继开办待业青年就业前培训。1982年3月，劳动人事部在北京召开全国培训工作会议，提出了全面实行先培训后就业的制度。1984年10月，劳动人事部在河北保定举办全国劳动服务公司经历研究学习班，明确就业训练应是劳动服务公司的一项主要任务，必须进一步加强和提高培训工作力度和水平。1985年9月，劳动人事部颁发《关于就业训练若干问题暂行办法》，明确就业训练的主要对象：城镇待业青年、各种专业技术工人、其他专业人才、专业人员。有条件的地方还要为乡镇企业和农村"两户"培训专业技术人才。1986年，全国创办了就业培训中心1 606所，年培训能力60万人。

（三）20世纪90年代面向下岗失业和企业富余人员的就业培训时期

（1）原因：亚洲金融风暴导致的经济危机，我国企业面临前所未有的困境，企业失业职工逐年增多，1994年达到180万人，企业富余职工也大量增加，约有300万人待岗放长假。

（2）问题：根据中国劳动统计年鉴的相关统计，中国历年累计的下岗职工约3 000万。从地域分布看，下岗职工主要集中在老的工业基地和经济欠发达地区，东北三省占25%；从行业分布看，主要集中在煤炭、纺织、机械、军工等困难行业。多年来，国家高度重视"下岗工人"问题。1998年出现"下岗"高峰之后，国家着力建立国有企业下岗职工基本生活保障制度。2003年，劳动和社会保障部在全国实施的两期"三年千万再就业培训"计划中，共有2 000多万人参加了再就业培训，使1 680万人实现了再就业。

（3）特点：妥善安置企业富余职工，劳动部在总结部分地方经验和借鉴西方国家经验基础上，提出实施再就业工程。

1991年颁布的《就业训练中心管理规定》（劳力字〔1991〕13号）规定了各地要把就业训练中心建设纳入职业技术教育和劳动就业工作的发展规划，社会和有关部门应当扶持就业训练中心的发展和建设。与此同时，由社会组织和个人单独或联合举办的技工学校、职业（技术）学校、就业训练中心、职工培训中心（学校），以及由境外机构和个人、外商投资企业（机构）单独或同境内的具有法人资格的社会组织联合举办的培训实体，随着劳动力市场改革和培训市场的兴起而迅速发展。1994年劳动部颁布了《职业培训实体管理规定》（劳部发〔1994〕506号），为各类社会培训机构规范发展提供了依据。1997年底，全国各类就业训练机构数量达到14 238所，年度总训练人数达到5 108 481人次，其中由劳动部门建立的就业训练中心已达到2 881所，就业训练总规模达到2 922 310人次。

**（四）1998—2005年城乡统筹初期的公共职业培训时期**

（1）原因：1998年颁布的《关于切实做好国有企业下岗职工基本生活保障和再就业工作的通知》（中发〔1998〕10号）提出，公共职业介绍机构要开设专业服务窗口为下岗职工提供免费职业指导，对为下岗职工提供再就业培训的机构，可给予一定补贴。2000年，劳动保障部、国家计划发展委、农业部等七个部门联合下发了《关于进一步开展农村劳动力开发就业试点工作的通知》，决定进一步推动农村劳动力开发就业工作；2002年，国务院下发12号文件，再次明确提出：为城镇就业转失业人员和国有企业下岗职工提供免费再就业培训。

（2）问题：据统计测算，1998年后5年，全省国有企业下岗职工总数达43万人。其中1998—2000年为35万人，1998年为25万人。组织实施再就业工程，主要解决全省国有企业下岗职工的基本生活保障和再就业问题，把保障他们的基本生活作为首要任务，并力争每年实现再就业的人数大于当年新增下岗职工人数。其中，1998年要在保障25万名下岗职工基本生活的同时，使13万名下岗职工实现再就业，再就业率达到50%以上。

（3）特点：政府补贴的下岗职工职业培训第一次出现在中央文件中，开始了真正意义的公共职业培训。公共就业与培训服务也开始向为农村劳动力和进城农民工服务的方向转移。这标志着长期被忽视的农村劳动力就业培训正式被纳入公共职业培训范畴，原来公共职业培训服务只面向城市的单一格局被打破。

1998—2005年政府原针对城乡劳动力实施的公共职业培训补贴政策，是通过城乡分立的就业与服务政策分别提出的，统筹城乡的就业与培训政策有待一体化。1998—2005年，全国累计培训下岗失业人员3 800万人次，培训后平均再就业率达到60%。

政府在外出务工人员规模较大的地区以及输入劳动力较多、外来务工人员规模较大的地区，开展农业富余劳动力向非农产业转移的职业培训试点。

在对未来8年（2003—2010）农村剩余劳动力培训进行的整体规划（开展转移就业前的引导性培训、职业技能培训、岗位培训）中，8年培训的农民工将达到3亿多人次。规划还规定农民工培训经费实行政府、用人单位和农民工个人共同分担的投入机制，中央和地方各级财政在财政支出中安排专项经费扶持农民工培训工作，强调在培训经费上，以政府公共财政经费为支撑，为处于经济不利地位的农村剩余劳动力增加社会发展能力与机会，提供条件与帮助。

"阳光工程"的开始，使农村剩余劳动力和进城农民工也被纳入我国公共职业培训的对象范围。至2007年底，"阳光工程"中央财政累计安排专项补助资金21.5亿元，先后培训农村劳动力1 230万人，转移就业率达到86%以上。

**（五）2006年以来城乡全面统筹时代的公共职业培训时期**

（1）原因：2006年初我国中央、国务院公布的中央1号文件《关于推进社会主义新农村建设的若干意见》把"大规模开展农村劳动力技能培训"纳入统筹城乡经济社会发展范畴，要求各级财政要将农村劳动力培训经费纳入预算，不断增加投入。2006年劳动和社会保障部、国家发改委等部门联合下发的《统筹城乡就业试点工作指导意见》（劳社部发〔2006〕27号）倡导要试点建立城乡一体化的劳动力市场，建立覆盖城乡的职业培训体系，为城乡劳动者提供职业技能培训的有效服务。2008年1月1日起实施的重点在于强调政府促进劳动者就业责任的《中华人民共和国就业促进法》，其面向的对象是全体城乡劳动者。

（2）问题：建立城乡一体化的劳动力市场，形成保障城乡劳动者平等就业的制度，促进城乡劳动者实现比较充分的就业。建立健全管理城乡就业的组织体系。完善各级政府就业工作联席会议制度，把解决农村就业问题摆上重要位置，在做好城镇就业再就业工作的同时，积极推进农村劳动力向非农产业和城镇转移就业。建立覆盖城乡的职业培训体系。在统筹规划、整合现有资源的基础上，重点建设一批骨干职业教育培训机构，形成覆盖城乡、布局合理、灵活开放的职业培训组织体系。整合资金，完善操作，落实职业培训补贴政策，形成惠及城乡劳动者的职业培训政策体系。完善就业准入和职业资格证书制度，鼓励企业注重提高员工职业素质，引导城乡劳动者不断提高职业技能。

（3）特点：2006年开始，从政策层面看，我国城乡劳动力的就业与培训政策的统筹呈现一种新的格局，以统一的政策来统筹城乡劳动力的就业与培训政策成为主流，城乡政策不再分立，统筹力度进一步提高，标志着政府实施公共职业培训的城乡全面统筹时代的到来。

明确提出要"实施积极的就业政策，统筹做好城镇新增劳动力就业、农业富余劳动力转移就业和失业人员就业工作要求。建立健全面向全体劳动者的职业技能培训制度"。充分发挥公共职业培训对于促进全方位就业和服务以及经济稳定发展的重要基础作用。对失业人员（包括参加失业登记的大学毕业生、留在城里的失业农民工）开展中短期技能培训，对新成长劳动力开展储备性技能培训。政府对四类培训分别予以补贴，补贴经费从政府的就业专项资金和相关专项资金中支出。就业与培训服务的对象已经涵盖了农村转移就业劳动者、农业从业人员、城镇登记失业人员、城乡预备劳动力、企业在岗职工、企业新录用的人员、退役官兵、高校未就业毕业生等劳动者群体。

这些政策的出台和实施，不仅标志着我国全面进入统筹城乡就业与培训政策的时代，而且表明我国公共职业培训制度真正成为面向全体劳动者的职业培训制度。

### （六）2014年3月人社部在全国组织开展农民工职业技能提升计划——"春潮行动"时期

（1）原因：为贯彻落实中央经济工作会议和中央城镇化工作会议精神，进一步提高农村转移就业劳动者就业创业能力，根据《国家新型城镇化规划（2013—2020年）》和《国务院关于加强职业培训促进就业的意见》（国发〔2010〕36号），按照国务院要求，在全国开展农民工职业技能提升计划——"春潮行动"，贯彻落实党的十八大和十八届三中全会精神，适应新型工业化、信息化、城镇化的发展，坚持服务就业和经济社会发展，大力开展面向农村转移就业劳动者的职业技能培训，以农村新成长劳动力为重点，以提升劳动者职业素质和就业创业能力为目标，充分发挥政府、行业企业、社会团体、院校和职业培训机构等各方面作用，加快构建劳动者终身职业培训体系，促进农村转移就业劳动者实现就业和稳定就业，为推进国家新型城镇化做出贡献。

（2）问题："春潮行动"实施的重点是农村新成长劳动力。要根据不同类型农村转移就业劳动者的需求，分类组织实施各具特色的职业培训，大力开展就业技能培训、岗位技能提升培训、高技能人才培训和创业培训。

（3）特点：适应农村转移就业劳动者实现就业和稳定就业的需要，通过开展培训将农村转移就业劳动者培养成为符合经济社会发展需求的高素质技能劳动者。到2020年，力争使新进入人力资源市场的农村转移就业劳动者都有机会接受一次相应的就业技能培训；力争使企业技能岗位的农村转移就业劳动者接受一次岗位技能提升培训或高技能人才培训；力争使具备一定创业条件或已创业的农村转移就业劳动者有机会接受创业培训。

①就业技能培训。每年面向农村新成长劳动力和拟转移就业劳动者开展政府补贴培训700万人次，培训合格率达到90%以上，就业率达到80%以上。

②岗位技能提升培训。每年面向在岗农民工开展政府补贴培训300万人次，培训合格率达到90%以上。

③创业培训。每年面向有创业意愿的农村转移就业劳动者开展创业培训100万人次，培训合格率达到80%以上，创业成功率达到50%以上。

据统计，2014—2017年，全国开展政府补贴性农民工职业培训3 856万人次，促进了农民工就业创业技能的提升。

**（七）2019年1月人社部印发《新生代农民工职业技能提升计划（2019—2022年）》（以下简称《计划》）时期**

（1）原因：贯彻落实《新时期产业工人队伍建设改革方案》《乡村振兴战略规划（2018—2022年）》《关于推行终身职业技能培训制度的意见》等文件要求。

（2）问题：帮助农民工特别是新生代农民工增加受教育培训机会，提高专业技水平能和胜任岗位能力，将其培养成为高素质技能劳动者和稳定就业的产业工人。

（3）特点：全国农民工总量约为2.9亿人，1980年及以后出生的新生代农民工逐渐成为农民工主体，已占农民工总量的一半以上，是社会主义现代化建设的重要力量。党的十九大以来，以新生代农民工为重点的农民工职业技能培训工作取得积极成效，但面对新的经济社会发展需求、就业形势需要和庞大的农民工总量，培训工作仍然存在制度不够健全、覆盖面不够广泛、规模不够大、针对性有效性不强、促进贫困劳动力就业脱贫的支持度不够等问题。加大新生代农民工职业技能培训工作力度，带动农民工队伍技能素质全面提升，是充分发挥我国人力资源优势、提高人力资本质量的重要任务，是促进就业创业、乡村振兴和扶贫脱贫的有效举措，是深化供给侧结构性改革、推动经济社会发展和新动能培育的必然要求，对于我国决胜全面建成小康社会具有重要意义。

基于上面7个不同阶段政策演变的分析，我们可以看出在我国政府开展公共职业培训工作，是从体制内工人到体制外工人，从城市劳动力向农村转移劳动力与农业劳动力扩展，进而面向城乡所有有培训需求的劳动者的发展过程。

具体提供就业培训的服务机构经历了从政府自办公共培训机构到公、私多元培训机构共同参与提供的过程；而公共职业培训政策也经历了从只面向城市的城乡隔离政策到城乡统筹一体化的政策发展历程。

## 二、中国职业培训的影响分析

统筹城乡公共职业培训服务提供时代的到来，并不意味着我国城乡各类培训对象技能短缺的大问题会很快迎刃而解，相反，对城乡劳动者培训的统筹将意味着更繁重的公共职业培训服务工作的到来。在统筹城乡就业与培训时代，地方政府不仅要负责城镇下岗工人、失业工人、转岗工人、新增劳动力的培训，而且要负责农村剩余劳动力、进城农民工、农村新增劳动力、农业劳动力的培训；不仅要负责本地户籍劳动力的培训，而且要负责外来劳动力的培训。这对传统上只负责城镇下岗失业工人培训的公共职业培训服务体系是一个巨大的冲击。

### （一）就业培训对高等职业教育的影响

（1）就业培训对就业与再就业的影响。我国高等院校在职业教育方面一直面临着两大难题：一是学生就业问题，二是各类成人高等职业教育机构学生再就业问题。前一问题中的学生单靠普通的就业指导很难找到理想的工作，尤需就业培训加强自身就业能力。后一问题是因为近些年来由于工作岗位流动速度加快，包括失业人员、进城务工人员、跳槽人员等在内的有再就业需求的人增多，他们都有极强的就业培训需求。对负责职业教育的高等院校来说，就业培训才是满足学生就业与再就业需求的根本途径。

（2）就业培训对响应国家政策的影响。从缓解社会与经济压力、提高生产水平、维护社会安全等多方面考虑，政府已提出相当多的就业政策，积极鼓励职业教育发展，各高等院校基本都呈现出重视职业教育的倾向，但还需更加关注政策落实的成效。就业培训正是可以在短期内见效的提升途径之一。因此，高等院校可以通过就业培训间接响应国家政策，适应我国高等教育发展改革的趋势。

（3）就业培训对优化人才供应结构的影响。人才供需结构性矛盾将在一定时间内持续存在，就业培训能发挥出一定的平衡功能，一定程度缓解这种矛盾。就业培训本身可以作为一种职业教育手段，拓展在校生的就业面，满足社会与企业对高素质人才的需求；就业培训能使职业技术人才将本身的职业能力有效地发挥，大大提升其就业职能。就业培训在这两方面的功能令毕业生分别在就业广度和深度上达到社会与企业需求的水平，对整体的人力资源的供应起到了优化完善作用。

（4）就业培训对提升职业教育质量的影响。职业院校可以充分运用就业培训手段，缩小各院校间职业教育水平的差距。就业培训不只是一种职业教育手段，也为各个高等院校提供了交流点，部分职业院校甚至可以通过就业培训，实现多校之间的阶段性集团化办学，这对平衡各校职业教育资源与水平有很大的帮助。

**(二)高等职业教育中就业培训的常见模式**

（1）通过连带管理模式执行就业培训。连带管理模式是目前高等职业院校在实施就业培训时最常用的模式，在这种模式下，就业培训并没有体现出太强的独立性，只是作为学校日常职业教育的一个模块而存在。这种模式的最大特征是应用简便，任何高等院校通过该模式都可以非常简单地实行就业培训，且就业培训被纳入整个学校的管理体系，可以确保一定的运作和管理效能。但这种模式也有缺点：①由于就业培训的独立性低，导致师生重视不足，调整困难，且与企业及社会需求的联系不足；②就业培训资源过多依赖学校，对许多资源有限的职业院校来说相当困难，最终导致就业培训只能虚应故事；③对正在进行转型的本科院校来说，就业培训作为一个区块与整个学校的管理体系格格不入，无法完全融入其中。

（2）通过集团化模式进行就业培训。集团化模式是一种相对较新、具备较强先进性和实用性的就业培训模式，目前已经在广东等地得到了实际应用，也收获了较好的应用成果。该模式的基本理念是采取多校合作的方式来进行就业培训，往往会由各校共同出人、出资建立一个就业培训的专门基地，各校共同或轮流利用该基地对学员进行就业培训。

这种模式存在许多优势：①由多校共同分享资源，弥补了各校独立培训的资源不足；②由于共同建立专门的培训基地，就业培训功能具备更强的专业性和规范性，有利于各校职业教育水平的均衡；③就业培训基地可以作为一个平台加强与社会及企业的交流和联系，促使就业培训更灵活地根据社会与企业需求变化来调整规划，更有利于校企合作或共建产业学院的实现。

这种就业培训模式在实际执行过程中也存在问题。因为参与集团合作的高等院校本身的条件、资源和管理模式存在一定差异，在合作时往往存在利益矛盾，办学理念、学风的不同，也会令各校在共同进行就业培训时产生矛盾。在这种情况下，各院校通常需要一段时间的磨合才能令就业培训基地发挥最大的功效，再加上建设培训基地本身所花费的时间，该模式至少需要3—5年的时间才能完全实施。

（3）通过就业服务模式进行就业培训。就业服务模式的应用并不局限于高等职业教育的就业培训，在整个社会范围内都有较为广泛的应用。对高等院校来说，这是一种对社会依赖性比较强的就业培训模式，因为是以提供服务的方式进行就业培训，所以高等教育也被纳入该模式的范畴。就业指导工作应与人才市场、人才需求企业等机构进行合作，由它们提供必要的就业指导数据和人才需求预期。基于上述原因，该模式可以极大地满足社会和学生的就业培训需求，但相对地，学校承受了过大的负担与过多的工作，对许多实力有限的高等职业院校来说，即使将该模式与集团办学模式并用也很难达成就业服务的基础条件。

（4）通过社区服务模式进行就业培训。该模式部分地区应用较多，对成人职业教育的就业培训有很大的优化作用。该模式的实行主体是社区，高等院校在其中往往只起到辅助和资源提供作用，但由于社区服务模式为高等院校的就业培训提供了一个很好的平台，对学校的职业教育也有优化作用，所以许多职业教育院校对这种模式也很青睐，往往将其当作一种辅助的就业培训手段。

（5）通过社会合作模式进行就业培训。随着校企合作的普及，社会合作模式已经在高等院校的职业教育中获得了一些应用，为就业培训的实施提供了非常好的基础平台。在就业培训中应用社会合作模式有两种途径：第一，针对已经建立校企合作平台的高等院校，可以直接在校企合作平台中增添就业培训区块，由于校企合作平台本身独立于学校的管理系统，所以就业培训区块属于该平台也不用担心存在连带管理模式的缺陷，在具体实施时非常简便。第二，针对还未建立校企合作平台的高等院校，可以将就业培训直接当作校企合作的一个环节进行建设，既能保证职业教育的整体性，又能令就业培训迅速走上轨道。

### 三、中国职业培训的问题分析

以培训促进就业不仅是各国政府解决就业问题的通行手段之一，而且是各国政府履行其公共服务职能的重要体现，我国政府亦不例外。在我国，由政府提供的公共职业培训服务先后经历了计划经济时代的政府垄断提供、改革开放初期的公私分立提供、20世纪90年代后期以来的政府指派式的公私混合提供等发展阶段。

以公共职业培训中心、技工院校和民办职业培训机构为主体的多元培训机构已成为政府完成公共职业培训服务提供的重要力量，但是在多元主体混合提供公共职业培训模式下存在竞争性不够、客户缺乏选择、政府定位不清晰、管理混乱以及有效监管不足等问题，导致公共职业培训服务供给陷入效益不高、绩效低下的困境，已很难满足当前我国面向全体劳动者的职业培训时代的培训需求。所以寻求一种新的机制来治理公共职业培训服务的多元主体混合提供现状尤为迫切。

我国公共实训基地建设虽然取得了很大的发展，也积累了不少经验，但还存在着不少急需解决的问题。

**（一）缺乏整体与统一的规划及布局**

"统一规划、合理布局"是建设公共实训基地的重要思路，能避免重复建设、实现最大限度的资源共享。然而在实践中却有许多缺失，加上政府的引领和管控作用发挥不够到位，重复建设现象屡屡产生：中央、地方、教育部门、劳动部门都在建设，彼此各自为政，缺乏沟通与分工，致使各学校、各专业的建设分散，低水平重复建设，基地设备利用率低，使用管理和维护成本高。以上海市为例，上海市在规划建设公共实训基地方面应是走在全国前列的，实际也有问题产生。教育部门制定了中高级职业院校建立开放实训中心的规划，劳动部门也根据上海产业发展需求，对公共实训基地建设做出了总体规划和布局，部分已投入使用，如何更好地统筹规划、探索一套与职业培训体系相结合的新模式，还有待深化研究。因此，必须打破中央与地方、教育部门与劳动部门的界限，在一个区域内对公共实训基地进行共同规划。

### （二）缺乏规范化的制度性安排

目前建设公共实训基地缺乏一个制度化的安排，导致部分地区对实行基地建设单位的遴选不够谨慎，对基地建设的可行性缺乏科学评估，没有相应的资格评审配套措施，使基地迟迟不能上马和发挥效用。基地运转后，对提供培训服务的收费等方面又没有具体的标准和规范以及资金政策等保障制度，"造血"功能低下。要使公共实训基地健康发展，必须对公共实训基地建设在功能定位、权责、职能、合作条件、服务与管理等方面做出制度性的规定。

目前公共职业培训与普通教育是两个相对平行的教育体系，两者之间缺乏沟通的桥梁和纽带。从公共职业培训体系内部来看，其学历体系不完整；从外部来看，公共职业培训学历体系与职业资格制度体系衔接不够。

### （三）缺乏企业元素

基地建设，要根据区域经济和产业发展的需求，进行人才实操能力训练，就是要以企业需求为导向。企业不仅是用人的主体，也是培养人才的主体。在建设公共实训基地时，要明确培养方式，要校企结合。但从已建成的公共实训基地的情况来看，无论是校内公共实训基地，还是校外公共实训基地，企业参与基地建设、规划运行、管理的元素太少，即使有一些校企结合的元素，也只停留在聘请一部分企业的高级工和技师来实训基地兼任指导老师的层面上，或安排一部分学生到企业去实习。如果说建设一个共享型实训基地需发挥政府、学校、企业三边的积极性，那么企业这一边明显是不够的。这一问题的产生，有企业自身认识的原因，更重要的是政府在政策引导等方面存在不足。建设公共实训基地只有一开始即引入企业参与，与其紧密结合，才能真正达到有效培训与企业的用人需求无缝对接的目标。

### (四)缺乏"双师型"的师资队伍

公共实训基地建成后,能否有效培训非常关键,要想有效培训就要拥有一支高素质的"双师型"师资队伍。德国对从事职业教育的教师有严格的规定:只有获得技师职称及经过教学法和语言表达能力训练的老师,才能担任职业教育的培训员。中职教师必须受过高等教育,有5年以上工作经验,掌握教育和心理学知识,并经过国家专门考试。

但这样的教师队伍无论在实训基地还是职业院校都非常缺乏。其原因主要是来自学校的老师大多是"从学校到学校",缺乏工作实践经历,而来自企业的实习指导师虽有丰富的实践经验,但又没有经过教育学等专门训练,不熟悉理论传授的基本方法。加上用人机制的僵化也影响师资队伍建设,目前的师资队伍基本上是画地为牢,校校之间、校企之间师资不能共享。国外的经验是,为保持与经济界、产业界的紧密联系和保持教师队伍的弹性,需要从生产第一线的现职技术人员中聘请一部分兼职教师。这种共享机制不仅节省费用,而且可保持与生产第一线的技术发展同步。

### (五)公共职业培训投资体制不健全

(1)公共职业培训财政经费投入不足。政府财政经费作为公共职业培训的投资渠道投入不足,直接影响公共职业培训经费的来源。

(2)公共职业培训多元筹资能力不强。公共职业培训的经费来源除了政府还有社会和个人,受世俗化观念的影响,社会与个人对公共职业培训投入的积极性不高。

(3)公共职业培训经费的使用规范性和使用效益还有待进一步提高。

(4)目前我国制定的与公共职业培训发展相适应的投资政策和经费管理制度尚不健全。

(5)政府对公共职业培训的重视程度不够。政府对公共职业培训投资力度不到位,没有把职业教育看得与普通教育一样重要。

### (六)缺乏可持续发展的保障机制

我国公共实训建设目前的投资方式大多为一次性或分期投入方式。实训基地建成之日,就是投资结束之时,有实训设备且实训设备档次高,发挥了积极的作用。但是随着时间的推移和社会的发展,今日投资购置的大部分先进实训设备,在几年后将不可避免地成为陈旧、老化的机器,它的淘汰、更新以及日常运行管理、专业设备维护、项目提升等方面也需要资金。这大量后续资金从何而来?这一问题不解决,公共实训基地就难以做到可持续发展。

从目前状况看，一部分政府单独建设的公共实训基地，由于有政府为后台，其正常运转费用已纳入公共财政预算，问题不大。但到大批设备需要更新时，政府是否还会有那么大的投入还是个未知数，而对大部分依托学校而建立的公共实训基地来讲，这一问题就显得更为突出和现实。由于其办学经费是按标准核给，学费标准也不能提高，实训基地建成后，办学成本的提高使他们左右为难，要么压缩实训时间和缩小公共服务范围，要么走市场化道路，但这又违背了建设公共实训基地的初衷。因此按照市场规律建立一个政府与企业、学校共建，社会各方参与的新机制，保障基地可持续发展显得十分重要。

# 第七章　中国职业教育治理体系之发展趋势与策略分析

我国政府在职业教育发展中起到非常重要的主导作用。中华人民共和国成立70年来，职业教育发展在政府主导下取得了显著成就。除"文化大革命"这一特殊历史阶段外，职业教育发展的各个时期，无论实行怎样的管理模式，各级政府都有健全的行政领导机构，为政府实施的职业教育行政管理提供了组织保障。职业教育目标确立、体系构建、管理体制和领导制度建立、办学方针、教学质量、专业和课程设置、师资队伍、职业教育与产业结合、职业教育与其他类型教育沟通，特别是经济体制转型期，理顺政府、学校、社会及市场的关系、职业教育深化改革和发展方面，都有赖于政府的领导和支持。

2014年6月22日发布的《国务院关于加快发展现代职业教育的决定》（国发〔2014〕19号）指出，我国职业教育事业快速发展，体系建设稳步推进，培养培训了大批中高级技能型人才，为提高劳动者素质、推动经济社会发展和促进就业做出了重要贡献。同时也要看到，当前职业教育还不能完全适应经济社会发展的需要，存在结构不尽合理、质量有待提高、办学条件薄弱、体制机制不畅等问题。因此，应当认清形势，结合社会需求，加快构建现代职业教育体系，激发职业教育办学活力，提高人才培养质量，提升发展保障水平，加强组织领导，以利职业教育进一步发展，更为"人人成才"的教育梦想筑就基石。

政府推进教育治理体系和治理能力现代化，就是要适应国家治理体系和治理能力建设，根据教育发展的自身规律和教育现代化的基本要求，以构建政府、学校、社会新型关系为核心，以推进管办评分离为基本要求，以转变政府职能为突破口，建立系统完备、科学规范、运行有效的制度体系，形成政府宏观管理、学校自主办学、社会广泛参与的格局，更好地调动中央和地方积极性，更好地激发每个学校的活力，更好地发挥全社会的作用。

政府宏观管理，就是要转变职能、简政放权、创新方式，把该放的放掉，把该管的管好，做到不缺位、不越位、不错位。学校自主办学，就是要落实学校办学主体地位，明确权利责任，自我管理、自我约束、自我发展。社会广泛参与，就是教育质量要接受社会评价、教育成果要接受社会检验、教育决策要接受社会监督，最大限度吸引社会资源进入教育领域。政府、学校、社会，管、办、评三者之间，权责边界既应当是清晰的，又应当是相对的，既相互制约又相互支持，由此形成现代教育治理体系，不断提升现代教育治理能力。[129]

2019年1月24日，国务院正式印发了《国家职业教育改革实施方案》，要求各地各部门认真贯彻执行。该方案作为贯彻落实全国教育大会精神的文件，与《中国教育现代化2035》和《加快推进教育现代化实施方案》等明确的目标相互衔接，既立足当前，又着眼长远，确保如期完成历史交汇期各项既定任务，把奋力办好新时代职业教育的决策部署细化为若干具体行动，提出了7个方面的共20项政策措施。

本章首先审视职业教育，从过去到现在梳理我国现行职业教育的发展挑战；其次，参考国内外先进职业教育体系治理经验，梳理并评价我国职业教育治理的发展挑战、趋势与策略。

## 第一节　中国职业教育治理体系的挑战

### 一、深化探索整体教学方案，培养实操型技能师生人才

职业教育不仅依靠先进的教学和实训设备，也需要通过职教专家的设计，形成完整的教学思路，将实训设备嵌入整体教学方案，并通过具有丰富实操经验的教师，以能力递进的方式逐步让学生领会和掌握技能技巧，鼓励学生不断试错、不断进步。另外，建议职业学校应持有更加开放积极的态度，更紧密地研究企业的实际技能人才需求，辅以如VR虚拟等多种新型教学方式来达到培养实操技能型师生人才的目的。

### 二、企业的参与流于形式

企业的深度参与对于职业教育的发展至关重要。在中国目前的双元制体系中，企业往往仍以"定班培养"的方式参与教学，学生的学习主阵地仍然在学校。但纯正的"双元制"形式，即学生入校前先与企业签约，理论学习在学校，实训操作在企业的方式仍未被广泛采纳。这导致学生在几年的学校学习后，知识过时，技能仍与企业日常

岗位要求脱节，普遍适岗时间过长以及频繁跳槽的情况时有发生。企业应更重视职教合作，提出更落地的能力需求，同时提供更多实训机会，以帮助学生更好地理解未来岗位的职能技能要求，以便在日常学习中不断提升。

### 三、大数据时代下职业教育面临的挑战

为了推动职业教育更好更快地发展，需要将大数据概念引入职业教育中，增强职业教育效果。

（1）教师的话语权逐渐被减弱。在传统的课程教学中，教师作为课堂教学的主体，学生处于被动学习状态，无法选择学习内容。在大数据时代，学生可以通过网络进行学习，学生的课堂主体性逐渐得到提高；教师从原来的课堂主导者转变为课堂引导者，教师的话语权逐渐被减弱。

（2）对学生信息素养的要求。在大数据时代，职业院校学生需要具备较强的信息素养及信息技术使用能力，如何提高学生的信息素养成为现阶段职业教育迫切需要解决的问题。为了促进职业教育更好更快地发展，职业院校应不断提升信息效益，加强信息协作，提升学生的信息素养。

（3）教学方式要灵活多样。在大数据时代，网络被广泛应用于学生的学习及生活中，教育平台作为大数据时代的产物，使教学方式及教学手段发生了改变，与互联网建立起了紧密的联系。网络课程取代了传统的课程教学方式，促进了教学方式的灵活性及教学过程的多元化，成为现阶段职业教育的发展趋势，对传统的教学方法提出了挑战。

### 四、打破传统模式真正落实产教融合

传统职业教育往往囿于"闭关教技能"的单一格局，特色不突出，学生就业优势不够明显。近几年来，国家大力提倡校企合作、产教结合的教育培养模式，但绝大多数高职院校受自身办学水平和实力的限制，缺乏技术开发能力和科技创新能力，能够真正较为完备地完成一个生产流程并不容易，普遍存在着校企合作环节流于形式，实训环节难以落实的问题。如何打通从毕业到就业的"最后一公里"？还须真正把职业教育的产教融合落到实处，实现教学与企业用人的无缝衔接，让毕业生能在有丰富生产实践经验的企业的指导下找到快速提升技术技能的绿色通道，以达到"所需即所学、所学即所用"的目的和效果。

产学一体深度融合，打造人才核心竞争力。要想打通就业的"最后一公里"，职业教育就要办成高质量的就业教育，要从专业技术、项目实践、职业素养训练方面着手，

提升就业质量，将职业教育、技术培训与就业相互沟通、联系起来。基于这一发展理念和模式，越来越多的地方政府、高职院校兴起了深入企业、科技园区实地"走访调研"的活动，零距离了解企业真实的用人需求。在当今产教融合的大背景之下，高职院校应与企业深度联合，打造人才协同培养体系，产、学、研、用共同发展。

**五、职业教育依旧面临旧思维的多重困局**

中央热，地方冷；政府热，社会冷；学校热，企业冷；职教看热，其他教育看冷；政策热，行动冷；一些地区热，一些地区冷，这"六热六冷"现象还将困扰职业教育的发展。职业学校只有把握发展趋势，更新发展观念，明晰发展定位，突出发展重点，才能制定出科学的"十三五"发展规划，实现职业教育的快速发展。

职教发展需要"三破三立"。社会上有种不和谐的现象，非要读清华、北大才是状元，为什么读职教就不能成才呢？要全面推进职教大发展，要改变传统观点，需要"三破三立"，即打破陈旧职教观念，树立职教和普教同等重要的观念；打破轻视技能的观念，建立尊重劳动力、尊重技能的观念；摒弃对成才的不恰当认识，建立职教同样成才的观念。

没有校企合作，不可能搞好职教。社会团体有其独特的优势，推进职教发展有不可低估的作用。所有的职教学校，都应抓住校企合作创新发展这一关键因素，大力发展职业教育，校企合作兴，职教兴，校企合作衰，职教衰。

**六、职业教育耦合"一带一路"战略发展面临多重挑战**

**（一）"一带一路"沿线部分省（市）职业院校发展基础薄弱**

"一带一路"沿线包括新疆、陕西、甘肃、宁夏、青海、内蒙古、黑龙江、吉林、辽宁、广西、云南、西藏、重庆、上海、福建、广东、浙江、海南等18个省市，其中部分省市地处西部地区，职业教育总体发展相对滞后，职业院校基础设施相对缺乏。2013年新疆、宁夏、青海、西藏等地中等职业学校无论是图书数量还是计算机台数都明显低于全国平均水平。基础设施是学校可持续发展的资本，是学生可持续发展的物质前提，应加强重视，着力发展。

**（二）高素质专业化的"双师型"教师队伍数量不充足**

西部地区等很多省份，职业院校师资数量不充足，生师比过高，尤其是广西壮族自治区中等职业学校，2013年生师比高达40.19：1，高素质专业化的"双师型"教师缺乏，精通沿线国家小语种的教师数量更少。沿线省市职业教育发展基础较弱，降低了职业院校开展对外合作的积极性和自信心,阻碍了职业院校"走出去"。

### (三)"一带一路"沿线部分省(市)职业教育国际化水平相对较低

职业教育的国际化水平评价指标从宏观层面来看包括互派留学生、短期交流活动、国际化合作办学、以项目为纽带的职业教育输出或输入、参加国际赛事等;从微观层面来看包括院校办学理念的国际化、学校运营与管理的国际化、课程与教学的国际化、人员的国际化等。职业教育的国际化水平越高,职业院校参与国际化办学的经验越丰富,越有利于职业院校助力"一带一路"建设。

西部沿线地区高职高专院校国际化办学水平仍有提升的空间。2015年第43届世界技能大赛中国夺得4金6银3铜的优异成绩,但获得者主要集中于浙江、广东、江苏、上海、北京等东部地区职业院校,西部地区职业院校参加国际赛事的竞争力依然相对较弱。从微观角度分析,将国际化办学理念作为学校办学方针确定下来的学校依然较少,将国际化办学理念深入到管理、教学、课程中的学校数量更少。总体来看,"一带一路"沿线部分省份职业院校面临国际化程度不高的挑战。[130]

## 第二节　中国职业教育治理体系的发展趋势

2014—2015年,职业教育发展取得了明显突破,进展迅速,但我们也看到,职业教育仍然是教育领域的薄弱环节,总体发展水平与当前经济社会发展需求并不适应。十八届五中全会通过的《中共中央关于制定国民经济和社会发展第十三个五年规划的建议》及2014年6月22日《国务院关于加快发展现代职业教育的决定》,再次强调了要建立现代职业教育体系。所以,应当不断加快改革创新,突破体制机制难题,坚持创新、协调、绿色、开放、共享发展理念,加快现代职业教育发展。

2019年《国家职业教育改革实施方案》出台,是以改革和落实为主基调的,一是改革,二是落实,充分体现了党中央国务院深化职业教育改革的坚定意志和狠抓工作落实的坚定决心,为我们指明了工作努力的方向。该方案具体有以下六点内容:①确立以习近平新时代中国特色社会主义思想为指导,以习近平总书记关于教育的重要论述为办好新时代职业教育的根本方针;②明确办好类型教育的发展方向;③形成共同推动职业教育发展的合力;④建立一批制度标准;⑤推出一批有基础、可操作的重大项目;⑥启动一批重大改革试点。这六点是亮点,更是创新点。

**一、中国职业教育治理的发展趋势**

《国家职业教育改革实施方案》印发后，我国同时启动了相关政策研究，陆续推出相应的配套文件，形成办好职业教育政策的"组合拳"。

该方案把奋力办好新时代职业教育的决策部署细化为若干具体行动，提出了7个方面的20项政策措施。这7个方面分别是：①完善现代职业教育体系。完善学历教育与培训并重的现代职业教育体系，源源不断地为各行各业培养亿万高素质的产业生力军。②健全国家职业教育制度框架。启动1+X证书制度试点工作，培养复合型技术技能人才。③促进产教融合校企"双元"育人机制，狠抓教师、教材、教法改革，打一场职业教育提质升级攻坚战。④建设多元办学格局，着力激发企业参与和举办职业教育的内生动力。⑤完善技术技能人才激励和保障政策，落实提高技术技能人才待遇的相关政策，健全经费投入机制。⑥加强职业教育办学质量督导评价，建立职业教育质量评价体系，支持组建国家职业教育指导咨询委员会。⑦做好改革组织实施工作，加强党对职业教育工作的全面领导，建立国务院职业教育工作联席会议制度。

该方案是中央深化职业教育改革的重大制度设计，是推动职业教育基本实现现代化的关键举措。职业教育要牢牢抓住这个大有可为的政策红利期和发展机遇期，努力"下好一盘大棋"。如何进一步贯彻落实？首先是加强组织协调；其次是督促地方落实；再次是提升培养质量；最后是推动多元办学，以期群策群力，整合各方资源与优势，毕其功于一役。

本书从学研产的角度整理了以下几点总结：

**（一）从根本上提高技术技能人才的社会地位，增强职业教育的吸引力**

我国国民经济持续保持稳步发展，经济发展呈现增速换挡、结构升级及创新驱动三大特点，工业化、信息化、城镇化、农业现代化同步实施，为我国制造业的发展提出了更高的标准；《中国制造2025》提出助力加快制造业转型升级，围绕创新驱动、智能转型、强化基础、绿色发展、人才为本等关键因素，以及先进制造、高端装备等重点领域，实现制造业不断调整空间布局和专业结构，提质增效，服务产业发展。制造业的不断发展，对技术工人提出了更高要求，职业教育也面临着重大挑战。

职业教育必须主动提高适应性、深化改革创新和全方位提升服务能力，肩负起培养数以亿计的高素质劳动者和技术技能人才的历史重任。然而，目前我国职业教育的社会吸引力仍不强，其中一个很重要的社会原因就是劳动者和技术技能人才没有得到应有的尊重，技术工人的总体待遇不高。提高技术技能人才的社会地位首先应当尊重劳动者，尊重技术技能人才，其次要提高技术工人待遇，尤其是提高技术工人的初次分配收入，努力实现技术工人收入增长和经济发展同步，劳动报酬增长与劳动生产率提高同步，让技术工人能够实实在在地感受到地位和待遇的提升。

### （二）加快推进现代职业教育治理体系建设，实现人才永续培养

我国现代职业教育体系建设取得重要进展。中等职业教育与高等职业教育规模稳步增长，中等职业教育招生规模与普通高中大体相当，高等职业教育成为高等教育的半壁江山，为实现高等教育大众化做出了重要贡献。职业院校每年输送近1 000万技术技能人才，占新增就业人口的60%。职业院校和社会力量办学开展多种形式的职业培训，每年开展政府补贴性培训2 000万人次，大幅度提高了劳动者素质。职业院校正在成为高素质技术技能人才的重要培养基地。

2015年10月，教育部相继推出了《高等职业教育创新发展行动计划（2015—2018年）》以及《关于引导部分地方普通本科高校向应用型转变的指导意见》，为构建中等和高等职业教育相互衔接的职业教育体系进行了一系列探索，引导一批普通本科高等学校向应用技术型高等学校转型，推动现代职业教育体系日臻完善。以现代教育理念为先导，关照现代职业教育体系建设的重点领域和薄弱环节是当前及今后一段时间职业教育的重中之重。职业教育要立足于满足人民群众接受多样化教育的需求，积极调整职业教育产业布局和区域布局，加快民办职业教育发展步伐，促进职业教育集团化办学机制的建立，完善职业人才衔接培养体系。

### （三）逐步完善职业教育制度建设，使职业教育长效发展

近年来，国家逐步重视对职业教育法律法规的建设，着力推动依法治教，营造有利于职业教育发展的良好社会环境。2015年，张德江亲自带队，开展《职业教育法》实施19年来的首次执法检查，积极推进《职业教育法》和有关法律法规的修改完善工作。教育部积极配合全国人大常委会和国务院法制办推进《职业教育法》修订工作，积极推动职教法律法规的制定工作。《现代职业教育体系建设规划（2014—2020年）》强调以产教融合为主线，建立各级政府、行业、企业、学校和社会各方面共同参与的制度创新平台，为现代职业教育体系建设提供制度保障。

在法律建设层面，强调推动加快修订《职业教育法》。[①] 依法确立现代职业教育体系基本架构，明确各级政府的职责，规范职业院校、行业、企业等主体的权利、义务，

---

[①] 教育部官网发布了《中华人民共和国职业教育法修订草案（征求意见稿）》，公众反馈意见的截止时间为2020年1月5日。

将职业教育体系建设的成果法制化。完善促进校企合作和职业教育集团化发展的法律法规。职业教育现代化需要有完备的法律法规体系作为保障，这是国际上职业教育发达国家建立人力资源强国的基本经验。

因此，职教发展应当更加注重改革创新，抓紧制定职业教育校企合作促进办法，通过集团化合作办学等方式，使职业教育与产业发展、就业市场相适应，推动区域产业转型升级、新型城镇化建设融合发展；明确政府、学校和企业应该承担的职业教育发展的责任与权力；落实各地职业院校生均拨放制度，健全多渠道筹资机制；健全教师招用制度，加强"双师型"教师队伍建设；协调教育、经济、劳动、就业等领域关系，真正建立职业教育的长效发展机制。

**（四）加强职业教育基础能力建设，提升职业教育质量**

"十三五"时期是全面建成小康社会的决胜阶段，是我国基本实现教育现代化的决定性阶段。随着经济新常态、人口结构和就业结构的改变、人民生活质量的提高、全球化进程加快，职业教育既面临机遇又面临挑战。尤其是经济发展步入新常态，三大产业结构调整升级加快，迫切需要职业教育提高适应性，培养知识型、技术技能型、创新型人才，提高劳动生产率，完善就业创业服务体系。从当前情况看，全国职业教育发展还存在着"短板"，总体发展水平不适应经济社会发展的需求，办学与经济社会需求还存在一定的脱节现象，部分职业院校办学硬件条件还不达标，不能满足实际需要，"双师型"教师总量不足，这些问题都严重影响职业教育的发展。所以，加大对职业教育经费的投入、提升职业院校办学条件，是当前的一项重要工作。

此外，职业教育资源严重缺乏，全国200所国家示范骨干高职院校仅占全国高职院校的16%，1 000所国家示范全国中职学校学校仅占中职的8%左右。职业院校总体办学条件薄弱，尤其是农村地区、贫困地区的办学水平普遍达不到国家基本办学标准，严重影响了职业教育的质量。基于此，要进一步加大对职业教育的经费投入，提升职业院校办学基础条件水平，从而提高职业教育的适应性。

按照国务院印发的《国家职业教育改革实施方案》(简称"职教20条")要求，经2019年4月16日教育部会同国家发展改革委、财政部、市场监管总局研究通过印发《关于在院校实施"学历证书＋若干职业技能等级证书"制度试点方案》。自2019年开始，重点围绕服务国家需要、市场需求、学生就业能力提升，从大约10个领域做起，启动1+X证书制度试点工作。落实"放管服"改革要求，以社会化机制招募职业教育培训评价组织，开发若干职业技能等级标准和证书。有关院校将1+X证书制度试点与专业建设、课程建设、教师队伍建设等紧密结合，推进"1"和"X"的有机衔接，提升职业教育质量和学生就业能力。通过试点深化教师、教材、教法"三教"改革；促进校企合作；建好用好实训基地；探索建设职业教育国家"学分银行"，构建国家资历框架。

**（五）拓展职业教育服务功能，更加注重建设终身学习型社会**

教育是国之大计、党之大计，是寄托亿万家庭对美好生活期盼的重大民生问题。教育系统要切实提高政治站位，迅速掀起学习宣传贯彻热潮，把思想和行动统一到全会精神上来。构建服务全民终身学习的教育体系，为教育升位赋能，对国民教育体系建设提出了更高要求，要朝着建设一个更大规模的体系而努力。[131]

随着人口和就业结构的变化，社会对于从业人员的素质要求不断提高，从依靠廉价劳动力数量上的"人口红利"转向依靠劳动者质量上的"人才红利"。这对职业教育提出了更高的要求，不仅要注重规模的扩大，更应关注内涵的提升。目前我国就业市场存在招工难与就业难并存的就业矛盾，在一定程度上反映了职业教育应当建立结构合理、符合劳动力市场需求的技术技能人才培养体系。

随着生活水平不断提高，人民工作、学习、生活的观念发生改变。人们不再把工作作为单纯的谋生手段，也不再把学习作为学生的专属，而是希望通过不断学习获得自身的提升。人民生活质量的不断提高迫切需要职业教育扩展服务功能，朝着多样化的方向发展。

推行终身职业技能培训制度。职业教育不仅包括学校职业教育，还包括各种形式的职业培训。职业院校要积极拓展服务功能，面向农民、农村转移劳动力、在职职工、失业人员等开展职业教育和培训，对老年人开展社区培训，为建立终身学习型社会做出贡献。

**（六）保证职业教育经费投入，充分发挥财政引导作用**

2019年11月，上海教育科学研究院发布了《2018年全国高等职业院校适应社会需求能力评估报告》和《2018年全国中等职业学校办学能力评估报告》。报告显示，经费投入不均衡问题仍然存在，部分省份的职业教育经费投入不足，难以满足学校办学要求，直接影响学校教育教学质量。问卷调查显示，仍有近一半中职学校的校长将主要精力投入到解决学校经费问题上。经费投入水平是衡量职业教育战略地位是否落实的重要标志。2014—2015年，财政部、教育部联合印发《关于建立完善中等职业学校生均拨款制度的指导意见》（财教〔2015〕448号）和《关于建立完善以改革和绩效为导向的生均拨款制度 加快发展现代高等职业教育的意见》（财教〔2014〕352号），中央财政建立以奖代补机制，争取到2017年各地高职院校年生均财政拨款水平不低于12 000元。

**（七）更加注重对外开放，实现职业教育发展的"引进来"与"走出去"**

2014年，我国继续开展同德国、英国、荷兰等国的职业教育领域政策对话活动与项目合作，积极参与世界技能大赛，为我国职业教育的"走出去"打下了坚实基础。随着经济全球化的深入发展及区域经济一体化的加快推进，亚欧国家处于经济转型升级的关键阶段。"一带一路"国际化战略的提出及不断推进，为沿线国家的开放发展和优势互补提供了契机。我国职业教育应当围绕"一带一路"国际化战略和国际产能合作，继续推进职业教育对外开放，学习借鉴国际先进经验，重视技术技能人才，发挥行业企业作用，加强职业教育与劳动就业的联系。同时，积极推动我国职业教育"走出去"，为我国企业走向世界培养本土化技术技能人才。要继续推进职业教育国际合作办学，完善中外合作机制，积极引进国（境）外优质教育资源，推动我国职业教育教学改革创新。要积极参与职业教育国际标准制定，开发具有国际先进水平的专业标准、课程和教材体系，提升我国职业教育在国际竞争中的地位。

## 二、中国职业培训治理的发展趋势

**（一）规范职业资格认定与深化职业资格管理改革**

（1）2014年8月3日，人力资源和社会保障部印发了《人力资源和社会保障部关于减少职业资格许可和认定有关问题的通知》（人社部发〔2014〕53号），明确取消国务院部门自行设置实施的没有法律法规依据的准入类职业资格，同时对于行业部门、协会学会自行设置的水平评价类职业资格予以取消。通知要求分4批共减少212项职业资格许可认定事项，并要求地方取消自行设置的186项技能人员职业资格项目。

（2）研究制定技能人员职业资格管理改革指导意见，治理完善行业协会学会，有序承接技能人员水平评价类职业资格具体认定工作实施办法，开展全国职业技能鉴定服务与监管平台研制工作。

**（二）国家职业技能标准的制定和修订**

我国《劳动法》规定：国家确定职业分类，对规定的职业制定职业技能标准，实行职业资格证书制度，由经过政府批准的考核鉴定机构负责对劳动者实施技能考核鉴定。国家职业技能标准是在分类的基础上，根据职业（工种）特性、技术工艺、设备材料以及生产方式等要求对从业人员的技术业务知识和技术操作能力提出的综合性水平规定。国家职业技能标准是对职业活动的规范化描述，是国家职业技能考核鉴定的依据，以及用人单位录用、使用劳动力的基本参考。我国的国家职业标准由人力资源和社会保障部组织制定并统一颁布。

### （三）职业技能公共实训中心建设

2015年，人力资源和社会保障部在总结各地经验的基础上，启动了公共实训基地建设计划试点。例如，重庆市顺利启动了我国（重庆）职业技能公共实训中心建设。公共实训中心以社会急需、通用性强、需求量大、实训设备高端为建设重点，面向院校学生、企业职工及市场需求开展高技能和紧缺技能培训、测评评价等服务。这是继天津之后，人力资源和社会保障部批准筹建的第二个职业技能公共实训中心。

公共实训中心以实训为载体，以支柱产业技能人才培养为重点，引领当地职业技能经验快速积累。重庆市的公共实训中心采取政府购买公共培训服务的措施，坚持贯彻公益性原则，以财政投入为主，以市场化的造血功能为辅，建立一个具有当地特色、多功能综合的国家级公共实训基地。

### （四）国家级高技能培训基地建设

2013年5月13日人力资源社会保障部办公厅关于印发《国家级高技能人才培训基地建设项目实施管理办法（试行）》的通知意在贯彻落实《高技能人才队伍建设中长期规划（2010—2020年）》和《国家高技能人才振兴计划实施方案》，进一步加强对国家级高技能人才培训基地建设项目的规范管理，推动高技能人才队伍建设。

2019年1月3日人社部、财政部对外公布127个国家级高技能人才培训基地和161个国家级技能大师工作室项目单位名单，深入贯彻实施国家高技能人才振兴计划，各地结合区域经济发展、产业振兴发展规划和新兴战略性产业发展的需要，紧紧围绕十大振兴产业、新兴战略性产业和经济社会发展急需紧缺行业（领域），依托具备高技能人才培训能力的职业培训机构和城市公共职业技能实训基地，推动建设高技能人才培训基地和机构；与此同时，依托行业、企业选拔生产、服务一线的优秀高技能人才，建设技能大师工作室，充分发挥高技能领军人才在带徒传技、技能公关、技艺创新、技能推广和人才队伍建设等方面的重要作用，在全社会倡导和推广工匠精神，取得明显成效。

### （五）加速推动终身职业培训体系建设

马凯同志在2014年全国职业教育工作会议上，对职业培训工作提出了明确要求。《发展规划纲要（2010—2020年）》提出构建完备的终身教育体系的目标和任务，即学历教育和非学历教育协调发展，职业教育和普通教育相互沟通，职前教育和职后教育有效衔接。

为全面提高劳动者素质，促进就业创业和经济社会发展，2018年5月8日，国务院发布《关于推行终身职业技能培训制度的意见》，提出面向城乡全体劳动者提供普惠性、均等化、贯穿学习和职业生涯全过程的终身职业技能培训。透视这一政策的具体内容，有两个核心关键词，一是技能，二是终身。这可以从我国相关政策的发展历程中观察到，1994年《劳动法》、1996年《职业教育法》以及2010年国务院《关于加强职业培训促进就业的意见》都是采用"职业培训"的表述。终身职业技能培训最早出现于2015年党的十八届五中全会，2017年党的十九大报告提出"大规模开展职业技能培训"。

### （六）进一步完善技能人才评价使用体系

充分发挥职业资格证书制度在引导培训、促进就业和加强技能人才培养等方面的作用，大力加强职业技能鉴定工作力度，逐步健全以职业能力为导向，以工作业绩为重点，注重职业道德和职业素质的技能人才多元评价体系。企业技能人才评价要以国家职业技能标准为基础，根据其生产技术、工艺装备和产品类型等不同要求，采取考核鉴定、考评结合、业绩评审等灵活多样的方式，重点评价企业职工执行操作规程、解决生产问题、完成工作任务的能力，对于拥有高超技能、做出重大贡献的骨干技能人才，可破格或越级参加职业资格考评。鼓励企业畅通技能人才职业发展通道，制定技能人才与工程技术人才职业发展贯通办法。完善技师、高级技师聘任制和高技能人才带头人制度，探索建立企业首席技师制度。

为贯彻落实《关于分类推进人才评价机制改革的指导意见》等文件精神，根据国务院推进"放管服"改革要求，2019年8月19日人力资源社会保障部印发了《关于改革完善技能人才评价制度的意见》（以下简称《意见》）。《意见》明确，健全完善技能人才评价体系，形成科学化、社会化、多元化的技能人才评价机制；坚持深化改革、多元评价、科学公正、以用为本；发挥政府、用人单位、社会组织等多元主体作用，建立健全以职业资格评价、职业技能等级认定和专项职业能力考核等为主要内容的技能人才评价制度，形成有利于技能人才成长和发挥作用的制度环境，促进优秀技能人才脱颖而出。

### （七）健全技术技能人才激励机制

建立健全技术技能人才竞赛、表彰和激励机制。

进一步完善职业技能竞赛制度，广泛开展各种形式的群众性技术比赛、技能竞赛活动。指导企业从生产实际出发，将技能竞赛活动与日常生产任务相结合、与提升职工队伍素质相结合、与促进技术技能革新相结合，促进企业职工学习新技术、推广新工艺、使用新方法，确保各类技能竞赛活动取得实效。企业开展的符合职业技能竞赛组织实施要求的技能竞赛活动，可纳入政府组织的职业技能竞赛计划。

注重培养和选拔优秀青年技能人才参加各类职业技能竞赛，为青年技能人才参加世界技能大赛创造条件。对在职业技能竞赛中取得优异成绩的选手，按照规定给予表彰奖励，符合条件的晋升相应职业资格。进一步健全以政府奖励为导向、企业奖励为主体，辅以必要的社会奖励的技能人才表彰和奖励机制。健全和完善培训、考核、使用与待遇相结合的激励机制。引导企业工资分配向技能人才倾斜，鼓励企业建立高技能人才技能职务津贴和特殊岗位津贴制度。

第45届世界技能大赛参赛总结大会于2019年9月23日在北京举行。胡春华副总理在会上宣读了习近平重要指示[①]和李克强批示并致辞。他在致辞中指出，技能人才是我国人才队伍的重要组成部分，要采取更加有力的措施为广大技能劳动者成长成才创造条件；要开展大规模职业技能培训，健全培养、使用、评价、激励机制，全力办好在上海举办的第46届世界技能大赛；希望参赛选手坚守初心，在技能成才、技能报国的道路上取得更大成绩，做出更大贡献。世界技能大赛每两年举办一届，被誉为"世界技能奥林匹克"。2019年8月，在俄罗斯喀山举行的第45届世界技能大赛上，我国选手共获得16金14银5铜和17个优胜奖，位列金牌榜、奖牌榜、团体总分第一名。第46届世界技能大赛将于2021年9月在上海举行。

### （八）加大宣传提升职业培训的社会氛围

加大职业培训和技能人才培养重要意义的宣传力度，是近几年推进技能人才队伍建设的又一重大策略。职业培训和技能人才的社会地位低，存在重视程度不够、价位观念性差、引导不到位、宣传不到位等问题。除必须要加强制度与政策引领外，领导干部要带头进行宣传工作，形成了有力宣传职业培训的文化氛围。

总之，职业培训同职业教育有共通性，即以就业为导向并为就业提供服务，也有差异性，即在面对的对象、课程和实施方法方面有着明显的差异。职业教育同学科教育相比同样有共通性，即都是培养人才的地方，为人才发展提供服务；但又有区别，即培养的人才类型不同。我们分析职业培训发展趋势，必须在分析国家人才战略、人才发展趋势的基础上，在人才发展的共通性中发现职业培训发展的个性：①职业培训

---

[①] 习近平强调，劳动者素质对一个国家、一个民族发展至关重要。技术工人队伍是支撑中国制造、中国创造的重要基础，对推动经济高质量发展具有重要作用。要健全技能人才培养、使用、评价、激励制度，大力发展技工教育，大规模开展职业技能培训，加快培养大批高素质劳动者和技术技能人才。要在全社会弘扬精益求精的工匠精神，激励广大青年走技能成才、技能报国之路。

的个性化服务和能力导向特点更加凸显；②职业培训资源优化整合，形成职业培训优势资源共享机制；③现代化职业培训平台建设和现代技术在职业培训中的作用日益提升；④职业培训的立交桥建设和终身职业培训体系建设速度加快；⑤市场将在职业培训发展中起主导作用，政府的职能是转型，而不是弱化，职业培训法制化建设迫在眉睫；⑥职业培训内容、技术方法的研发在职业培训发展中的工作比重将逐渐加大。

## 第三节 中国职业教育治理体系的发展策略

职业教育是采用专门学校教育或职业培训的方式，对受教育者进行职前教育、在职提高及职后培训，以传授专门职业或职业群需要的文化知识、基本理论、专门技能和劳动态度，以培养初、中、高级技能型人才为主要目标的一种就业教育。它分为学校职业教育和职业培训两类。职业教育具有职业性、实训性、经济性和终身性4个主要特点。

职业教育具有实现人人就业、实现社会发展、实现人的全面发展的3种主要功能。本节将从管理体制、专业建设、支持体系和发展路径4个维度进行综合分析。

### 一、构建完善的职业教育治理体系

#### （一）构建完整的职业教育治理结构

现代职业院校是一个开放型系统，具有耗散结构的特性，在其办学进程中，内部治理与外部治理必须协调，通过与系统外进行能量交换来增加办学活力。现代职业院校治理结构必须保持系统的开放性，优化治理结构，完善治理功能，提高治理绩效，才能提高治理水平。

党的十八届三中全会通过的《我国中央关于全面深化改革若干重大问题的决定》为职业教育改革创新指明了方向，提出了"加快现代职业教育体系建设，深化产教融合、校企合作，培养高素质劳动者和技能型人才"要求。职业教育要打造具有我国特色、世界水平的现代职业教育体系，加快发展，培养出更多更优秀的高素质劳动者和技术技能人才，为经济社会发展做出新贡献。职业院校要想健康发展必须构建新型治理结构，不断优化治理结构，完善治理功能，提高治理水平。

#### （二）现代职业院校治理的顶层设计探讨

综合职业院校治理结构理论研究成果，发现职业院校治理结构包含现代学校制度设计和学校组织性框架及机制两个要素。

综观我国职业院校治理结构现状,就会发现我国职业院校是一个典型的利益相关者组织。从20世纪二三十年代开始,世界高等教育进入转型阶段,高等教育的管理体制发生了巨大的变革,具体表现为走上了市场化和商业化的道路,也就意味着高等教育正在进入市场,要接受市场竞争的考验。

我国已经建立了世界上最大规模的职业教育体系,1978—2012年,我国职业教育已经累计为国家输送了2亿多高素质劳动者和技能型人才。2012年,我国有中等职业学校12 663所,在校生2 114万人;有独立设置的高等高专院校1 297所,在校生744万人。在加快发展现代职业教育的进程中,要保障职业院校培养人才的质量,就必须探索与构建基于开放型办学的现代职业院校治理结构。截至2018年,我国有职业院校1.17万所,在校生2 685.5万人。中等和高等职业教育招生和在校生规模分别占我国高中阶段教育和高等教育的"半壁江山"。庞大数字的背后,凝结着中国职业教育持续70年的艰难求索。

党的十九大报告提出,要"完善职业教育和培训体系,深化产教融合、校企合作"。这是对国务院《关于加快发展现代职业教育的决定》中指出的"积极发展多种形式的继续教育,建立有利于劳动者接受职业教育和培训的灵活学习制度,服务全民学习、终身学习"目标任务的高度阐释和重新定位,也是实现职业教育与职业培训新使命的基础。而"做强职教""做大培训",则是完善职业教育与培训体系的目标。

### (三)现代职业院校治理的生态型系统结构分析

在公司治理理论和实践研究最为前沿、最为活跃的美国,也会出现治理系统的构件不适应治理机制的市场效应。当前,我国已建成世界最大规模的职业教育体系,但还不是发达的职业教育体系,考察我国职业教育及职业院校办学治理结构现状,就会发现,我国众多的职业院校在越来越开放的办学环境中,因其治理功能不足和运行机制失灵,致使很多职业院校办学出现许多问题。[132]生态调节系统通过自身不断与外界进行物质、能量和信息交换而形成新的稳定有序的"治理结构"。

现代职业院校治理作为一种调节广义利益相关者权益关系的制度安排,应当具备良好的制衡机制和到位的监控功能。对比公司治理中的领导、管理、激励、约束方面的制度和原则,本书借鉴公司治理的方式来审酌职业院校治理系统,若不能与外界进行有效的"交换融合",职业院校的治理就会显得无能。因此,现代职业院校治理结构应该是生态型的治理系统,系统的治理结构、功能各就各位,有条不紊,系统运行呈有序状态。现代职业院校治理的本质,就是对内部"治理"的"人、财、物、制度及原则"的有机运用，其治理结构系统对外是开放、协调和有序的。

现代职业院校治理系统也不例外，生态调节系统必须借助内部治理结构和外部治理结构，与社会大系统进行物质、能量和信息的对流交换与融合，包含与外界进行大量的人才、制度、政策、法规、新方法、新思想、新理念、资金、新型管理技术、新型控制技术等交换而形成的大量的系统基元甚至多层次的组分，使治理结构处于一个生态型系统，才能因应经济、社会系统的需求与挑战。

总之，职业教育治理结构是不同层次职业教育间的相互关系及其互动方式，是职业教育治理体系的一个重要组成部分。职业教育治理，要把职业教育和职业培训看成"一个体系"。《职业教育法》规定：本法适用于各级各类职业学校教育和各种形式的职业培训。职业院校不仅要承担学历教育的任务，还应承担大量的在职职工培训、劳动力转移和下岗职工、复转军人再就业培训等。这不仅在法律法规中进行了明确，在职业院校办学规律上也不可分割。因此，要将职业教育资源系统整合起来，将学历教育与职业培训的资源配置统一整合，将学历教育与职业培训的等级衔接有机整合；让学历与证书统一，学历培养的人才培养目标体系与职业培训的教学模块体系统一。

### （四）现代职业教育发展理念

教育发展总是以教育理念的更新为先导，然后在教育实践中引起巨大变革，职业教育的发展也不例外。近年来，随着科学技术的迅速发展和产业升级转型不断加快，作为我国国民教育的重要组成部分，职业教育也得到了迅速发展和提高，在实践中形成了一系列适应经济社会发展和职业教育发展规律的教育理念。

*1. 以人为本的教育理念*

以人为本的教育理念认为，人的发展是一切发展的终极目标。以人为本是职业教育的根本出发点和最终归宿。在过去的传统教学理念中，总是把知识作为终极目的，学生是知识的附庸，被看成是被塑造、被加工、被施加影响的对象，这与以人为本的教育人文精神是相悖的。这种主客体关系的混淆，很大程度上影响了教育的效果，使教育远离人的本性而成为程序化、机械化地加工和复制人的生产活动。职业教育的发展为了人，人是受益群体；职业教育的发展也要依靠人，人同时又是职业教育发展实践活动的主体。

*2. 终身教育理念*

终身教育是指能够满足一个人一生中不同阶段生存发展所需要的知识和技能的教育，目的在于人的自我完善，实现人的可持续发展。终身教育主张所有教育体系都是人们终身教育和学习的机构和场所，不管是正规教育还是非正规教育、学历教育还是非学历教育。

（1）教育范围的全员性。终身教育的目标是建立一个每个人都受教育、每个人都学习的学习型社会，强调教育应当面向全体人民，给每一个人接受职业教育的权利，给每个人都提供生存和就业所需要的知识和技能，使每一个人都能通过职业教育提高自身不断发展的能力。它是体现教育公平和社会公平的一个重要手段。

（2）教育对象的主体性。终身教育的本质是促进人的全面和可持续发展，人是教育的对象，人的持续发展是教育的最终目标。终身教育更应尊重学习者的需求和兴趣，强调学习者的主体性和主观能动性，培养其自我学习、自我完善和分析问题、解决问题的能力，为学习者提供一切机会和便利，使学习者的个性得到充分张扬、潜能得到充分挖掘，以实现其终身、全面发展。

（3）教育形式的多样性。由于终身教育的上述特点，其教育形式必然是多样性的。终身教育形式的多样化体现在教学内容涉及的范围非常宽泛、教学时间的安排非常灵活、教学场所的选择都不固定以及教学方式、方法和组织形式的多种多样等方面。

职业教育树立终身教育理念，是我国经济社会发展的必然要求。改革开放以来，我国经济与社会生活发生了巨大的变化，现代科学技术迅猛发展，科学知识和科技成果的生命周期缩短，人们需要不断地接受新的知识和技术；经济结构的调整和产业结构的升级导致职业结构的变动和技术结构的调整，要求人们不断地接受再教育；众多的农村剩余劳动力要从土地上转移出去、在城市中寻找工作，需要进行职业培训。并且城市中农民工处于不断的职业流动中，为了适应新的工作，需要不断地学习和接受教育。

3. 创业教育理念

传统教育模式常常以知识学习和技能传授为主，而创业教育是一种全新的教育理念，旨在培养人们的创业意识、创业能力。1989年，在北京召开的"面向21世纪教育国际研讨会"上，有关学者提出了"创业教育"的概念。创业教育主要包括两层含义，一是关于创业生涯设计、创业实践活动等方面的教育；二是关于事业心、进取心、探索精神、冒险精神等心理层面的教育。实际上，认真领会这一概念，我们不难理解创业教育应该是一种以人的全面发展为目标、以创业实践活动为载体、以培养创业精神和创业意识为核心、以提高创业能力为关键的特殊教育。它至少有四个本质特点：

首先，创业教育的目标是促进人的全面发展。其次，创业教育的核心是培养人的创业自觉。创业自觉包括学习创业知识、培养人的创业意识、创业能力、创业者的心理素质等内容。再次，创业实践活动是创业教育的载体。如果没有创业实践环节，创业教育就难以与生产生活实际相结合，就会流于形式。最后，创业教育是终身教育，而且是多层次、全方位的教育。多层次是指创业教育的种类或模式很多，有学历教育也有短训培训，有实践操作技能的培养也有创业意识和创业精神的培养。全方位是指接受创业教育的群体包括工人、农民、技术人员、在校学生等所有的劳动者。

4. 职业教育学历体系的构建

随着我国社会向工业化、城市化、现代化的快速推进，生产力水平提高、经济增长方式转变和产业结构升级需要的人才类型、层次不断提高。除了依托普通教育体系培养所需创新型人才以外，单纯依靠初等职业教育、中等职业教育和专科层次的高等职业教育培养的技术型人才已很难满足这种需求。

据统计，2011—2015年以来，随着生产力发展水平的提高，我国职业教育层次结构的发展呈现出以下特点：初等职业教育的发展规模出现明显萎缩；中等职业教育的发展规模和速度尽管呈现递增趋势，但该趋势趋于放缓和平稳状态；高等职业教育的发展规模和速度都呈现逐年递增趋势，且增势不减。由此可见，我国职业教育的层次结构重心随生产力发展水平的提高出现了上移。长期以来，由于我国职业教育起点和学历层次偏低，本科层次和研究生层次职业教育发展缓慢，高端技术应用型人才短缺。无论是转变经济发展方式、升级产业结构、建立现代产业体系，还是实现我国职业教育自身健康、可持续发展，都迫切需要职业教育层次上移，建立相对完善的现代职业教育学历体系，这已成为我国职业教育可持续发展的关键环节。

构建完整的职业教育学历体系，要顺应世界职业教育发展趋势，借鉴职业教育发达国家学历体系的建设经验，从我国经济社会发展对技术型、应用型人才需求的实际出发，按照以人为本、终身学习、科学发展的要求，遵循职业教育发展的内在规律，以我国现行职业教育学历体系为基础，构建符合我国实际、特色鲜明、应用性强、开放性的职业教育学历体系。构建职业教育学历体系应把握以下两个原则：

第一，继承与发展相结合。构建完整职业教育学历体系的目的主要是通过完善职业教育学历系统、优化职业教育层次结构促进职业教育系统多样化发展。

我国职业教育学历体系的构建，不是凭空构想一个理想化的层次结构，而是从职业教育发展现状出发，在已有职业教育学历体系的基础上，进一步完善、优化职业教育层次结构。

第二，独立与联系相统一。与普通教育学历体系相比较，职业教育学历体系是一个相对独立的系统，系统内应该有中等、专科、本科、研究生等多种办学层次，不同办学层次之间的人才培养目标、培养内容应相互衔接。同时，职业教育学历体系应与普通教育学历体系相互联系、融通，受教育者可以在相应层次间通过一定的联系渠道进行选择。构建完整的职业教育学历体系应在现有中等职业教育和高等专科层次职业教育的基础上，发展本科层次和研究生层次的职业教育。我国教育体系如图7-1所示。

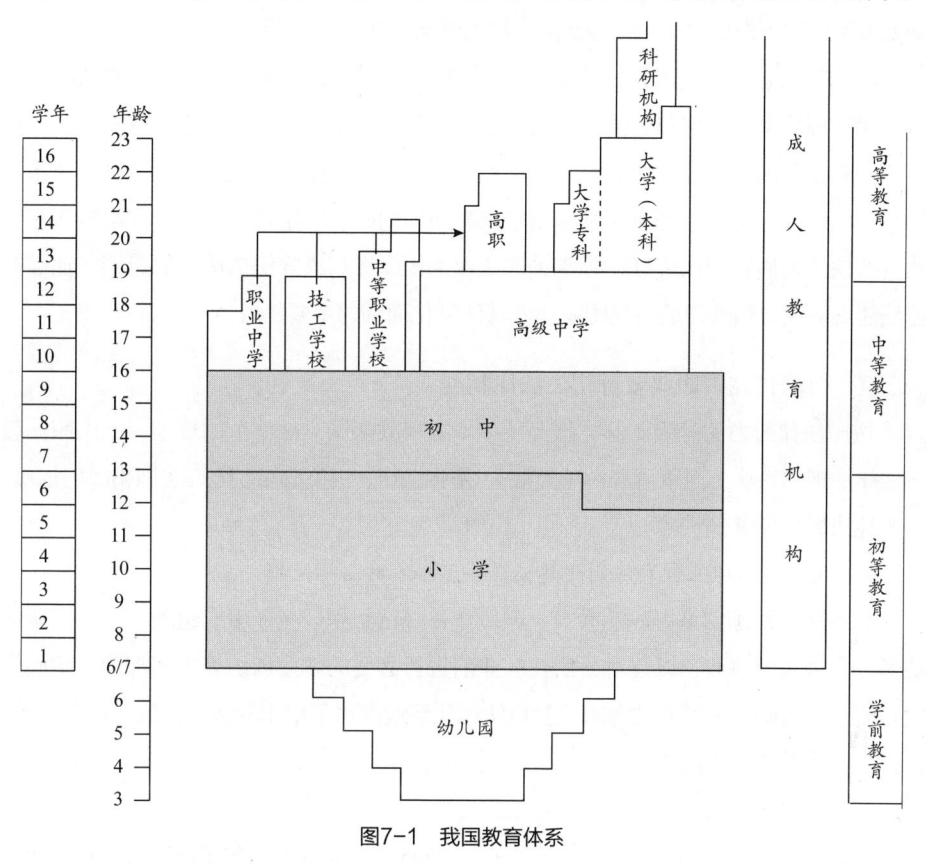

图7-1 我国教育体系

注：灰底部分是义务教育

## 二、完善职业教育的法律法规体系

职业教育法律法规体系，是由规范和调整职业教育领域内各种关系的所有法律法规组成的一个系统，这些法律法规是具有立法权限的国家机关和部门按照法定程序制定、颁布并保障实施的。由于职业教育涉及政府、行业企业、职业院校、教师和学生、职业培训机构、职业资格认证机构等多个主体的权利，各权利主体之间存在着复杂的法律关系，因此需要国家通过制定各种法律法规来规范和调控职业教育领域内各相关主体的关系。

建立健全职业教育法律法规体系，是职业教育健康发展的前提，是政府对职业教育进行有效管理的基础与依据，也是职业教育自身存在与发展、维护各相关法律主体权益的法律保障。纵观世界发达国家（美国、英国、德国、澳大利亚等）的职业教育，无不具有一个完整的职业教育法律制度体系，完善的法律制度能够大力推动职业教育向前发展，进而推动整个国民经济的发展与社会进步。

我国目前已经形成了由《教育法》《职业教育法》等相关法律法规组成的职业教育法律法规体系，对保障我国职业教育法律地位、推动职业教育健康发展发挥了积极作用。随着我国经济社会发展水平提高和职业教育快速发展，我国职业教育法律法规体系、法律执行与监督等方面暴露出越来越多的问题，一定程度上制约并影响了职业教育的快速发展。因此修订完善相关的法律法规、提高遵守法律法规的意识、加强对违法违规的监督和处理成为我国职业教育法制化面临的重要任务。

### （一）修订完善职业教育相关法律制度

按照法律效力的等级不同，按照《中华人民共和国立法法》的规定，我国职业教育法律法规体系从上而下可分为《宪法》、基本法律、相关法律、行政法规和部门规章、地方性法规和规章5个等级。

1.《宪法》为职业教育法制化建设提供了根本的法律依据

《宪法》对国家举办职业教育，鼓励集体经济组织、企业事业组织和社会力量依法举办各种教育事业，以及对公民在就业前进行必要的就业训练等内容都做了明确规定和要求，这些规定和要求为职业教育法制化建设提供了根本的法律依据。目前来看，修订《宪法》的必要性低。

2. 修订完善《教育法》和《劳动法》

我国《教育法》（1995）和《劳动法》（1995）从颁布到现在都已超过20年，随着经济社会的发展和时代的进步，两部法律中关于职业教育的有些原则和规定已经不能适应当今职业教育发展的实际，因此对相关条款进行修订和完善已十分必要。例如《教育法》第二十条规定实行职业教育制度，但是没有说明职业教育与普通教育的关系和区别，没有把职业教育看作是教育的一种类型，导致职业教育成了普通教育的附属部分，这是职业教育在我国得不到重视的重要原因。

《劳动法》对"促进就业、劳动安全卫生、职业培训，以及社会保险"等只提出一些原则，而缺乏相应的配套法律法规和具体实施规范。以《劳动法》《职业教育法》为法源，借鉴美国、英国、澳大利亚、德国等国家的立法经验，尽快制定有关国家职业资格证书的法律法规，把实施职业资格证书制度提升到专项立法的层面，纳入法制管理，做到有法可依。专项立法应包括职业资格证书制度的性质、内涵、就业准入、职业标准、职业技能鉴定、职业资格证书与学历证书和学位证书的互通互认、激励措施、责任追究、实施证书制度相关主体的权利与义务、经费来源等重要内容，用专项条款加以规范，使其具有科学性、导向性、前瞻性和可操作性，保证职业资格证书制度的完善与发展。

3. 修订《职业教育法》等相关法律

由全国人大及其常委会通过的涉及职业教育的法律主要有《职业教育法》《高等教育法》《教师法》《民办教育促进法》《学位条例》《就业促进法》等，职业教育法在这些与职业教育相关的法律中处于核心地位。这些相关法律一是缺乏对职业教育与普通教育明确分类的规定；二是对职业教育的投资主体只规定了政府的责任，其他办学主体责任强调不够；三是没有在职业教育和职业资格之间建立相对应的关系。这些都需要通过修订相关法律来完善；四是进一步明确学校的办学自主权。

例如全国人大应修订完善《学位条例》，甚至应将《学位条例》改为《学位法》，在职业教育类型中设立准学士学位或者预学士学位、专业（应用型）学士学位、专业（应用型）硕士学位、专业（应用型）博士学位，形成包括准学士、专业学士、专业硕士、专业博士在内的完整的职业教育学位制度。

4. 修订和完善《教师资格条例》等行政法规

国务院制定的有关职业教育的各种行政法规是职业教育法律体系的重要组成部分。改革开放以来，国务院制定实行的关于职业教育的行政法规主要有《教师资格条例》《教学成果奖励条例》《普通高等学校设置暂行条例》《民办教育促进法实施条例》《扫除文盲工作条例》《中外合作办学条例》等。笔者认为，在修订完《职业教育法》等相关法律法规后，要尽快制定包括《职业教育法》实施细则在内的与职业教育相关的行政法规和部门规章，如《教师资格条例》中要增加在职业院校和培训机构从事职业教育的教师进行资格认定的内容，《教学成果奖励条例》中要增加关于对职业教育教学成果进行评选和奖励的内容，《中外合作办学条例》中要增加关于职业教育中外联合办学的内容等。

5. 修订和完善各地方行政法规和部门规章

各级地方人大和人民政府在遵循国家法律和行政法规的前提下，制定的规范职业教育发展的地方性法定和规章也是我国职业教育法律体系的重要组成部分，在职业教育发展中发挥着重要作用。在上述国家法律法规修订完善的基础上，各地方人大和政府要及时对现有的地方法规和规章进行相应的修订和完善，制定适合本地区职业教育发展的地方法规和规章,使地方行政法规和规章与国家法律法规相一致,维护职业教育法律体系的完整和统一。

### (二)提高职业教育各参与主体法律意识

"有法必依"就是指一切国家机关、公职人员、社会团体及全体公民都必须遵守涉及职业教育的所有法律法规,这是职业教育法制化建设的重要内容。所有组织和个人都必须在国家法律法规规定的范围内活动,任何组织和个人都没有超越法律法规之外的特权。要做到"有法必依",就是要做到政府部门依法管理职业教育、各办学主体依法举办职业教育、公民个人依法接受职业教育和职业培训。

职业教育"依法管理",主要指国家教育行政部门、财政部门、人力资源和社会保障部门等国家机关职能部门,按照有关法律法规规定,依法履行对职业教育进行投入、管理、执法的过程。比如财政部门是否按照法律规定安排并实现对职业教育的财政投入;教育、人力资源和社会保障部门是否按照法律法规规定行使本部门职责,实现对职业教育的宏观管理、引导、监督;相关制定的政策是否有效调动行业、企业单位参与职业教育办学积极性等。

职业教育各办学主体"依法办学"是指学校、企事业单位以及其他办学机构按照法律法规规定行使办学的权利与义务,包括职业学校是否依据法律进行学校管理体制和教学制度改革,招生、培养、就业等环节是否遵守国家有关规定;企业是否按照职业教育法规要求进行员工素质提升和培训,人员培训经费提取比例是否符合国家规定等。

受教育者依法接受教育是指国家法律法规规定适龄青年有接受教育的权利和义务,从业人员有依法接受职业培训和继续教育的权利和义务。接受职业教育的公民和个人有参加各办学主体根据教学计划组织的各种教学活动,有使用职业教育提供的教学设施、设备、图书数据的权利。受教育者要遵守所在学校或者其他教育机构的管理制度等。

### (三)加大对违法违规行为监督查处的力度

"执法必严、违法必究"是维护法律权威、确保职业教育法律法规的约束力的根本环节,也是职业教育办学主体和公民的合法权益得到保障的重要手段。"执法必严"是指执法机关要严格按照法律法规的要求,充分尊重和保障广大公民的合法权益不受侵犯,所有执法机关和公职人员都必须在国家法律规定的权力范围内行使自己的职权。"违法必究"是指司法部门要依法追究违法行为主体的责任,保障法律法规的严肃性。职业学校、企业是否依法办学,教育、财政、劳动与社会保障部门是否依法行政,除相应的行政管理与处罚以外,还需进行司法监督与控制。实际上我国在职业教育领域的"违法"情况并不鲜见,比如《职业教育法》第八条规定：国家实行劳动者在就业前或者上岗前接受必要的职业教育制度。企业在用人时为降低成本并未严格遵守此条文,此即违法行为。

此外,加强职业教育法制化还需要加大宣传力度,营造良好的社会氛围。在我国,职业教育被认为是"次等教育",很多学生都是因为考不上高中大学才不得已读职业学校。基于此,要充分利用报纸、电视、广播等各种宣传工具广泛、深入、持久地宣传职业教育方面的法律法规和政策,引导社会各界树立正确全面的教育观、职业观、人才观,增强关于职业教育的法治观念,在全社会营造良好的职业教育发展氛围。

### 三、健全职业教育的管理体制

#### (一)明确职业教育发展目标

不同的教育类型应该拥有不同的人才培养目标、培养内容、培养手段,如果职业教育与普通教育的教育理念、培养目标、教育内容、教育方法没有区别,职业教育也就失去了其存在的意义。正是职业教育的目标和定位明确,使其在系统特征方面区别于普通教育,职业教育才能发展成一种教育类型。

以产教结合、校企合作为特征的职业教育与传统意义上的学校式普通教育不同,它拥有自己的知识体系、培养目标、发展路径。所以,职业教育的类型是职业教育赖以生存和发展的前提和基础,是对职业教育生存权和发展权的保障。职业教育的目标是培养经济社会发展所需要的各级各类技能型、应用型人才。中等职业教育培养的是掌握一定专业知识和技能的初级应用型人才；高等职业教育培养的是掌握一定理论知识和专业技能的高素质专门人才。由此可见,中等职业教育和高等职业教育的培养目标指向是一致的,都是培养应用型人才,都要遵循基于职业属性的职业教育发展规律,是同一类型的教育。

#### (二)建立适应现代职业教育发展的管理体制

要提高我国经济的国际竞争力,占据世界经济发展的制高点,我国经济就必须调整经济结构、转变经济发展方式,从外延发展走向内涵发展,从劳动密集推动向技术密集推动转变,从高速度向高质量、从外向拉动向内生增长转变,从环境破坏向环境保护的经济发展转变。这样一个更具质量和内涵、凸显现代产业体系的经济体系,迫切需要一个更具质量和效率的现代职业教育体系予以支撑。要适应我们国家工业化、信息化、城市化、现代化的要求,通过大力发展职业教育,培养数以亿计的高素质劳动者和技术技能型人才,建立现代职业教育发展的管理体制和运行机制尤为重要。

## （三）建立政府主导、行业指导、企业参与的办学制度

### 1. 建立现代职业教育管理体制必须坚持政府主导

（1）政府主导发展职业教育有利于实现教育公平、促进社会和谐，有利于促进国家或地区的经济增长和社会进步。

（2）政府对职业教育的管理，应重在加大各级各类职业教育统筹发展的力度，确保职业教育的优先发展；政府对职业教育的管理应侧重于对职业教育整体发展规模、各类职业教育机构设置的标准，以及证书发放的标准等进行宏观调控、监督和审查；政府对职业教育的管理主要通过运用立法、拨款、规划、政策指导、信息服务，以及其他手段进行。

（3）改革和完善在国务院领导下以省级政府统筹为主的职业教育管理体制。以目前的职业教育联席会议制度为平台，完善现有的职业教育联席会议制度，切实发挥它的作用。或者彻底改革，在国家层面成立对职业教育进行统一管理的机构或部门，比如在教育部设立职业教育发展总局，专门负责职业教育发展的顶层设计、制定职业教育发展的战略规划；涵盖教育部、人力资源与社会保障部等原来对职业教育进行管理的职能，负责制定职业教育办学标准和职业技能标准，负责预测和发布劳动市场需求与职业预警，逐步实现劳动力培养和使用的综合配置和协调发展。重新界定教育主管部门、人力资源和社会保障部门以及其他相关部门管理职业教育的职责，统筹管理各级各类职业教育，既包括公办职业教育又包括民办职业教育，既包括中等职业教育又包括高等职业教育，既包括职业学校教育又包括职业培训、成人职业教育，既包括就业准备教育又包括继续培训、转岗培训、在职提高培训，既包括学校形态职业教育又包括非学校形态的职业教育。

（4）各级政府要加强对职业教育的组织领导，采取切实措施办好骨干职业院校和培训机构。重点扶持和发展服务当地产业的特色职业教育、面向农业现代化的农村职业教育和传承民族工艺、民族文化的职业教育。

### 2. 建立现代职业教育管理体制必须充分发挥行业参与的作用

为使职业教育发展与经济社会发展要求相适应，发挥行业参与重大政策研究、职业资格制定、人才需求预测、就业准入条件、专业设置、课程与教材开发、教学改革和教育质量评价等方面的重要作用，要把职业教育发展过程中可以由行业承担的工作交给行业负责，政府在相关政策和资金等方面给予支持。政府要对各类不同行业进行分类管理和指导，由行业牵头成立行业职业教育教学指导委员会，负责本行业内职业教育的指导工作。鼓励和支持各类行业专业组织开展职业教育科学研究，加强行业对

职业教育发展的理论研究和指导。在政策上鼓励行业参与职业教育发展过程管理，提高职业教育办学水平和职业教育的人才培养质量（借鉴本书第三章美国、英国、澳大利亚、德国等国家的经验）。

3. 建立现代职业教育管理体制必须走产教融合、校企合作之路，切实发挥企业在职业教育发展中的作用

（1）各级政府要将职业教育发展纳入产业发展规划。根据产业发展要求，科学预测经济发展和不同产业结构对各级各类技术技能人才的需求，通过职业教育超前培养和储备相关人才，使职业教育人才培养与经济结构调整和产业结构升级保持同步。各级政府要将职业教育纳入城乡建设规划和产业园区建设规划。在城乡建设规划中，职业教育布局必须与产业布局有机结合，并考虑社区功能完善的需要。

（2）国家应大力支持和鼓励企业举办或参与举办职业学校。企业举办的职业学校在法律上享有与公办职业学校同等的地位，按照有关政策能够享受国家土地和税收的优惠政策。各级政府要通过生均拨款、专项补贴、科研项目立项、国家奖助学金和困难学生资助等方式支持企业举办的职业学校发展。

通过政策引导、税收优惠、考核评价等多种途径推动校企合作，在企业中落实职工教育培训经费，完善职工继续教育体系。一方面，鼓励企业开展面向企业内部员工的职业教育和职业培训；另一方面，支持龙头企业、行业协会和经济合作社以服务产业链为目标，开展全行业、全产业链的职业教育和职业培训。

（3）推动职业教育集团化发展，鼓励职业教育集团多样化发展。集团化发展是政府主导、行业指导、企业参与的职业教育办学体制的重要实现形式。国家可通过制定职业教育集团化发展的有关政策和办法，推动政府、社会组织、行业企业、学校和科研机构等积极参与组建职业教育集团，整合、重组和共享职业教育资源，实现人才培养链、产业链和利益链的有机融合。

支持中央企业和其他行业龙头企业整合职业教育资源，建立大型企业直接管理、产教融合的职业教育集团；鼓励地方政府根据当地产业结构特点整合区域职业教育资源，组建行业（产业）型或社区型职教集团；支持骨干职业院校牵头组建院校主导、校企合作型职业教育集团；推动大型企业在重大产业建设工程中，将职业教育作为产业链的重要组成部分，组建产业链型职业教育集团。在职业教育集团内部要建立董事会、理事会和实体性工作机构，充分发挥职业教育集团内中等职业学校的基础作用和高等职业院校的引领作用，促进中等和高等职业教育相互衔接、不同院校错位发展。在经济全球化背景下，鼓励职业教育集团与跨国企业和境外职业教育机构等开展合作，

学习国外先进的办学理念和办学经验。

### 四、强化职业教育的政府公共服务制度

#### （一）建立职业教育社区服务制度

鼓励职业院校社区化办学。职业院校要服务社区经济、文化、教育事业，提供各种形式的短期职业教育、继续教育和文化生活类课程，在不影响教育教学活动的前提下，推动教室、图书馆、体育馆等公共文化、教育服务设施和数字化教育资源向社会免费开放，满足社区居民多层次、全方位的教育文化生活需求。

加强职业院校和社区的合作，建立社区和职业院校联动机制。通过建立社区和职业院校联席会议制度，设立联合机构，支持社区参与制定职业院校发展规划，共同制定职业院校社区服务计划，协调社区企事业单位为职业院校提供实习实践场所，加强校园周边环境综合治理。

#### （二）建立以公共财政为主的职业教育投资体制

职业教育投资是指根据职业教育事业发展的需要投入到职业教育中的人力、物力和财力的资源总和，一般包括政府财政投入的公共教育经费和企业、社会团体、个人提供的捐赠、教育基金、贷款、学费收入等。职业教育投资体制是指国家针对职业教育参与主体的投资行为而做出的制度性安排，它是国家调控职业教育的重要手段，也是职业教育获取充足教育经费的重要保障。合理的职业教育投资体制有利于保障职业教育经费的获取、调动各投资主体的积极性、提高投入资金的使用效益，最终保障职业教育的快速健康发展。

#### （三）政府要建立职业教育经费投入保障机制

关于职业教育经费投入概况与成效，本书以《全国教育经费执行情况统计公告》和《我国教育经费统计年鉴》为基础，从总量及其增长、生均经费在地区间的结构性情况来分析比较职业教育经费投入情况。

（1）职业教育财政投入总量持续增长。自2005年《国务院关于大力发展职业教育的决定》发布以来，我国职业教育经费投入总量呈现稳步增长的态势。2005—2014年职业教育经费总量年均增长15.46%。2014年，全国教育经费总投入32 806亿元，比2005年的8 419亿元增长了2.90倍；国家财政性教育经费占国内生产总值比例达到了4.15%。其中，职业教育经费总投入约为3 424亿元，比2005年的939亿元增长了2.65倍，年均增长率达15.46%，详见表7-1。

表7-1　2005—2018年职业教育经费投入增长情况

| 年份 | 2005 | 2006 | 2007 | 2008 | 2009 | 2010 | 2011 |
|---|---|---|---|---|---|---|---|
| 全国教育经费总投入（亿元） | 8 419 | 9 815 | 12 148 | 14 501 | 16 503 | 19 562 | 23 869 |
| 比上年增长 | 16.24% | 16.58% | 23.77% | 19.37% | 13.81% | 18.54% | 22.02% |
| 其中国家财政性教育经费（亿元） | 5 161 | 6 348 | 8 280 | 10 450 | 12 231 | 14 670 | 18 587 |
| 占国内生产总值比例 | 2.78% | 2.92% | 3.09% | 3.30% | 3.54% | 3.59% | 3.84% |
| 职业教育经费总投入（亿元） | 939 | 1 141 | 1 483 | 1 852 | 2 120 | 2 409 | 2 889 |
| 占全国教育总经费 | 11.16% | 11.62% | 12.21% | 12.77% | 12.85% | 12.31% | 12.10% |
| 其中财政性教育经费 | 426 | 525 | 745 | 1 017 | 1 211 | 1 460 | 1 934 |
| 占职业教育总经费比例 | 45.34% | 46.02% | 50.20% | 54.93% | 57.13% | 60.61% | 66.93% |

| 年份 | 2012 | 2013 | 2014 | 2015 | 2016 | 2017 | 2018 |
|---|---|---|---|---|---|---|---|
| 全国教育经费总投入（亿元） | 28 655 | 30 365 | 32 806 | 36 129 | 38 866 | 42 557 | 46 135 |
| 比上年增长 | 20.05% | 5.97% | 8.04% | 10.13% | 7.58% | 9.50% | 8.41% |
| 其中国家财政性教育经费（亿元） | 23 148 | 24 488 | 26 421 | 29 221 | 31 396 | 34 207 | 36 995 |
| 占国内生产总值比例 | 4.33% | 4.16% | 4.15% | 4.26% | 4.22% | 4.14% | 4.11% |
| 职业教育经费总投入（亿元） | 3 320 | 3 450 | 3 434 | 3 864 | 4 051 | 4 342 | 4 613 |
| 占全国教育总经费 | 11.59% | 11.36% | 10.46% | 10.97% | 10.43% | 10.20% | 10.01% |
| 其中财政性教育经费（亿元） | 2 392 | 2 543 | 2 557 | 2 877 | 2 961 | 3 200 | 3 450 |
| 占职业教育总经费比例 | 72.05% | 73.70% | 74.6% | 72.6% | 73.1% | 73.7% | 74.8% |

数据来源：教育部、国家统计局、财政部发布的2005—2018年全国教育经费执行情况统计公告

（2）全国教育财政性教育经费年均增长16.44%。从投入总量上看，2008—2018年，国家财政教育投入持续大幅增长。2018年，全国教育经费总投入46 143亿元，全国财政性教育经费为36 995.77亿元，比2008年的全国教育经费总投入14 501亿元增加31 642亿元，增长了3.18倍；全国财政性教育经费增加了26 545亿元，增长了3.54倍。全国财政性教育投入的大幅增加，为教育改革发展提供了有力支持，全国财政性教育经费年均增长16.44%。2018年10月15日教育部、国家统计局、财政部发布的2017年全国教育经费执行情况统计公告显示，2017年，国家财政性教育经费为34 207.75亿元，比上年的31 396.25亿元增长8.95%，占GDP比例为4.14%，连续6年保持在4%以上，2017年全国教育经费总投入为42 562.01亿元，比上年的38 866.39亿元增长9.45%。

## (四)建立多元化职业教育经费筹措机制

虽然政府的财政投入是职业教育经费的主要来源,但是仅凭政府这一个投资主体,远远不能满足日益增长的职业教育经费需求。首先,随着经济发展方式的转变和产业升级,很多行业和企业对职工素质和能力的要求越来越高,急需对职工进行培训和再教育,提高职工适应岗位需要的履职能力。行业、企业对本领域或本企业职工有培训的愿望和需求。其次,我国还有不少民间资本有投资兴办职业教育的愿望,通过建立私立职业学校或教育公司获得收益,也是未来职业教育筹措经费的有效途径;再者,对于公民个人来讲,为了提升其就业竞争力,获得更好的工作岗位和更高的收入,他们也有接受职业教育的愿望和要求,公民个人的学费也是筹措职业教育经费的来源之一。当然,政府在加强对职业教育投资的同时,还要积极鼓励社会团体、行业企业、基金组织、个人等通过直接投资、合作办学、捐资助学等途径,加大对职业教育发展的支持力度,形成职业教育投资主体多元化的格局。

各级政府要设立专项资金支持职业院校集团化发展。探索集团法人化的实现形式,鼓励职业教育集团内部成员以产权为纽带,共同出资建立集团运作平台,推动职业教育集团化发展,建立利益共享的紧密型职业教育集团。帮助紧密型职业教育集团统筹中高职衔接、专业课程建设、实训基地建设、教师队伍建设。对多元投资的职业教育集团按照民办教育的有关政策加大财政、税收和金融政策的支持力度。

## (五)完善我国职业教育的专业建设

有的学者提出了高职专业建设的三大系统,包含专业建设核心主体架构体系、专业建设保障体系、专业建设评价回馈体系。专业建设核心主体包括:课程体系与教材、教师队伍建设、教学设施建设、实践教学体系建设;专业建设保障体系包括:专业建设经费,专业的组织管理,依托行业、企业搞好专业建设;专业建设评价回馈体系包括:行业企业顾问委员会、专业评估、毕业生就业、职业能力测评体系等。专业建设的核心是课程体系与教材、教师队伍建设、教学设施建设、实践教学体系建设等要素。[133]

董圣足、马庆发等学者认为,高等职业教育专业建设的内容,通常由四个既相互独立又相互联系的子系统组成,即专业标准建设系统、课程标准系统、师资队伍建设系统、条件保障系统。专业标准建设系统是专业建设的前提条件和评判依据,包括培养目标、知识结构、能力要求层次类型和规格等要件。课程标准系统规定各门课程的性质、目标、内容框架,提出教学和评价建议等内容。师资队伍建设系统是保证学校教育教学质量和人才培养质量的关键。条件保障系统包含设备与设施、实验与实训室、质量保障支持与评价。企业参与合作办学也是高等职业教育专业建设的基本保障。[134]

目前,高职的实践者对高等职业院校的专业设置与建设研究存在3个主要的问题:①概念模糊,高职的实践者对专业建设及其内涵研究不够深入。对专业基本概念的不同理解,造成高职的实践者认识上的偏差,导致很多高职的实践者将专业设置等同于专业建设,忽略了科学、准确地定义专业内涵的问题,培养目标、课程建设、师资、实训基地等之间的逻辑联系不清楚,专业建设成了空壳,专业建设的各要素之间缺乏整体性设计。②走向两个误区,一方面,高职的实践者分析专业设置的原则,需要协调好政府、企业、学校之间的关系,要根据产业来设置、调整专业,侧重宏观的专业设置论述,缺少对专业设置的具体指导;另一方面,高职院校的实践者仅仅结合本校的实际情况分析某某专业的建设,大多是经验性的表述,很少推导归纳出一般的专业设置规律,缺少理论方面的提升。③研究比较零散,高职院校的实践者研究主要关注专业设置、调整,对专业内要素的整合以及专业的评估缺少关注,在如何进行专业建设方面还缺少相对完整的研究。

高职院校的专业建设是一个复杂的系统性的工程,需要整体性的设计,需要运用系统性的方法进行分析。它以培养高素质高技能人才为整体目标,包含人才培养目标、人才培养模式、课程体系、教学团队、实训条件、专业教学管理等核心要素,这些要素彼此之间相互依存、相互渗透,并且相互转化,同时受到人才市场等外部环境影响而动态发展。当今区域经济和产业的升级调整对高职院校的专业建设提出了新的要求。

专业建设作为高职院校内涵建设的一个重要子系统,职业教育专业建设本身就是一个动态平衡的开放系统。从构成要素上看,职业教育专业建设以培养高素质高技能可持续发展的人才为目标,包含人才培养目标、人才培养模式、课程体系及课程资源、师资队伍、校内外实训条件、专业教学管理等核心要素。

根据职业性原则,职业教育专业建设与职业具有一致性:①专业划分与职业资格有一致性;②专业培养目标与职业功能有一致性;③专业教学实施与劳动过程、工作环境和活动空间(职业情境)有一致性;④专业的社会认同与职业社会地位及社会价值有一致性。

笔者从中发现我国职业教育专业建设中的不足与差距等,提出"专业建设一体化"模式,包括四个一体化及支撑体系。本书提出的"专业建设一体化"即"课程设置一体化""实训基地一体化""职业资格一体化""顶岗实习一体化",是在职业教育专业建设中的整体解决方案,它系统地呈现了毕业生在素质结构—知识—能力、产学合作途径、专业教学理论和实践体系、课程结构、课程内容、"双证"课程、实训基地、教材建设、师资队伍建设、技能大赛赛项设计及资源开发、国际化专业标准制订等各方面的成果。它是在职业教育专业建设和教学实践方面，实现以就业为导向、以能力为本位的一种有效途径，是使我国职业教育的办学指导方针，从"宏观"深入到"中观"和"微观"的一种有效方法，可为我国职业院校的专业建设发展提供参考建议。

**五、优化职业教育的人才培养体系建设**

（一）建立"校企合作、工学结合"的职业教育人才培养模式

建立和完善与经济社会发展相适应的职业教育人才培养机制，在培养目标、专业设置、培养模式、培养内容、培养手段等方面建立符合市场规律的人才培养体系，形成职业教育与产业结构、劳动力市场之间的互动机制，是职业教育发展必须解决的重要问题。从前面的分析可以看出，目前我国职业教育在人才培养方面的不足主要是观念落后，培养内容、培养手段等不能满足培养应用型、技能型人才的需求。

目前很多人的思想意识里认为职业教育不如普通教育重要，没有把职业教育当作一种独立的教育类型，重文化轻技能，没有把对学生职业素质和职业技能的培养放在突出位置。有的地方把对中等职业学校文化课进行统考当作衡量中职学校教学质量的手段，在高等教育阶段，很多高职院校和高等院校还是按照原来专科人才培养的模式或者是学术型人才培养的模式开展人才培养工作，重理论轻实践，严重脱离生产实际和就业需要。所以，要实现职业教育的培养目标，就必须突破传统的普通教育学术型人才的培养模式，不断深化职业教育人才培养模式改革，建立以校企合作、工学结合为核心的人才培养制度。

校企合作、工学结合是培养企业所需人才的必由之路，不仅能够整合共享职业院校和行业企业的优质教育资源，实现两者优势互补、互利双赢、共同发展，促进职业教育质量提升，实现职业教育人才培养目标，而且还有利于企业获得职业院校提供的培训服务和咨询服务，获得人力资源储备和相对廉价的劳动力，提高企业自主创新能力和核心竞争力。

（二）"校企合作、工学结合"人才培养模式的实现形式

（1）集团化办学。集团化办学是近年出现的校企合作、工学结合的一种新形式。职业教育集团是由行业组织牵头，以人才培养为纽带，职业院校和企业共同参与的产学研一体化的组织。目前，我国职业学校数量多、学校规模相对较小、办学经费投入不足、产学结合水平低，再加上各地区、各学校专业重复设置、重复建设造成资源浪费，人才培养规模与质量和经济社会发展对人才的需求存在较大差距。要解决这些问

题，职业教育必须走集约化发展道路。职业教育集团可以实现集团内部各办学主体和合作单位的优势互补、资源共享，提高教育资源的使用效率，是当前我国职业教育实现集约化发展的最理想模式和最有效载体。

（2）订单式培养。订单式培养是职业院校根据企业人才需求数量、标准和要求来定向培养人才的形式，是校企合作、工学结合的又一重要形式。这种形式是指职业院校要根据企业的要求制定人才培养的目标和方案，设置专业和培训项目，选择课程内容，组织教学活动，培养企业所需要的人才。职业院校也可以请企业参与制定人才培养方案、参与教学日常管理过程，在实践教学环节学生可以直接到定向培养单位进行实习实训。企业通过向职业院校提供一定的办学经费、改善职业院校的办学条件，可以选派部分管理和技术人员参与到人才培养过程中去，提高人才培养的针对性，企业享有优先录用职业院校毕业生的权利。这种方式能够有效解决人才培养与社会需求之间的矛盾。

（3）现代学徒制。现代学徒制是通过职业院校和企业的深度合作，通过学校教师和企业师傅的共同指导和培养，以学生（学徒）为核心，对其进行理论学习和技术技能培养的现代人才培养模式，是实行校企合作、工学结合的又一种重要形式。作为一种产教融合的有效形式，现代学徒制已经成为很多国家职业教育发展的一种趋势，英国已经制定了复兴学徒制计划，澳大利亚2011年已启动了学徒制激励计划，德国90%以上的大企业参与了学徒制人才培养。

（三）"校企合作、工学结合"人才培养模式的实现途径

（1）共同制定职业教育人才培养目标。教育主管部门和职业院校及培训机构要组织成立由职业教育专家和企业家共同组成的教学指导委员会等学术组织，根据产业和企业的发展趋势，深入调研，梳理行业或企业的典型工作岗位，明确并提出各工作岗位对专业知识和职业技能的要求，研究制定职业院校相关专业的人才培养目标。

职业院校要创新专业人才培养方案的开发模式，主动面向支柱产业、战略新兴产业、区域特色产业，紧密结合行业企业人才需求，依据职业岗位要求、职业能力目标，组织开发体现现代职业教育理念、融合现代技术应用的专业人才培养目标和知识技能体系。

（2）共同开发能够实现职业教育人才培养目标的课程、教材体系。职业教育课程和教材体系是职业教育人才培养的重要手段，是保证人才培养质量的关键因素。为使职业院校的教学活动贴近企业生产实际，使培养的人才适应行业企业需要，职业院校要和企业共同开发教学资源，建设符合世界主流技术发展的高水平课程和教材体系。在人才培养过程中实行工学结合的学习方式，根据真实生产、服务的技术和流程建设

教学环境，构建以岗位能力和职业素质为核心的课程和教材体系。开发与职业标准衔接、突出职业能力培养的课程体系，建设系统化、项目化、数字化的特色教材。

（3）共建"双师型"师资队伍。针对职业教育特点和企业生产需要，职业院校要加强同时具备职业资格和教师资格的"双师型"教师队伍建设。加强职业院校教师和企业技术人员的交流，形成企业与学校之间的人员双向交流机制。完善符合职业教育特点的职称评定办法，制定职业院校兼职教师聘任办法，建立兼职教师经费保障制度，选拔聘任企业能工巧匠和技术能手到学校从教。

建立以提高技术技能为重点的教师继续教育制度，选派专业教师到企业生产一线参加培训，使专业教师更多地了解企业技术发展情况和企业生产实际。职业院校教师要为企业提供学历教育和职业培训服务，帮助企业解决生产中的技术难题。企业作为职业院校教师开展实践活动的技能培训基地，要积极为职业院校师生提供在生产一线见习和实践的机会。

（4）共建实习实训基地。实践教学是保证职业教育教学质量的一个重要环节，校内外实训基地是在校学生实现理论教学与实践教学相结合的重要保障。政府要通过职业教育基础办学能力建设、实训基地建设等项目支持职业院校提高办学能力和水平，不断完善相关专业的技能教室和实训场地，强化职业院校学生试验、实习、实训环节的训练。职业院校要按照产业实际应用的设备、工艺，依托大型企业建设技能型人才培养和实训基地，为学生提供"学中做，做中学"的教学实践环境，形成工学结合、以工促学、工学相长的教学模式，注重培养学生的职业兴趣，使学生养成良好的职业操守和工作习惯，掌握较强的工作技能。

目前我国经济已迈入"新常态"，处在朝向生产形态更高级、分工更复杂的转型过程中，但是职业教育结构与职业人才的供给水平却和正在升级的产业结构不匹配，高技能型人才尤为紧缺，对高技能型人才的培养俨然成为当前政府工作的重点，高职院校作为高技能型人才的培养主体也受到了国家前所未有的重视。人才培养模式作为高职院校进行人才培养工作的核心要素，直接决定着人才培养的质量并反映出一所高职院校的办学实力。

国内有若干较为成熟的人才培养模式，它们在培养目标与培养过程中过分偏重实现学生的就业，只注重培养其胜任职业岗位所需的专业理论与动手能力等"硬技能"，却忽视了培养其开展职业生涯所需的个性能力等"软技能"，普遍未能突出对学生形成全面就业能力的培养。换言之，纯粹以就业为导向虽然可以在短期内弥补我国高技能型人才的不足，但长远来看不利于终身学习机制的构建。因此，基于就业能力导向对我国高职院校人才培养模式进行创新研究，对我国高技能型人才的培养和高职院校的发展都有着十分重要的现实和理论意义。

笔者研究发现，我国高职院校人才培养的主要形式是校企合作，但存在企业参与度不高、高校定位不清晰等问题，要保障我国高职院校人才培养的质量，健全人才培养模式，需要从加大政府统筹力度、提高企业合作积极性，以及明确高校发展方向等几个方面入手。

### 六、构建职业教育的产、学、训、研、创合作机制

国务院总理李克强2014年2月26日主持召开的国务院常务会议指出，发展职业教育是促进转方式、调结构和民生改善的战略举措。[135]十八届三中全会为职业教育改革指明了方向，即加快现代职业教育体系建设、深化产教融合、校企合作，培养高素质劳动者和技能型人才。[136]

2018年2月教育部等六部门关于印发《职业学校校企合作促进办法》的通知①，指出：该办法所称校企合作是指职业学校和企业通过共同育人、合作研究、共建机构、共享资源等方式实施的合作活动；校企合作实行校企主导、政府推动、行业指导、学校企业双主体实施的合作机制；国务院相关部门和地方各级人民政府应当制定和建立校企合作的促进支持政策、服务平台和保障机制。

依前述《职业学校校企合作促进办法》之精神，随着中国制造提升为中国创造，在新的时代如何适应社会的需求开展创意人才的培养已成为摆在我国高等职业技术教育面前的一个重要问题。为了解决好这个问题，各高校纷纷提出相应的方案和办法，拿出应对措施。为满足对创意产业人才应用型、技能型、创新型多重复合的特点的需求，笔者建议，我们应在教育培养方面体现产、学、研、训、创"五位一体"的有机结合，通过改革原有的教学培养体系，建立"五位一体"的教学培养过程、营造"五位一体"的教学环境、充实"五位一体"的教学内容，以达到造就"五位一体"的人才发展的目的。

以职业院校数字绘图板电视实训室之配套理论教学的实践训练场所为例：为提升学生的职业素养，训练学生的实践技能，各省市职业院校数字电视实训还不能实现教育与电视产业的无缝对接。企业新员工需经过半年至一年的岗前培训，才能获准上岗。

---

① 第一条　为促进、规范、保障职业学校校企合作，发挥企业在实施职业教育中的重要办学主体作用，推动形成产教融合、校企合作、工学结合、知行合一的共同育人机制，建设知识型、技能型、创新型劳动者大军，完善现代职业教育制度，根据《教育法》《劳动法》《职业教育法》等有关法律法规，制定本办法。第三十四条规定：本办法自2018年3月1日起施行。

为何需要这么长时间的岗前培训？原因在于新员工中职所学知识教材滞后、实训设备过时、学校实训师资技术水准较低等。

为实现产教融合，发挥职教资源优势，提高职业学校服务社会的能力，通过政、校、行、企合作的方式，从产、学、研、教、训全方位实施校企合作，建设数字电视实训基地，对提高职业院教学生的职业技能和岗位适应能力具有十分重要的意义。

如今电视机新技术更新时间短，产品更迭速度快。新产品的生产、营销、安装、维护、维修、升级等方面急需掌握相关知识的从业人员。可是，企业的实训设备、培训规模有限，无法进行系统的、大规模的培训。因此，职教可发挥自身有设备、有场地、有师资的优势，为企业培训合格员工。但是目前学校的实训设备普遍陈旧，多数学校仍在开设 CRT 电视实训。这几乎落后于当前市场主流产品技术——LED 液晶电视技术30年。

造成这种现象的原因有很多：①企业先进技术资料保密；②当前市面上还没有适用于中职院校的数字绘图板电视教材；③学校师资水平没有条件提升；④电视电路板集成化水平高，实训过程中电路报废率高；⑤实训机型实时更新，需要投入较大成本等。

经过政府主导并与企业和学校经过多次沟通，校企双方对各自的资源和实际情况进行了认真的分析，达成了充分利用对方的资源优势、合作共建的共识。相关执行策略如下：

1. 教学环节上的"五位一体"

笔者认为应采用"就业发展同步"专业建设模式，即专业发展与产业发展同步，专业技能与职业能力同步，课程设置与企业要求同步，教学内容与岗位需求同步，教材建设与从事项目同步，实训要求与实际工作同步。在专业建设中，通过"五位一体"产、学、训、研、创的实施，由政府公办培训机构与行业、企业通力合作，使学校的专业与市场上产品的品牌效应获得提升，达到就业与发展多赢的目标。

2. 教学方法上的"五位一体"

在课程结束后，让学生在整个课程、工作的进程以及工作过程中的成功与失败都有文字记载，并成为考核的依据；课程结业的学生直接制作完成实践项目的设计作品，并形成自己的作品数据集。

真正实现边学边干、边干边学的教学设计目标。具体体现在建立多渠道、获取式的教学方法体系，创造多种形式的交互式课堂教学，通过必要的案例学习、讨论，启迪学生的思维，激发学生的潜能，加深学生对有关知识、理论等内容的理解。

积极引导学生参与社会实践活动和科技活动。除课堂教学系统以外，教师还应引导学生积极参与社会实践活动和科技活动,通过多种教学方法和手段,更好地为项目化的实际教学服务。通过工学结合、产教结合、企业和学校结合、创新与创业结合等多重结合,实现资源共享和共赢,很好地调动产学研各方的积极性。

3.教学条件上的"五位一体"

(1)师资条件:组建高水平双师型师资队伍。在项目实施过程中,以"五位一体"为核心,要求每位教师做到集产、学、研、训、创于一身,坚持教学科研互为相长,基本形成一支知识结构和年龄结构均比较合理、教学效果良好、高水平、稳定的师资队伍。

(2)实训条件:设计多层次实践教学内容。传统的实践教学只是为了理论验证,内容和教学形式都不能满足当下的实践要求,为此,笔者根据不同的教学任务与教学目标,设计了预备型、阶段型、综合型多层次的实践教学内容。

4.教学内容上的"五位一体"

(1)在教学内容方面,针对不同层次的教学需要,在基本概念、基本要素的理论基础上,增加市场、产业等前沿理论,选取高水平科研成果作为案例融入教学中,使教学内容充分体现基础性、前沿性和创新性。

(2)在教材的选取过程中,由于课程建设迫切需要满足不同层次教学要求的教学用书,把"五位一体"思路融入教材。这些教材内容合理、逻辑清晰、针对性强,必然受到高度评价。在系列精品教材编写过程中,教材编写人员在创作思想、编著内容、文章结构等方面都应进行广泛创新。

5.教学评价上的"五位一体"

在教学评价过程中,全面改革传统评价方法,确保产、学、研相结合的实践性评价和产、学、研、训、创合作出来的创新成果在整个教学评价中的比重。联系学校、结合产业、导入政府培训资源,开展研究创新的实践性教学评价必须明确学生技能的具体要求和要达到的目标,要以最后的实践性成果为考核依据,要按照职业岗位流程,强化职业角色成分,使学生在校内的学业和在企业的职业能力综合起来,增强学生的岗位职业动手能力,通过企业的参与完成分层次、分类别、分岗位、分流程的教学评价,不合格者不能毕业。

6.教学模式上的"五位一体"

在"五位一体"的教学思路下开展教学实践,并很好地结合教学网站来完善教学环境,可帮助其他学科背景的学生补充专业知识,积极培养学生的独立思考以及解决实际问题的能力。

总之，基于"五位一体"的创新人才培养模式是一种系统性人才培养理念，主要体现在：重视学生的就业、创业导向；毕业生受到社会各界的广泛欢迎；特色专业、精品课程、优秀教材建设不断取得成果；生产性教学和实训基地合作建设项目先后取得国家、部省和行业的认可、嘉奖；师生的产学研创课题、项目、作品获得立项、取得专利，得到社会广泛认可。

本书提出通过改革原有教学体系，使其在教学环节、教学方法、教学条件、教学内容、教学评价、教学模式上开展产、学、研、训、创"五位一体"的人才培养模式，从而达到提高教学与实践质量的目的。其立足点是"五位一体"的体制创新，焦点是合作共赢的机制创新，亮点是创意人才的培养。

未来应继续巩固职业院校与企业的合作，充分利用职教集团的平台优势，进一步加强与各行业企业的合作，扩展职校的服务功能，增加校企合作项目，更好地为电子企业和职业院校服务，促进经济发展。

## 七、精实职业教育的教师队伍建设

1975年，联合国教科文组织召开的第三十五届国际教育会议上，英国学者詹姆士·波特首次提出了教师培训的三阶段设想。詹姆士·波特指出：教师的培训是一个持续的、不断发展的过程，除了职前培训和新入职教育两个阶段外，在职培训也是教师培训的一个重要的、不可缺少的环节。言外之意就是教师的在职培训不是用一个简单的时间单位就可以界定的，它伴随着教师的整个职业发展过程，是教师个体职业生涯的再现。中高职院校教师在职培训不仅有教师专业化理论和终身教育理论做基础，而且自改革开放后国家颁布的一系列政策法规中也明确提出教师具有参与各项培训的权利和义务。

我国教育部颁发的《高职高专人才培养工作水平评估方案》中明确指出优秀的高职院校"双师型"教师的比例应为70%以上，合格的高职院校"双师型"教师应达到50%，可以看出，我国高职院校"双师型"教师队伍建设依然任重道远。为了建设出一支素质优良、结构合理的"双师型"教师队伍，必须要加强对高职院校专业课教师，即专业理论课教师和专业实践指导教师进行合理、统一、有计划的培训。

2016年8月31日，时任教育部教师工作司司长王定华介绍了教师队伍建设情况。截至2015年，全国各级各类学校共有专任教师1 539万人。其中，学前教育205万人、义务教育阶段918万人、高中阶段（含中等职业教育）254万人、高等教育（含高等职业教育）157万人、特殊教育5万人。他们工作在51万所学校，支撑起了3.06亿在校学生这个世界上最大规模的教育体系，为我国实现从人口大国向人力资源大国的转变做出了巨大贡献。职业院校"双师型"教师队伍建设进一步加强。国家实施职业教育教师素质提高计划，2015年选派9万名中高职教师参加培训，组织9 000名中高职教师到企业实践。国资委等部门联合印发《职业学校教师企业实践规定》，推进教师企业实践的规范化、常态化、长效化。

2017年我国高等职业教育质量年度报告系统梳理了1298所高职院校报告的数据信息，汇总出2016年"双师型"教师比例排名前100名的院校，至少13所学校2016年"双师型"教师比例低于10%。

综上所述，教师队伍是发展职业教育的第一资源，是支撑新时代国家职业教育改革的关键力量。建设高素质"双师型"教师队伍（含技工院校"一体化"教师，下同）是加快推进职业教育现代化的基础性工作。改革开放以来，特别是党的十八大以来，职业教育教师培养培训体系基本建成，教师管理制度逐步健全，教师地位待遇稳步提高，教师素质能力显著提升，为职业教育改革发展提供了有力的人才保障和智力支撑。但是，与新时代国家职业教育改革的新要求相比，职业教育教师队伍还存在着数量不足、来源单一、校企双向流动不畅、结构性矛盾突出、管理体制机制不灵活、专业化水平偏低的问题，尤其是同时具备理论教学和实践教学能力的"双师型"教师和教学团队短缺，已成为制约职业教育改革发展的瓶颈。

为贯彻落实《中共中央国务院关于全面深化新时代教师队伍建设改革的意见》和《国家职业教育改革实施方案》，应深化职业院校教师队伍建设改革，培养造就高素质"双师型"教师队伍。2019年8月30日由教育部、国家发展改革委、财政部、人力资源社会保障部等部门联合制定印发的《深化新时代职业教育"双师型"教师队伍建设改革实施方案》，旨在解决教师职能提升的问题，具体目标为：到2022年，职业院校"双师型"教师占专业课教师的比例超过一半，建设100家校企合作的"双师型"教师培养培训基地和100个国家级企业实践基地，选派一大批专业带头人和骨干教师出国研修访学，建成360个国家级职业教育教师教学创新团队，全面提升教师按照国家职业标准和教学标准开展教学、培训和评价的能力，全面实施教师分工协作进行模块化教学的模式，有力保障1+X证书制度试点工作，辐射带动各地各校"双师型"教师队伍建设，为全面提高复合型技术技能人才培养质量提供强有力的师资支撑。

**八、落实公共实训基地建设的保障机制**

公共实训基地建设不仅需要有一个科学、高效的内部运行机制和管理体制，而且需要有一个良好的外部环境，在法律法规、政策、服务等方面创造条件支持公共实训基地的发展，这是公共实训基地得以健康可持续发展的重要保障。由于我国公共实训基地建设发展的时间短，还处在一个探索阶段，再加上近几年我国职业教育的大环境虽有所改善，但总体上还缺乏一套系统的、相互配套的、具体可操作的法律和政策支撑体系。从长远角度看，要建立一个长效的保障机制，外部环境的改善是必不可少的。根据一些发达国家发展职业教育的做法，为了提升劳动者的职业、就业能力，他们在加强职业教育培训的同时，都制定了一系列的法律法规以及采取了一些特别措施给予大力支持，并取得了良好效果。相关执行与保障策略建议如下：

## （一）完善企业主体参与的法律法规

完善公共实训基地建设的相关法律法规，其重点在于明确企业在职业教育培训和公共实训基地建设中的主体地位及其相关职责。

1. 现状与问题

企业是技能型人才使用的主体，同样也应是培养的主体。但这一理念并没有得到法律的支持。我国虽然在一些法律中就企业在职业教育中的职责有一些表述，但仅是一些原则性的规定，并不具体细致。例如《教育法》第46条规定国家鼓励企业事业单位、社会团体及其他组织同高等学校、中等职业学校在教学、科研、技术开发和推广等方面进行多种形式的合作；《职业教育法》第23条规定职业学校、职业培训机构实施职业教育应当实行产教结合，为本地区经济建设服务，与企业密切联系，培养实用人才和熟练劳动者。

从这些规定中可以清楚地看到培养实用人才和熟练劳动者的主体是学校，企业只是客体，这也许是造成我国企业参与职业教育和培训力度不够的原因之一。而且上述规定中多数使用的是国家鼓励企业同学校开展多种形式的合作等提法没有硬性约束，即使是鼓励，但又没有明确的鼓励政策和条款，缺乏具体操作意见。

《职业教育法》明确规定企业应当根据本单位的实际情况，有计划地对本单位的职工和准备录用的人员实施职业教育。企业未按规定实施职业教育的，县级以上地方人民政府应当责令改正，对于拒不改进的企业可以收取其应当承担的职业教育经费，用于本地区的职业教育。

执法不严，缺乏相应的制约措施，造成企业投入之间的不平衡。一方面，比较规范的国有大中型企业按照国家规定提取了职工教育培训经费，保证了培训的投入，培养了一批技术工人。另一方面，数量众多的中小企业既不开展职工培训，也不承担培训费用和相应的人才培养义务，靠挖大企业的技能人才过日子。这些中小企业只使用不培养，极大地挫伤了大中型企业开展培训的积极性。为此政府要充分发挥参与和干预的职能，制定相关的政策法规，促使企业在职业教育专业设置、课程开发、教学计划、实习实训、师资队伍建设以及督导评估等方面发挥重要作用。

2. 国际经验借鉴

（1）德国的经验。德国的"双元制"教育之所以能够成为德国经济腾飞的基石，关键在于国家制定了一整套内容丰富、相互衔接、便于操作的职业教育法规体系，使职业教育真正有法可依、依法治教。德国先后颁布了十几部有关职业教育的法律，如《职业培训条例》《职业教育法》《职业教育促进法》《实训教师资格条例》《手工业条例》等，并及时对法令进行修正。如由于经济和人口的发展，《职业教育法》已不适合新的发展形势，1981年12月，联邦政府又颁布了《职业教育促进法》，对《职业教育法》进行了补充和完善。

在德国颁布的一系列法令中，明确了企业直接资助是职业院校获取"双元制"职业培训经费的主要渠道。企业投资建立职业培训中心，购置培训设备并负担实训教师的工资和学徒的培训津贴。采用这种模式的主要是制造业的大中型企业。由于这种企业对技术工人需求量大，可依靠自身的培训中心或培训部培养后备力量。小型企业，如手工业企业，则一般没有培训中心，学徒需到跨企业培训中心接受培训。小型企业除支付实训教师的工资和学徒的津贴外，还需为跨企业培训中心支付培训费用。为了调动企业参与职业教育和培训的积极性，政府在政策上提供相应的照顾。如规定企业的职业教育经费可计入生产成本，可减免税收，可计入产品价格，在产品销售后收回等。

（2）澳大利亚的经验。澳大利亚于1990年颁布《培训保障法》，该法规定，年收入22.6万澳元以上的雇主应将工资预算的1.5%用于对其员工进行职业资格培训。之后，《培训保障法修正案》规定，可以免除在执行该法中满足一定条件的表现突出者的费用。[137]

从国外的经验看，除了在法律上保障企业对职业教育和培训的投入之外，更重要的一点是更多的工商企业人士日渐意识到，劳动者的知识和技能是决定企业国际竞争力的关键因素，对员工进行培训是一笔回报率很高的投资。

3. 建议

（1）修订《职业教育法》。明确企业在职业教育中的地位、职责和义务，特别是在职业培训中的作用。不能仅把培训看作是培训机构和职业学校的责任，企业也是一个重要的组成部分。把一些国家在相关问题中提出的意见和要求，修改完善到法律中去，如"健全和完善以企业行业为主体、职业院校为基础、学校教育与企业培养紧密联系，政府推动与社会支持相互结合的高技能人才培养体系"。[138]

企业应结合高技能人才的实际需求，与职业院校联合制定培养计划，提供实习场地，选派实习指导教师，组织学员参与技术攻关，支持企业为职业院校建立学生实习实训基地，实行校企合作的定向培训费用可从企业职工教育经费中列支。"职业学校要加强与相关企业事业单位的共建和合作，利用其设施、设备等条件，开展实践教学。职业学校相对集中的地区应建设一批可共享的实验训练基地。"[139] "一般企业按照职工工资总额的1.5%提取教育培训经费，从业人员技术素质要求高、培训任务重、经济效益好的企业可按2.5%提取列入成本"。[138] 这些政策和意见虽然在一定时间和一定范围内在宏观指导职业教育和培训方面发挥了积极作用，但由于没有法律的约束力，执行力也就大打折扣，从依法治教的角度出发，《职业教育法》也应该根据经济形势的变化，与时俱进，不断加以修改和完善。

（2）适时制定《公共实训基地建设条例》。公共实训基地是我国职业教育和培训的一种新型组织形式。应在总结我国公共实训基地建设实践的基础上，适时制定公共实训基地建设法规，明确建设的目标、原则、机制和管理方法，明确政府、企业、学校各自的职责，明确基地设置标准、程序及评估制度等，使公共实训基地能够做到依法而建；并制定鼓励企业参与公共实训基地建设的相关具体政策，对企业投入到基地的设备、资金等，在税收上给予优惠，同时也可以允许企业用基地共建实训工厂，实训工厂所得允许企业收取一定的经济回报。

（3）严格执法，对法律法规中已有明确规定的要严格执行，并辅以一定的制约措施。《职业教育法》第二十九条规定明确，企业未按规定实施职业教育的，县级以上地方人民政府应当责令改正，拒不改正的，可以收取企业应承担的职业教育经费，用于本地区的职业教育。但由于执法主体不明，再加上缺乏具体操作办法及相应的处罚办法，所以实践中对比也就不了了之。在这方面，江苏省做得比较好，明确对自身没有能力开展职工培训及未开展职工培训的企业，市、县市、区人民政府应全额统筹该项经费的提取；企业职工教育培训经费的统筹由地方税务部代征，同级劳动保障部门负责提供应征单位的名单和应征金额。由于执法主体明确，而且由税务部代征，手段有效，所以江苏省执行规定的情况就比较好。因此，从全局和长效机制的角度出发，建议国家在执法方面强化可操作的具体办法和处罚措施，以保证相关法律规定能够真正落实到位。

## （二）明确运行成本分担机制

公共实训基地是独立于职业院校的专业化实训场所，其功能定位决定了其开放性和公益性两大特点。首先是要面向社会开放，为企业职工、职业院校学生、社会各类劳动者以及有培训愿望的下岗失业人员、农村劳动力转移就业人员和以大学生为主的新成员劳动力提供职业技能实习训练和技能鉴定，能够为当地重点就业群体服务。

其次是要体现公益性，由于公共实训基地是以政府为主导的公共服务产品，提供实习训练必须要坚持公益性，不能以盈利为目的。在实际运作中，如何使开放性和公益性相统一，的确是一大难题。如果坚持向社会开放，免费为全体劳动者提供职业技能训练，以我国目前还处在社会主义初级阶段的基本国情还较难办到。即使按成本收取培训费用，由于实训成本较高，对广大中小企业和劳动者来讲，是一笔不小的负担。对学校来讲，由于收取学生的学费是有标准的，实训成本的提高给办学经费带来了巨大的压力。其结果势必是公共实训基地的利用率不高，一方面，中小企业感到实训基地建成没有带来什么好处，缺乏吸引力，另一方面，学校迫于经费的压力，不得不减少实训时间或缩减公共服务的范围。

虽然目前有一些以政府为主的公共实训基地由于有财政的经常性投入，实行了免费培训，但随着开放程度的逐步提升也开始不堪重负，而且这种免费的"午餐"也不利于增强培训效果。因此，笔者认为，要解决好这一矛盾，必须要运用经济杠杆的手段，充分利用现有的各种培训政策，通过购买服务成果的方法，来促进公共实训基地的可持续发展。

### 1. 建立公共实训合理的利益分担机制

首先要明确一个概念，公益性服务不等于无偿服务，但又不以营利为目的。从职业教育和培训的本质看，它不仅可以为实现充分就业，提高企业的竞争力做贡献，同时也可为劳动者在工作中得到更高的报酬创造条件，是三方得益的事情。因此，必须在国家、企业、个人之间确定一个合理的分担机制。

例如，德国国家拨专款与州政府和工商联合会等部门联合设立"跨企业培训中心"，支持中小企业和特殊行业的职业培训，政府会给企业送去培训的学徒工每人每周110欧元补贴，企业承担40欧元。较小的负担使得中小企业非常乐意把学徒送到跨企业培训中心去学习，而这也促进了跨企业培训中心的发展。德国"双元制"教育经费分担的总体情况，也体现了一个合理的负担机制。"双元制"大学中，学生承担的费用相当于综合性大学的10%，政府承担的费用相当于综合性大学的30%，公司承担的费用相当于综合性大学的60%。总费用中包括就业后第一笔工资，这种分担方法既减轻了各方的压力，又发挥了各方的积极性。[140]

这一做法非常值得借鉴，我国中小企业众多，调动培训职工的积极性，可以采用培训成本由政府、企业单位、个人分担的办法，组织中小企业的职工到实训基地去进行实训。对企业来讲，较小负担既可承受，也会带来较大的回报。对个人来讲，适当负担一点培训费用，也有利于增强参加培训的自觉性和责任性。

2. 统一各类人员的培训补贴标准

我国的职业培训补贴政策很多，有下岗失业人员培训补贴政策、农民工培训补贴政策、退伍士兵培训补贴政策、高技能人才培训补贴政策等。在金融危机发生时，对组织员工进行培训的企业有特别职业培训补贴。但由于各种培训资金来源不同，如就业专项资金、失业保险金、农村劳动力转移资金等经费项目的安排不同，在培训补贴上的标准也不同。当然，不同区域由于经济情况不同，在补贴标准上也不同，但理想的方式是国家应根据不同工种、不同等级的培训成本制定一个统一的国家补贴标准。至于培训对象不同的问题，可以通过不同的渠道支付来解决。

3. 通过购买培训成果的方法，将各项补贴政策落实到各类公共实训基地

确定以上分担机制和补贴标准的，国家可对公共实训基地采用购买培训成果的方法给予补助。无论是学校型公共实训基地，还是政府型公共实训基地，只要培训一名劳动者，并使其获得相应资格证书，就可获得国家相应补贴。这样不仅可以调动社会各方职业培训的积极性，而且可以鼓励实训基地更好地向社会开放，促使基地提高培训质量，同时也可以增强基地可持续发展的能力。对国家而言，购买培训成果的方法，能够提高资金使用效率，也可以确保资金使用的有效性。

（三）完善职业资格证书制度

职业能力评价在劳动者能力发展过程中具有特殊的促进作用。能力评价可以确认劳动者自身人力资本的使用价值和价值，引导劳动者职业生涯的能力发展。对于公共实训基地的可持续发展而言，科学合理的职业能力评价机制尤为重要。完善职业资格证书制度，建立"双证融通"机制，对于公共实训基地的持续发展意义重大。

1. 现状与问题探讨

我国的职业资格证书制度是伴随着经济体制的转型而产生的，在计划经济时代实行的是工人考核制度，直到1993年11月，在我国共产党第十四届中央委员会第三次会议确定建立社会主义市场经济体制之后，才开始强调要制定各种职业的资格标准和录用标准，实行学历文凭和职业资格两种证书制度。1994年7月颁布的《中华人民共和国劳动法》，正式确定了职业资格证书制度在劳动就业工作中的法律地位，明确了职业分类，

对现有的职业制定职业技能标准，实行职业资格证书制度，由经过政府批准的考核鉴定机构负责对劳动者实施职业技能考核鉴定。我国较早就实行了由国家统一制定的职业标准和任职资格条件，统一由国家认证的考核鉴定机构，对劳动者的技能水平或职业资格进行客观、公正、科学规范的评价鉴定，为合格者授予相应的职业资格证书。①

该制度对提高劳动者的职业能力发挥了积极的作用。但由于该制度基本上单轨运行，在推进的过程中存在两大障碍：①未能和学历证书制度接轨；②未能和劳动报酬接轨。所以制度的执行显得乏力。

我国是传统的学历社会，要向能力社会转变，无论在思想观念还是推进力度上，其难度都很高。虽然国家一再提出要克服人才评价中重学历、资历，轻能力、业绩的倾向，[141]并明确提出职业院校应以市场需求为导向，深化教学改革，紧密结合企业技能岗位的要求，对照国家职业标准，确定和调整各专业的培养目标和课程设置，[138]然而在实际操作中，职业教育还是仿效普通教育的人才培养模式，注重学历，忽视对学生个人职业能力的培养，在课程设置和时间安排上，还是以首先满足学历文凭的教育为主，因为大部分人认为，学历证书仍是社会人生价值观的体现。企业用人的选择却越来越务实，更加注重聘用能立即上岗、"能干"的人。这种育人和用人之间的矛盾，迫使学校要求学生在毕业时必须取得学历和职业资格两种证书。这两种不同证书的考试，给学习者增加了沉重负担。

从世界发展的潮流看，技术进步使得职业变化速度加快，新职业不断出现，旧职业不断消失。同时，现代科学技术日益渗透到各项职业活动之中，职业活动也不是单纯的实际操作，而是充满科学思维与智力的活动。这就要求培养的技能人才不仅是操作型人才，更应是复合型、知识型的技能人才；不再只为一种职业或一组岗位做好准备，而是越来越为掌握通用性技术做准备。所以职业资格证已不再是原来意义上的"操作工"的技能等级证书，它已演变成为一种职业能力等级证书。两种证书不能等值，势必影响职业教育发展。国外的一些地区，已开始在学历证书和职业资格证书之间架起了一座"双证互通"的立交桥。

2. 借鉴国际经验

以澳大利亚为例：澳大利亚于1995年启动实施"澳大利亚资格框架"，经过5年的推进，在全国建立了统一的资格认证系统，并于2000年在全国范围全面实施。这个系统改变了过去初等与中等教育、职业教育、高等教育（大学）的分立状态，明确了它

---

① 国家职业资格分为5个等级：国家职业资格一级高级技师、国家职业资格二级技师、国家职业资格三级高级工、国家职业资格四级中级工、国家职业资格五级初级工。

们之间的关系与衔接，使职业教育和培训管理框架实现了在教育部门颁发资格证书这一领域的相互衔接。

"澳大利亚资格框架"涵盖了所有的教育类型和义务教育后所有的教育证书、文凭和学位，包括从高中教育证书到博士学位共12个等级，使每一级证书内容、要求不同但又相互衔接。这个框架通过认可先前的学习来开发灵活的过渡路径。

国家培训框架的主要组成部分是"澳大利亚认可框架"和"培训包"。ARF是指在澳大利亚全国范围内，根据质量对职业教育和培训进行认证。正是通过ARF，VET的学历资格在澳大利亚全国得到了认可。ARF包括三个主要部分：一是全国性原则，就是指所有VRF颁发的学历资格在各州或地区之间、在各个教育机构和行业之间得到相互认可；二是全国性标准，是指所有已注册的培训机构（Registered Training Organizations，RTO）必须满足核心的注册要求；三是全国操作议定书（National Operational Protocols，NOP），它覆盖了从VET各项计划的实施、评估到颁发学历资格等所有标准。

3. 建议

我国应借鉴澳大利亚"资格框架"和英国"普通国家资格"的经验，在职业资格证书和学历证书之间建立"双证互通"的立交桥，真正为能力建设创造一个良好环境。

（1）建立统一的以职业为基点，以能力为核心的国家职业资格证书制度。从职业资格证书的开发、管理、规范等角度完善我国的职业资格证书体系建设，在学历证书与职业资格证书之间建立对应、等值、衔接关系，并以立法形式加以确认和规定，从根本上解决学历证书与职业资格证书"两张皮"运行的矛盾，建立"双证互通"的立交桥。同时，应当允许申请者通过不同途径来获得职业资格证书，包括公共实训基地等各种培训机构的学习。只有这样，这个制度才是开放的、合理的。

公共实训基地是以提高职业能力为主的新型培训机构，如果劳动者能够通过非正规学校的教育培训，达到一定职业标准，经鉴定合格并获得相应的资格证书，而且这种资格证书和学历证书有着相同的作用，那么必将极大地调动广大劳动者参加技能培训的积极性，为劳动者终身学习开辟一条新的路径，也为建设学习型社会奠定基础。

（2）建立与职业资格证书相对应的劳动报酬制度。从理论上讲获得职业资格证书的工资应该比没有资格证书的高，资格证书等级越高，待遇应该更高，这样才能调动劳动者学习技能的积极性。但目前我国企业的工资制度基本是由雇主确定的，自由度很大，所以有些民营企业家常常傲慢地认为"我的地盘，我做主"。

（3）严格实施就业准入制度，为积极推行职业资格证书制度提供制度保障。职业资格证书制度不仅是人力资源开发的有效途径，更是提升劳动者就业能力、提高经济竞争力和确保经济安全运行的关键。根据《劳动法》和《职业教育法》的有关规定，从事技术复杂、通用性广、涉及国家财产人民生命安全和消费者利益的职业工种的劳动者，必须经过培训并取得职业资格证书后，方可就业上岗。

2000年3月16日原劳动和社会保障部发布了《招用技术工种从业人员规定》，2007年8月国家制定了《就业促进法》，再次强调国家对从事涉及公共安全、人身健康、生命财产安全等特殊工种的劳动者实行职业资格证书制度，具体办法由国务院规定。近几年重大的安全生产事故频发，如杭州地铁事件，长沙、济南铁路撞车和出轨事件等，都和操作人员没有经过专业培训，没有取得上岗必需的职业资格证书有着密切关系。为此政府应统筹协调各部门开发统一的行业、职业资格体系，不断扩大就业准入职业的覆盖面，通过完善就业制度，强化"硬约束"，要求涉及人民生命安全的行业和企业在招收、录用职工时必须从取得相应职业资格证书的人员中录用。

与此同时，不仅要规范国内就业准入制度，还要参照国际职业资格证书的人才培养模式，制定和开发符合国际标准并与国际接轨的人力资源职业资格认识体系，培养国际就业市场所需人才。目前我国在职业资格证书方面已引进了一些国外的认证体系。

### （四）完善投入机制

要实现公共实训基地的持续发展，调整投资结构，大力增加职教公共实训的投入，完善公共实训基地的投入机制至关重要。

1. 现状与问题

近年来我国职业教育经费投入的绝对数量在不断增长。2010—2013年职业教育经费总投入分别为2 409亿元、2 889亿元、3 320亿元、3 450亿元。但职业教育经费总投入在整个教育经费中的占比却在不断下降，2010—2013年该占比分别为12.31%、12.10%、11.99%、11.36%。2014年，我国中高等职业教育财政性教育经费综合占整个财政性教育经费的比例为9.86%，与普通教育各层次相比是最低的。生均总经费和生均公共财政预算教育经费中，中职与普通高中大体相当，高职仅为普通本科的一半左右。

在我国现行分级管理财政体制下，省属、地市属和县属的职业院校由于资金来源不同，获得的支持力度也完全不同，存在冷热不均现象。因此，应充分保证职业教育经费投入，坚持政府投入为主，逐步提高财政性职业教育支出的占比，推动形成科学合理、绩效优化的财政性教育资金分配结构，全面实行职业院校生均拨款制度，建立职业教育经费稳定增长机制。

这种结构性的失衡，造成了现在人才培养的"产销不对路""产品质量总体不高""产品严重积压"等不良后果。所以近年来,我国人力培训市场上出现了一个引人注目的现象,就是大学毕业生到技工学校"回炉"。因为与大学生就业的"冷遇"形成鲜明对比的是技校毕业生的就业率普遍达97.6%。大学生"回炉"现象,既反映了我国人力培训政策和结构上存在的矛盾和问题,也向政府和社会传递了一个重要而积极的信息,即要实现教育和培训政策改弦易辙,现在正是时候。

2. 国际经验借鉴

发达国家十分重视对职业教育的投入。在1977年,美国众议院还专门通过了一个《职业前途教育五年计划》,为鼓励企业向职业教育投资,采取了一系列激励措施。如实行培训税,向培训青年工人的企业提供工资补助金,向提供工作岗位的公司实行税收减免优惠政策等。企业的投资有的是履行法定义务,有的是自愿捐助。企业的投资主要是向职业学校的实验室、实训车间提供比较先进的设备,或为职业学校捐款。有数据显示,美国工商企业每年用于职业培训的资金高达300亿美元。前总统克林顿曾要求拥有万名以上员工的企业的职业培训经费应达到其工资总额的1.5%,按当时工资计算约为470亿美元。[142]

澳大利亚自20世纪90年代以来,建立了政府、企业、行业和个人多元化的职教投资体制。以1998年为例,职教总投入是84.45亿澳元,其中政府投入占43.7%,工商企业界占45.5%,个人占10.8%。由于工商界人士越来越意识到劳动者的知识和技能是决定企业国际竞争能力的关键因素,对员工进行培训是一笔回报率很高的投资,因而投资积极性很高,有61%的雇主为职工提供各种形式的培训。澳大利亚政府对技术与继续教育非常重视,投资了许多实训基地,而且建设的水平较高,使学生通过专业技能训练适应职业岗位的要求。

德国职业教育体制是由社会众多部门参与的多元多层次的管理体制,除联邦和州政府外,经济部门、行业协会、联邦劳动局各类公共部门和教会均是直接参与者,由此决定了其经费来源的多途径性。其中,国家联邦和州及企业是主要的经费承担者,其他参与者主要在职业继续教育和转岗或转业培训方面提供部分经费。显然,德国的职教经费保障体系是由公共财政和私营经济共同资助的一个多元混合模式的体系,主要包括5种资助成分:企业直接资助、企业外集资资助、混合经费资助、国家资助、个人资助。

3. 建议

从以上国家的经验看,一个社会的人力培养结构应该与社会的经济发展和产业结构相适应,与全社会的人力资源市场需求结构相适应,既不能过于滞后,也不能过于超越经济发展水平。我国当前仍然处于工业化的中前期阶段，又是世界第一人口大国，这样的国情决定了我国在今后相当长的时间里都要以"造就数以亿计的高素质劳动者"为重点，充分发挥我国人口众多的规模效应和知识创新潜力。

（1）继续加大政府对教育的投入。改革开放以来，我国各级政府在财政紧张的情况下，积极增加教育经费投入，取得了很大成绩。然而总体来看政府教育经费仍然不足，教育资源短缺状况尚未根本扭转，虽然目前国家财政性教育经费占国内生产总值的比重有所上升，但和世界平均水平相比还有较大差距，就是离我国自己定的目标，即国家财政性教育经费占国内生产总值4%，也还有一定差距。要尽快通过各种渠道，实现这一目标。只有"蛋糕"做大了，职业教育和公共实训基地才有希望获得更多投入。

（2）主动调整教育投资结构。考虑我国的基本国情，根据社会主义经济发展结构和人力资源市场需求结构，合理调整教育投入结构是十分必要的。特别是在当前，为了应对国际金融危机，国家制定了4万亿元的"救市"计划，计划中除了安排大型基础设施和项目外，更增加了包括公共实训基地在内的职业教育的投入，培养社会和企业急需的各类技能型人才，以满足经济发展和社会就业更加紧迫的需要。特别是对公共实训基地的投入要列入预算专项予以安排。可以说，这是化解危机的长远之计。

（3）抓紧建立合理的职教投入机制。要根据职业教育的特点，抓紧建立一个多元化投入机制。从各国职业教育投入情况看，并非获得的经费越多就代表国家财政性投入越多，其原因是各国的投入机制不同，有些国家政府的投入并不是很多，但能从社会各界筹得更多的经费用于职业教育，因此实际获得的运作经费相当多。职业教育包括公共实训基地主要是为企业培养技术技能型人才，其投入的多元化是一种必然的选择。近年来，企业对职业教育和培训的投资虽然逐年增加，但占比仍然很小，而职业教育与行业企业紧密合作是办好职业教育以及公共实训基地的一大原则，应像德国"双元制"那样，行业企业把院校作为自己的一个重要部门，视之为行业企业人力资源开发与培养人才的重要基地，这样形成一个政府—企业—院校基地投入的新机制，从根本上解决职业教育和公共实训基地经费投入不足的问题。

### （五）有效落实职业院校承担职业培训的角色与功能

职业院校与普通高等院校的最大不同在于培养目标不同，高职院校是以培养高技能、应用型人才为目标的，在教学环节中，实践教学地位非常突出。这些年来，从中央到地方，再到各个高职院校，都非常重视实践教学的创新和运用，建立了各种模式的实践教学基地，取得了丰硕的成果，但在成绩的背后还留下诸多问题。

1. 实训基地存在的问题

（1）重投资，轻规划。各高职院校普遍意识到实践教学的重要性，积极努力多方筹集资金兴建实训基地，然而，在"建什么，怎么建，为什么建"等问题上，没有明确的想法。

（2）重建设，轻运行。许多高职院校大张旗鼓争取经费搞实训基地建设，但却忽视了实训基地的运行，造成了实训室空置率高、设备利用率低的现象。

（3）重设备，轻人才。谈到实训基地，往往想到的是场地、设备、机器等，而忽视了实训教师的培养。

（4）重投入，轻产出。好多高职院校千方百计想办法筹集经费，加大实训基地的资金投入，而忽视了一个重要问题：实训基地运行、维护、保养费用非常高。这就导致很多实训基地建成后，有些高职院校由于难以承担高额的后续费用，使实训基地空置、闲置，仅作为兄弟院校参观时的"摆设物"。

2. 统筹规划，合理设置实训基地

实训基地在建设之初，要综合考虑地方特色、专业特色、实训基地的建设目标、实训基地的建设和运行费用等，确保实训基地既具有行业的前瞻性，又能切实可行地运作。同时，鼓励发展区域共享型实训基地、院校共享实训基地。

3. 引入绩效考评机制

《教育部、财政部关于印发〈中央财政支持的职业教育实训基地建设项目支持奖励评审试行标准〉的通知》明确指出，教育部、财政部将对中央财政支持的职业教育实训基地项目实行动态管理，定期组织专家对支持的已建成的职业教育实训基地项目建设情况进行年度绩效考评。

4. 最大限度地开发实训基地的功能用途

在全国设置引导性奖励，支持建设一批能够资源共享，集教学、培训、职业技能鉴定和技术服务为一体的职业教育实训基地。公共实训基地建设不仅需要一个科学高效的运行机制和管理体制，而且要有一个良好的宽松的外部环境。只有当内因和外因相互作用的时候，事物的发展才能顺利进行，对公共实训基地的建设也是如此。

笔者通过对国外一些先进经验的研究，提出了如上5个完善的建议，如果这些问题不解决，体制机制也就不能创新，仍然只能停留在国家办学、国家办培训的老路上。

## 九、强化职业教育的配套制度

### （一）大力发展本科层次的高等职业教育

21世纪以来，随着人们对职业教育的认识越来越深刻，我国开始重视职业教育层次提高的问题，开始鼓励条件成熟的省市试点本科层次的高等职业教育。目前辽宁、江苏、贵州等省已经开始试点四年制高职本科教育，在一些普通本科院校的工科专业实行的"卓越工程师计划"，也是本科层次的高等职业教育试点。高职教育在起步阶段时，国家将其主要定位在专科层次上是必要的，但是随着经济全球化和高新技术迅猛发展，社会对高职人才的需求呈现多样化，同时，对更高层次创新型、应用型人才的需求越来越多。因此，在发展专科层次职业教育的基础上，发展本科层次的高等职业教育应该成为近期职业教育发展的重点。

### （二）加强职业教育各层次的相互衔接

职业教育层次结构的调整和各层次的定位应与社会经济发展水平相适应。职业教育学历体系构建以后，还必须加强职业教育各层次间的相互衔接，以优化我国职业教育结构、提高职业教育办学效能。目前，我国职业教育体系的几个层次基本上处于各自独立的状态，各层次间衔接不畅，主要表现在各层次招收培养对象衔接不够、各层次专业设置衔接不够和各层次人才培养方案衔接不够3个方面。

#### 1. 各层次之间的招生选拔制度要相互衔接

高层次的职业教育需要学习者具有一定的文化基础和专业知识与技能。我国职业教育目前只有中等职业教育、专科层次职业教育和本科层次职业教育3个层次。大约一半的中等职业教育毕业生选择了就业，另一半通过对口高职升学考试进入了专科层次高等职业教育学习，进入本科层次高职院校学习的学生数量很少。

因此，各高职院校的生源主要是普通高中毕业生而不是中等职业教育学生。从学生的知识结构和可持续发展角度来看，中等职业教育面向完成义务教育的学生招生，比例不应低于总人数的50%；专科层次高等职业教育生源主体应该是完成中等职业教育学生，少量为普通高中毕业生；本科层次的高等职业教育主要面向完成专科层次职业教育的学生招生，少量从普通高中毕业学生甚至是普通高校本科生中招生；硕士研究生层次的职业教育主要从完成本科高等教育的学生中选拔，也可以从普通高校本科毕业生中选拔；博士研究生层次的职业教育主要从完成硕士研究生层次职业教育的专业学位学生中选拔，也可以从完成普通高等教育硕士研究生学习的学生中选拔。

#### 2. 各层次之间的专业设置要衔接

职业教育的根本任务就是培养与职业、岗位需求相适应的高素质技能型人才，而高素质技能型人才的培养是一个系统工程，是一个循序渐进、由低级向高级的过程。为使职业教育各个层次培养的人才适应将来一定职业岗位的要求，并且使受教育者接受由低到高的系统培养，职业教育各层次在设置专业时，要根据社会分工、职业分类标准等进行设置，上下层次要协调且相对一致。

3. 各层次之间的人才培养方案要衔接

人才培养方案是实现人才培养目标、对受教育者进行教育的最重要依据和标准。为了让受教育者在从低到高的层次转换过程中，不会出现知识和技能的重复学习，在各层次制定相关专业的教学计划时也要进行衔接。

### （三）构建合理的职业教育专业结构

专业是学校按照社会职业分工和经济社会发展需要而分成的学业门类，是知识和技能教与学活动的基本单位。职业教育专业结构是指职业教育内部所设置学科专业之间的组合方式，包括专业的数量结构、区域布局和专业规模等。专业与区域经济社会发展是否相适应是专业结构是否合理的衡量标准。

职业教育专业结构的布局，影响各类经济结构中人力资源的数量和质量。职业教育专业结构受制于产业结构，产业结构是职业教育专业结构调整、优化的主要依据。职业教育的专业结构为了适应经济社会发展需要，必须随着产业结构的变化做出相应的调整。

纵观近18年来国家职业教育政策发展沿革，从2002年《国务院关于大力推进职业教育改革与发展的决定》，至2014年颁布的《关于加快发展现代职业教育的决定》，再到2017年《国务院关于深化产教融合的若干意见》和2019年《国家职业教育改革实施方案》，政府的作用已经从过去的"主导"转变为"推动"。政府作为国家社会利益的"掌舵者"，在深化产教融合、校企合作上，要扮好五大角色：①统筹与协调者：产教融合、校企合作的统筹领导者；②规划与引导者；③支持与推动者：政府是公共政策的制定者、参与者，也是社会事业发展的支持者、推动者；④评估与监督者：在新型的政府、学校、社会之间的关系中，政府应该是校企合作双方的裁判员，而不能当运动员，政府应该在一个超脱的位置上对校企双方合作进行评估、约束和规范，而不应该亲自"下水"；⑤宣传与促进者：在多元化社会里，人们的认知各有差异，政府的舆论宣传是统一人们认识的有效手段，也是提高人们认识的促进剂。共同协力整合各方力量，促进中国特色职业教育理论的丰富和发展，也是政府职能在职业教育治理体系和治理能力的现代化方面的一种展现。

# 第八章　中国职业教育发展及其治理体系的总结、建议与展望

## 第一节　总结

现代职业教育既需要学生掌握技能，也离不开基本的科学文化知识。过于强调理论学习，难免有"去职业化"之虞；反之，过度重视"技能化"也容易导致职业教育窄化为"就业培训"，缺乏长远发展的后劲。平衡技能学习和文化知识学习这两端，是提升职业教育质量的第一要义。

办好职业教育，师资是第一道关卡。职业教育尤其需要教师言传身教，教师不能只会"纸上谈兵"，也要具备相当的实操经验和能力。因此2019年《国家职业教育改革实施方案》（以下简称《方案》）中就提出"双师型"教师占专业课教师总数要超过一半，并分专业建设一批国家级职业教育教师教学创新团队。所以，从2019年起，职业院校、应用型本科高校相关专业教师原则上要从具有3年以上企业工作经历并具有高职以上学历的人员中公开招聘；建立健全职业院校自主聘任兼职教师的办法，推动企业工程技术人员、高技能人才和职业院校教师双向流动。

办好职业教育，核心是要在学生的培养中做到贯通。要拓展学生发展渠道，着眼于人才培养全过程，真正建立起从中职、高职到本科的人才培养"立交桥"。为此，《方案》提出启动"1+X证书"试点，学历和职业证书互通；技能大赛获奖者可免试入学应用型高校。

办好职业教育，离不开社会力量的参与。职业教育直接服务于企业，新型学徒制度已经提出"企校双师"的培养模式，要求全面推行"招工即招生、入企即入校、企校双师联合培养"。在此基础上，《方案》提出进一步促进产教融合校企"双元"育人，

要让企业深度参与到职业教育中来，培育数以万计的产教融合型企业，推动建设300个具有辐射引领作用的高水平专业化产教融合实训基地。

新的改革方案，为职业教育改革领航定向。打一场职业教育提质升级攻坚战，大幅提升新时代职业教育现代化水平，必将为促进经济社会发展和提高国家竞争力提供强有力的支撑。

当前，推进现代化进程迫切需要通过职业教育推动农村剩余劳动力向城市有序转移并使其成为新市民，因此迫切需要经济结构的调整和产业结构的升级，通过职业教育来加快培养和造就大量高素质的技术技能型人才。面对新形势、新任务，要大力发展职业教育，尽快建设适应需求、有机衔接、多元立交的现代职业教育体系。本书主要的研究结论有：

### 一、梳理我国现代化进程中职业教育存在的问题

（1）职业教育管理体制不完善，办学效率不高，主要表现在政府角色定位不准确，管理过程中存在越位、缺位现象，社会力量办学参与度不够，学校办学缺乏自主权，职业教育区域发展不平衡，职业教育法律法规体系不健全等方面。

（2）我国职业教育投资体制不健全。投资主体单一，没有形成职业教育经费多元投入机制。

（3）我国职业教育体系不完整，主要表现在职业教育在纵向上学历体系不完整，横向上职业教育与普通教育沟通渠道不畅，职业教育与职业资格制度衔接不够。

（4）人才培养模式落后，人才培养质量有待提高，主要表现在人才培养脱离社会经济发展的实际需求、专业设置不合理、课程设计不合理、教学内容陈旧、师资队伍整体水平不高、"双师型"教师匮乏等。

### 二、提出具有世界水平的中国特色的现代职业教育体系的重要性

形成适应应用型人才培养要求、适应经济发展方式转变和经济结构调整以及产业结构升级要求的、能够体现以人为本和终身教育理念的、使中等职业教育和高等职业教育协调发展的、具有世界水平和我国特色的现代职业教育体系。

### 三、构建我国现代职业教育体系的基本框架

从管理体制、投资体制、人才培养制度、法律法规体系以及职业教育的类型结构、专业结构、学历结构、区域结构等方面提出了构建现代职业教育体系的基本思路。现代职业教育体系是适应地方经济社会发展需要，满足人民群众多样化职业教育需求，

由中职、专科、本科到研究生有机衔接的体系。职业教育、普通教育、继续教育相互沟通的现代职业教育系统，涵盖中等职业教育、专科层次职业教育、本科层次职业教育和研究生层次职业教育。

### 四、构建完整的职业教育学历体系

职业教育要形成与普通教育近似的办学体系和层次，不应仅仅停留在大专的层次上，它不但应当有本科层次的教育，还应当有硕士层次的教育，在某些领域甚至应当有博士层次的教育。要逐步构建完整的职业教育培养体系和学历体系，为我国培养多层次的职业教育人才。

### 五、搭建职业教育与普通教育及其与职业资格之间的衔接通道

要加强普通高等教育与高等职业教育之间的沟通，既要促进这两大教育体系之间科学与技术的交流，也要通过有效的手段，促进这两大体系之间教育和学历之间的沟通，为受教育者的学业进步和提高提供更多的途径，让他们能够根据自己的兴趣爱好及学习能力选择学习类型和方式，真正做到学有所长、学有所用。要形成不同类型、不同层次教育之间有效衔接的机制，同时架设教育体系与劳动就业体系之间的桥梁，丰富和拓展人才接受教育的多样化途径。

### 六、职业教育与经济发展既相互作用、相互促进，又互为因果、相互制约

经济发展是推动职业教育规模扩大、专业结构调整和人才培养层次结构提升的根本动力。职业教育通过培养满足经济发展所需要的各类人才，实现对经济发展的促进。在经济发展与职业教育的相互作用中，经济发展结构处于主导地位，影响和制约着职业教育结构。职业教育结构随着经济结构市场导向特性而调整，所以经济发展和劳动力市场需求是职业教育发展存在的基础。

### 七、持续优化职业教育结构的合理性与完整性及对经济发展的影响

职业教育的类型、层次、专业、区域、模式中，任何一个发展不平衡都会影响职业教育的健康发展。目前，我国的职业教育发展水平和质量明显滞后于经济发展的水平和要求，存在职业教育结构与经济结构不适应、职业教育人才培养质量与经济社会发展需要不匹配的问题，主要表现在职业教育类型结构不均衡、层次结构不完整、专业结构不合理、区域结构不平衡、治理模式不完善5个方面。因此，要构建现代职业教育体系，使我国职业教育适应新形势的需要，提高职业教育的社会影响力和吸引力，

提高人才培养质量与经济发展的适应性，为社会经济建设培养高素质的技能性人才，实现职业教育的发展目标，就必须从职业教育的类型结构、层次结构、专业结构、区域结构、治理模式五个方面对职业教育结构进行完善和调整。

因此，今后职业教育的发展要切实解决好学历教育与非学历教育并重、职前教育与职后教育贯通的问题。在促进职业教育类型结构趋向合理的过程中，要在保证职业学历教育的规模和质量的基础上，积极开展各种形式的职业技术培训。强化职业技能培训在终身教育和促进就业创业方面的地位和作用，使两者相互补充，形成职业学历教育与职业培训共同发展的格局。

### 八、完善高职院校实训基地的角色、功能与发展

高职院校开放的多功能实训基地不仅承担着校内学生实训教学和校内教师实训科研的工作任务，还承担着对社会人员的培训任务、相关技能的鉴定任务。

这种模式开拓了实训、培训、生产加工、咨询、技能鉴定等全方位的服务功能，将职业教育、技能培训、科技与社会服务融为一体，实现了教学、培养、服务一条龙。应合理设置实训基地，导入绩效考核机制，使实训基地的功能用途极大化。实训基地的经费来源主要是政府、学校、企业。实训基地要尽可能为实现职业教育目标发挥效能。实训基地的建设、运行要统筹规划，物尽其用，避免重复建设、设备闲置，浪费有限的教育资金。

专业建设作为高职院校内涵建设的一个重要子系统，在人才培养方案的统领下，通过人才培养模式创新、课程体系优化、教学团队建设、教学条件改善和教学管理多方协同，相互依存、相互渗透，并且相互转化，同时受到人才市场等外部环境影响而动态发展。高职院校应培养社会各工作岗位所需要的高素质技能型人才，为地方经济发展提供服务。各要素的建设和优劣评价最终都要服从于这一整体目标。

## 第二节 建议

### 一、修订《职业教育法》，让学用合一与训用合一

随着经济社会发展对职业教育要求的提高，在当前建设创新型国家的过程中，职业教育承担着培养"大国工匠"的责任。然而我国职业教育的发展已经明显滞后，一定程度上难以适应我国新时代职业教育的发展。

新修订的《职业教育法》应明确职业教育与普通教育的同等地位，充分体现我国新时代职业教育的重要战略地位，体现大职教观念，体现不同于普通教育的人才培养目标和"教育与培训"并行的特点。在功能定位上，要反映职业教育在推动经济发展、促进就业、推进社会进步、建设人力资源强国等方面的重要地位，还要体现职业教育面向人人、面向社会、改善民生、满足人的全面发展的重要作用；在培养目标上，应明确培养的是技术技能型人才；在外延理解上，应着重处理好职业教育与职业培训、职业学校与培训机构、职前与职后、学历证书与职业资格证书和培训证书等的关系。

应进一步明确政府、行业、企业、学校等主体部门的责任分工，体现各主体权责利的统一。"一方面，要进一步明确建立健全政府主导、行业指导、企业和社会力量参与的职业教育办学机制，厘清政府、行业、企业和社会力量在举办职业教育中的地位和作用。另一方面，要明确建立校企合作办学制度。通过国家相关法律法规在税收减免、行业改进、产品更新、政府褒奖、政策倾斜等方面对参与和支持职业教育发展的企业、部门予以肯定和扶持，完善职业教育发展的社会环境，调动行业企业、学校参与职业教育的积极性。"

理顺职业教育管理关系。从纵向看，新修订的《职业教育法》要明确建立职业教育发展分级管理制度，分别明确国家、省、市、县4个层级的职业教育职责，体现"职业教育以地方统筹为主"的原则。从横向看，要理顺教育与人社部门、教育与各行业部门、公办与民办职业教育的关系，明确各自对职业教育的管理责任和分工，体现分类指导的原则。同时，要鼓励自主办学，进一步明确加大职业院校办学自主权，保障职业院校依据自身办学、教学特色推进教育发展。

## 二、建立职业教育与普通教育之间的联系通道

目前我国的职业教育体系和普通教育体系之间缺乏沟通、独立运行，限制了人们对教育类型的选择。有的职业院校学生想进普通高校学习，有的普通高校学生想进职业院校学习。为实现使人人都能成才的目标，我国的教育体系必须在这两个不同的教育体系之间架设起人才成长的"立交桥"，建立起职业教育体系与普通教育体系之间的交流通道。

职业教育与普通教育作为两种不同的教育类型，共同构成了我国整个国民教育体系，共同承担着培养社会发展所需要的不同类型、不同层次专门人才的任务，两者的主要差异表现在培养目标、教育的功能、课程的结构、培养的手段等方面。根据多元智慧理论，不同的人具有不一样的优点和发展潜力，教育应该为每一个人提供可以选

择的机会。比如，在普通本科院校里的学生可以申请到本科层次的职业院校学习技术技能方面课程；本科层次高职院校的学生可以申请到普通本科院校学习专业理论方面的课程，也可以参加普通本科院校的研究生升学考试，到普通高校攻读硕士研究生。通过建立这种职业教育与普通教育两个教育体系之间的"立交桥"，可以极大地发挥这两大教育类型的教育功能，发展和完善我国的整个国民教育体系，为学习者提供灵活多样的学习机会。

根据职业教育先进国家的经验，可以在普通教育和职业教育之间建立一个学分认证系统或认证机构，实现普职之间的学分互换，加强不同类型学校之间的沟通。鼓励处于同一层次的普通学校和职业院校之间进行课程互换、学分互认，完善学生在两者之间的转学、升学通道。另外，建立职业教育学分积累与转换制度，鼓励在校学生和在职职工以各种形式接受职业教育，实施终身教育。根据以上论述，笔者搭建的职业教育与普通教育架构如图8-1所示。

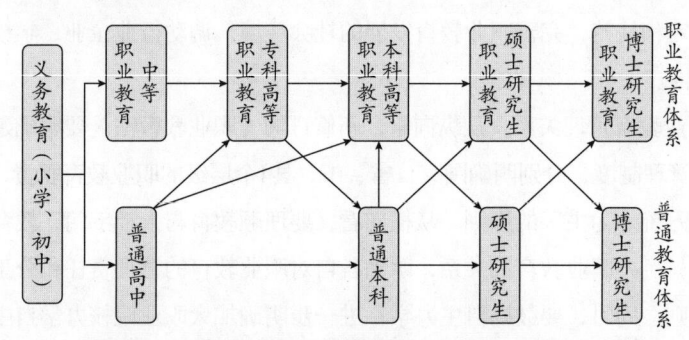

图8-1 职业教育体系与普通教育体系衔接与沟通架构

### 三、建立职业教育与职业资格之间的联系桥梁

职业教育学历证书、学位证书是对受教育者学习经历，以及对其掌握所学知识和技能水平的证明，而职业资格证书是劳动者进入就业市场的准入证，是劳动者从事相应职业应具备的资格证明。这两者之间缺乏对应标准，不利于就业市场秩序的规范和市场对人才选拔标准的把握，更不利于职业教育人才培养种类和结构的调整。

在制度上尽快建立职业教育学历体系与职业资格制度之间的对应标准和体系是优化教育结构和人才结构、调整产业结构、完善就业结构的现实需要，是我国目前职业教育发展面临的一项紧迫任务。结合我国职业教育发展实际，借鉴世界各国职业教育发展的经验，建立我国自己的资格框架体系，搭建我国职业教育与职业资格之间互通的桥梁是当务之急。

为适应经济社会发展需要和学习者不同的要求，建立学历、学位证书与职业资格相衔接的，更加灵活、开放和统一的资格认可制度非常必要。这种衔接方式要真正实现学历证书和学位证书与职业资格证书的融通与衔接，把对知识和能力的认证与获得这些知识和能力的地点、时间相分离。在这种制度下，一个人的学历学位证书既能反映其学业水平，也能反映其职业能力，而不单纯是其文化学习经历的标志；而职业资格证书除了反映一个人的职业能力、职业素质外，也应该有相应的文化知识含量，必要的文化素质和核心能力要求要包括在对各类职业资格的要求之中，改变过去那种仅仅把职业资格证书作为检测职业能力标准的观念。借鉴职业教育发达国家的成熟经验，结合我国职业教育发展和职业资格制度的实际，笔者设计的职业教育与职业资格衔接体系如表8-1所示。

表8-1　职业教育体系与职业资格体系衔接对应关系

| 职业教育层次 | 学历与学位证书 | 技术等级资格 |
| --- | --- | --- |
| 博士研究生层次高等职业教育 | 专业博士毕业证书<br>专业博士学位证书 | 教授级高级技师 |
| 硕士研究生层次高等职业教育 | 专业硕士毕业证书<br>专业硕士学位证书 | 高级技师 |
| 本科层次高等职业教育 | 高职本科毕业证书<br>学士学位证书 | 技师 |
| 专科层次高等职业教育 | 高职专科毕业证书<br>准学士学位证书 | 高级工 |
| 中等职业教育 | 中职毕业证书 | 中级工 |
| 初等职业教育 | 初职毕业证书 | 初级工 |

资料来源：笔者自行整理

### 四、构建一体化人才培养方案

人才培养方案是根据人才培养目标和培养规格所制定的实施人才培养活动的具体方案，也是学校进行教学组织、教学管理与监控评价的基本依据。中高职与本科分段培养，即两个阶段培养方案既要具有相对独立性，又要有序衔接；两个阶段培养方案需要整体设计，保证前后两阶段的专业理论知识课程和技能训练课程衔接贯通。在构建中高职与本科分段培养方案时要遵循以下三个原则：

（1）目标导向原则。中高职与本科分段培养的人才培养方案的制定要能实现总的人才培养目标定位，不同阶段的人才培养方案要能保证不同阶段人才培养目标的实现。

中高职与本科分段培养的技术技能型人才依据传统的高职教育或本科教育都无法实现，需要按照人才培养目标和培养规格构建合适的培养方案。一体化培养方案要承载两个不同层次人才培养目标的实现。

（2）体现特色原则。中高职与本科分段培养作为一种新的人才培养模式，合作双方院校要通过共同的理论研究和实践探索形成分段培养特色；同时，分段培养合作双方院校在各自长期的办学过程中都形成了自己的特色，不同培养阶段还要充分体现原有专业的办学特色。如苏州科技学院的机械制造与自动化专业同时与苏州工业园区职业技术学院和常州机电职业技术学院相关专业进行了"3+2"分段培养对接，在保证专业基本要求的基础上为体现不同学校办学特色形成了2套培养方案，尤其是前段培养方案更能体现出办学特色。

（3）贯通一致原则。分段培养衔接最终要通过课程的衔接来实现，课程的有效衔接是分段培养的本质和核心所在。要实现中高职与本科分段培养，需要合作双方院校共同研究、统筹制定培养方案，要以专业核心能力为逻辑起点构建课程体系。在设计前段课程体系时，既要考虑其相对独立性，保证学生学完中高职的课程后可以毕业、就业，又要考虑为后续本科阶段学习打好基础，满足学生进入后阶段继续学习的需要。在设计后段课程体系时，既要重点避免与前段课程内容的简单重复，又要避免专业所需技能课程的缺失。

### 五、建立职业教育人才培养质量评价制度

职业教育质量评价是根据职业教育人才培养目标要求，运用一定的评价标准对职业教育过程进行评判，判断职业教育目标实现程度、促进职业教育质量发展和提高的活动。建立一个针对职业教育的、完整的、科学的、凸显职业特色的质量评价体系，是确保职业教育事业持续健康发展、教育质量稳步提高的重要保障。

（1）落实重点：职业教育评价主体应多元化；建立人才培养质量保障与监测机构；健全职业教育管理监督和评估制度；建立和完善职业教育督导评估办法；开展职业教育质量监测评估工作；及时公布对职业院校的督导和评估结果。

（2）职业院校内部要建立和完善校内教学质量监控与保障体系，建立人才培养质量年度报告发布制度，公布人才培养质量年度报告，推动院校公开人才培养质量信息，完善人才培养质量监测体系，要关注行业、企业、用人单位对教育质量的评价结果以及学生对教育教学的回馈，为学校调整专业设置、人才培养方向和提高人才培养质量提供参考。

职业院校内部对教育质量进行评价时，要重点对各专业人才培养的方案、培养的过程、教师对学生学习结果的评定、学生对本专业基本理论知识和职业技能掌握情况等进行评价。教师对学生学习结果的评价可以不受学期、学年的限制，而以实际所含职业技能内容的具体情况确定；不仅要考查学生的基本理论和知识，更重要的是要考查学生的职业道德及对职业技能的掌握情况。把学习者的技术技能水平、发展潜力和职业道德作为评价职业教育质量的核心指针，把毕业生就业层次、就业率、就业质量、创业成效、受教育者持续发展能力、用人单位满意度以及职业院校对区域社会经济发展的服务贡献度等方面作为评价职业院校人才培养质量的重要指针。

### 六、加强国际交流与合作，推进职业教育国际化

职业教育国际化是当今世界职业教育发展的趋势之一。进入21世纪，随着全球经济一体化步伐加快，大力发展职业教育已经成为世界各国发展实体经济、提高国家核心竞争力的重要战略。我国职业教育改革发展面临前所未有的剧烈变化，在此背景下，我国要推进职业教育改革与发展，就必须以更加开放、更加积极的姿态融入国际职业教育改革发展大潮，主动学习和借鉴世界各国发展职业教育的先进理念和经验，加强国际交流与合作，推动我国职业教育国际化。

推进职业教育国际化的途径：

（1）转变政府角色，重新定位市场（消费、劳动力、资金、服务）、政府和职业院校及教育机构在职业教育发展中的责任，从而增强其国际竞争力。

（2）必须重视发挥政府的主导作用，扩大职业院校和教育机构的办学自主权。为使职业院校和教育机构能灵活面对国内外职业教育市场、特别是劳动力市场的需求和变化，在专业设置及课程内容选择、国际合作对象选择及合作协议签署等方面，职业院校和教育机构应该被赋予充分的办学自主权。

（3）遵循国际标准，推进发展校企合作的人才培养模式。在经济全球化和一体化背景下，职业教育毕业生未来将会更多地参与国际劳动力市场的竞争。这就要求职业教育必须立足全球视野，在人才培养质量上要遵循相关国际标准，不仅要培养学生的职业道德、专业知识和技能，而且要培养他们的国际交流能力和跨文化适应能力。此外，在专业设置、人才培养标准、培养内容和培养手段等方面要与国际接轨。政府要通过制定相关政策法规，引导和鼓励行业企业参与职业教育办学，发挥他们在专业设置、课程开发、队伍建设以及督导评估等方面的作用，真正实现工学结合、校企合作的人才培养模式。

（4）遵循国际规则和惯例，建立健全相关的教育法规体系。职业教育国际化要求我国的相关教育法规应与国际通行的服务贸易规则相一致，与国际惯例接轨。在借鉴职业教育发达国家的相关政策法规制定经验的基础上，制定、修订和完善职业教育相关政策法规，为国内外不同利益主体、投资主体、办学主体营造公开、透明、公平的竞争环境，使我国职业教育系统逐步形成自我约束、自我管理、自我完善和自我发展的运行机制，是我国职业教育面临的一项紧迫任务。

（5）坚持中国特色的职业教育体系。随着世界经济日趋一体化，职业教育国际化是一种必然的趋势，必须坚持走国际化与民族化协调共融分享的原则。发达国家职业教育的发展具有悠久的历史，有许多成功的经验值得借鉴，我们必须以本国国情和民族特征为基础，对国外发展的经验和教训精心鉴别、选择和改造，形成具中国特色的职业教育体系。

## 七、实践既有新时代特点又具中国特色的职业教育体系

在工学结合、校企合作、产校融合的人才培养模式下，笔者经过多年实践，提炼整理出五个层次职业教育教学改革理念，可进一步指导教学实践。

第一层次："以就业为导向、以服务为宗旨、走产学研训创结合之路"的指导思想；

第二层次："工学结合、校企合作"的高素质高技能人才培养模式和机制；

第三层次："五个一体化"的专业建设模式和培养方案；

第四层次："培育过程导向，实践实习驱动"的课程建设体系；

第五层次："做创导向教学"为主导的现代职业教育教学组织方式。

要促进教师、教材、教法改革，进行"活页式、工作手册式"教材编写，打通校校、校企交流屏障，实现职业教育专业与产业、课程与生产标准、教学与生产过程的紧密对接，实现学历证书与职业资格证书的紧密对接，实现职业教育与能力培养的紧密对接。通过课程设置、教学环境、顶岗实习、职业资格与专业核心技术"五个一体化"的专业建设实践，保证教育教学过程中"教、学、做、创"的一致性与职业资格要求相互融合，校内学习、企业实习和顶岗就业相互融合。对核心技术进行扩充、深化和丰富，激发学生的学习兴趣和钻研精神，让学生在各种工业应用实例的导向下，在各种不同课程、不同实验实训场所以及各个不同学习阶段，全面了解和掌握核心技术及其应用，并提高核心技术的综合应用能力，开拓学生的专业思路，对其技术创新能力的培养起到了潜移默化的作用。

**八、完善公共实训基地相关法制与保障机制**

其重点在于明确企业在职业教育培训和公共实训基地建设中的主体地位及其相关职责与公共实训基地建设的保障机制。职业教育和培训还不能做到国家义务教育。而且从职业教育和培训的本质看，它不仅可以为国家实现充分就业、提高企业的竞争力做贡献，也可为劳动者在工作中得到更高的报酬创造条件，是三方得益的事情。因此，必须在国家、企业、个人之间确定一个合理的分担机制。

我国的职业培训、补助与补贴的各种资金来源与政策都不同，如有下岗失业人员培训补贴政策、农民工培训补贴政策、退伍士兵培训补贴政策、高技能人才培训补贴、政策性特别职业培训补贴政策等。资金来源有专项资金、失业保险金、农村劳动力转移资金，各种培训补贴的标准也不同。理想的方式是国家根据不同工种、不同等级的培训成本制定一个统一的国家补贴标准。对于不同的培训对象，可以通过不同的渠道支付。

完善职业资格证书制度，建立"双证互通"的立交桥。借鉴澳大利亚等国的经验，完善我国的职业资格证书体系，在职业资格证书和学历证书之间建立对应等值的衔接关系，建立"双证互通"的立交桥，从体制上解决学历证书和资格证书"两张皮"运行的矛盾；让更多的劳动者通过非正规学校教育，在取得职业资格证书的同时能够获得相应的学历，也为劳动者树立终身学习理念开辟一条新路径；完善投入机制，调整投资结构，加大对职业教育及公共实训基地的投入。在增加教育总体投入和建立多元化投入的基础上，笔者特别强调要调整投资结构，建立一个与社会经济发展和产业结构相适应，与全社会的人力资源市场需求结构相适应的人力资源投资结构，加大对职业教育和培训的投入，加大对公共实训基地的投入，为社会培养更多"社会紧缺、企业急需"的技能型人才。

## 第三节 展望

我国职业教育是一个复杂的系统，职业教育发展受到很多因素影响，再加上本人视野、能力所限，本书还存在一些不足，主要表现在：

1.本书主要针对职业教育发展的宏观体系进行设计，如职业教育的发展理念、职业教育的管理体制、职业教育的投资体制以及职业教育与普通教育和职业资格体系之间的关系等，对职业教育发展的微观层面论述较少，如教学计划、教学大纲、师资配备、课程编排、教材编写、教学方法、日常学生管理等。

2. 职业教育包括学校学历教育和职业培训（非学历教育）两部分，在本书中主要涉及的是学校学历教育与公共职业培训部分，未来可扩及民办职业培训研究，并深入公共职业培训个案的讨论，作为本书今后持续努力的方向。

最后笔者针对职业教育之展望提出以下几点浅见：

1. 抢抓机遇提升内涵，实现职业学院跨越发展。借力省市区域发展建设，争取增加办学用地和改善办学条件，扩大办学资源和规模。瞄准区域产业升级、经济转型发展契机，以职业教育内涵建设为着力点，以提高教育教学质量为核心，以专业建设为龙头，以深化工学结合、校企合作的人才培养模式改革为动力，以规范化管理为突破口，推进教育教学管理的规范化和精细化。探索培养复合型技术技能人才的模式与途径，开展跨行业跨专业合作，优化专业结构与布局，强力推进创新创业教育，实现专业与岗位、教学内容与岗位资格要求、教学过程与生产过程零距离对接，凸显专业特色，增强办学活力，实现学院跨越式发展。

2. 产教融合开放办学，推动专业特色发展。积极探索建立校企政多方参与的合作办学体制机制，增强办学活力。借助省市区域协同发展的平台，采取多种合作模式，力促"政、行（行业）、企、校、研"各方力量共同参与。与有关部门和职业院校合作，合力搭建"产业人力资源需求信息共享平台""现代服务业创新创业型人才共育平台""师资与学生交流交换平台""产业结构与区域经济发展研究平台"等。进一步调整优化专业建设，以专业教研室建设为依托，大力推进"一支部一品牌"重点、特色专业建设；扎实推进教育教学改革，发挥专业建设委员会、学术委员会在专业课程建设中的引领作用，指导各专业扎实开展专业市场调研、人才培养方案论证、专业年审及专业调整设置论证等工作，总结改革经验，提炼专业特色，密切与行业企业间的融合交流，关注产业新动态、新技术、新要求，加强横向课题研究，参与、服务企业技术革新与攻坚，扩大各级学校办学知名度。

3. 人才强校多措并举，提升团队"双师"素质。深入推进"人才强校"战略实施，建立校外兼职兼课教师资源库，完善兼职教师选拔聘用程序，拓宽兼职教师聘用管道，大力引进行业企业中实践经验丰富、能讲会做的能工巧匠承担实践课程教学，规范兼职教师教学管理和教学质量考核，打造专兼结合的专业教学团队；建立教师先实践再上岗、定期到企业实践等制度，完善教师企业实践激励、管理、考核机制，提高教师企业实践的针对性和实效性，促进教师"双师"素质的提升；鼓励教师积极参与横向课题、技术攻关，推进科技成果转化，不断提高服务社会的能力和水平；开展"双师"

素质教师遴选；制定双师素质教学团队标准，启动双师素质优秀教学团队创建工程，提升专业服务能力，提高人才培养质量。

4. 职业教育的重心上移。"随着经济社会发展水平的不断提高，已有研究表明，世界职业教育发展出现了层次高移化的趋势。"职业教育层次重心上移，绝不是中等职业教育简单地向普通大学本、专科过渡，而是在保持自身特色的情况下架构培养更高层次职业技术教育人才的"立交桥"。澳大利亚2007年新修订的国家资格框架增加了职业教育研究生证书和职业教育研究生文凭两种资格。

5. 行业、企业人员直接参与职业教育的教学和管理工作。行业、企业是职业教育的直接受益者，应适度分担人力资源开发成本。行业企业参与职业教育是国际通行做法，如澳大利亚行业协会具有判断培训需求、为培训提供咨询、参与国家职业教育体系的计划制定、开发国家行业标准等功能。职业教育发展受到我国教育体制、人才评价体系、劳动人事制度的制约，目前要将本书设计的相关理念应用于我国职业教育实践还有一段路要走，但是相信随着我国对职业教育认识与重视的不断提高，职业教育的明天一定会更好！

# 参考文献

[1] 李玉静.走向2030：UNESCO战略框架下全球职业教育发展趋势[J].现代教育管理，2017（7）：94-100.

[2] 毕诚，程方平.中国教育[M]//顾明远，梁忠义.世界教育大系.长春：吉林教育出版社，2000：200-420.

[3] 刘春生，徐长发.职业教育学[M].北京：教育科学出版社，2002：28.

[4] 刘春生，马振华.职业教育的"中国特色"问题[J].教育研究，2006（5）：72-75.

[5] 姜大源.职业教育立法的跨界思考：基于德国经验的反思[J].教育发展研究，2009（19）：32-35.

[6] 顾明远.教育大辞典：增订合编本（下）[M].上海：上海教育出版社，1998：2010-2030.

[7] 石伟平.比较职业技术教育[M].上海：华东师范大学出版社，2001：336.

[8] 薛喜民.上海高等职业技术教育的现状及改革与发展[J].高等职业教育（天津职业大学学报），2004（1）：4-7+11.

[9] European Commission.Report on access continuing training in the union luxembourg[R].Office for Official Publications of the European Communities，1997.

[10] 纪秩尚，郭齐家，余博.中华人民共和国职业教育法实务全书[M].北京：北京广播学院出版社，1996：3-5.

[11] 贾俊玲.劳动法学：附劳动法学自学考试大纲[M].4版.北京：北京大学出版社，2003：58.

[12] 程延园.劳动法学[M].北京：中国劳动出版社，1998：43-46.

[13] 闫智勇，吴全全.现代职业教育体系建设目标研究[M].重庆：重庆大学出版社，2017：169.

[14] 李蔺田.中国职业技术教育史[M].北京：高等教育出版社，1994：65-365.

[15] 周明星.职业教育学对象、体系与范式的反思[J].职业技术教育(教科版)，2006，27(25)：

9-12.

[16] 杨金土. 职业教育卷 [M].// 郝克明，顾明远.90 年代中国教育改革大潮丛书. 北京：北京师范大学出版社，2002：166-183.

[17] 朱益明. 从国际发展看我国的职业技术教育前景 [J]. 教育发展研究，1999（8）：3-5.

[18] 约翰·杜威. 民主主义与教育 [M]. 王承绪，译. 北京：人民教育出版社，1990：85.

[19] Chris Zirkle. Perceptions of vocational educators and human resource/training and development professionals regarding skill dimensions of school-to-work transition programs [J]. Journal of Vocational and Technical Educationn, 1998, 15(1): 50-62.

[20] 杨绪利. 论职业技术教育学在国外的发展 [J]. 河南职技师院学报（职业教育版），2000（4）：5-7.

[21] 傅志明. 福斯特与巴洛夫论战对当前中国职业教育改革的意义 [J]. 职业技术教育，2003（22）：5-9.

[22] 彼得·杜拉克.21 世纪的管理挑战 [M]. 刘毓珍，译. 北京：生活·读书·新知三联书店，2003：63.

[23] John H.Biahop.The impacts of career-technical education on high school labor market success[J]. Economics of Education Review，2004(23): 34-36.

[24] Prosser C.A, Quigley T.H.Vocational education in a democracy[M].Chicago，IL: American Technical society, 1949, 10(2): 30-31.

[25] James Bowen. A history of westrn education[M]. London: Methuen & Co.Ltd, 1981, (Vol.1): 20-45.

[26] R.Freeman Butts.A cultural history of western education[M].New York: McGraw-Hill Book Inc, London: Toronto, 1995:30-68.

[27] Sreppeck M.A., Cohen, S.L.Put a dollar value on your training programs[J].Training and development Jounal, 1985, 39(11):59-62.

[28] Benson C.S. New vocationnalism in the US:potential.problems and outlook[J]. Economics of Education Review, 1995, 16(3):60-65.

[29] Arnold L.Roblan etc.School to work at marshfield high school[J]. The CEIC Review, 2001, 10(8):102-123．

[30] 梁茂信. 美国人力资源培训与就业政策 [M]. 北京：人民出版社，2006.

[31] 李新功. 欧盟职业培训政策与实践 [D]. 上海：复旦大学，2002：30-40.

[32] Wallenborn, M.Are recent development strategies really doing better? The new aid architecture for VET[N]. NORRAG News, 2008(41): 92-95.

[33] Christine Tramousch.Europeanization and institutional change in vocational education and training in Austria and Germany[J]. Governance, 2009(22): 369-395.

[34] Manfred Wallenborn.Vocational education and training and human capital development: Current practice and future options[J].European Journal of Education, 2010, 45(2): 82-195.

[35] 胡伟，王晓敏，郑彩云. 国外职业技能培训与启示 [J]. 继续教育研究，2010（2）：118-121.

[36] Hodgson Ann, Spours Ken.Vocational qualifications and progression to higher education: the case of the 14-19 diplomas in the english system[J]. Journal of Education & Work, 2010(23): 95-110.

[37] 中共中央文献研究室，中共湖南省委《毛泽东早期文稿》编辑组. 毛泽东早期文稿 [M]. 长沙：湖南出版社，1990：676.

[38] 人民教育出版社. 毛泽东论教育 [M].3 版. 北京：人民教育出版社，2008：20-22.

[39] 毛泽东选集出版委员会. 毛泽东选集（第一卷）[M]. 北京：人民出版社，1991：181.

[40] 彼埃尔·德·塞纳克伦斯，冯炳昆. 治理与国际调节机制的危机[J].国际社会科学杂志(中文版)，1999（1）：3-5.

[41] 詹姆斯·N. 罗西瑙. 没有政府的治理 [M].// 俞可平. 当代西方主流学术名著译丛. 张胜军，刘小林，等译. 南昌：江西人民出版社，2001：5.

[42] 孙绵涛. 现代教育治理体系的概念、要素及结构探析 [J]. 教育研究与实验，2015（6）：52-56.

[43] 耿超. 多元共治：教育行政方式的转变 [J]. 华东师范大学学报（教育科学版），2018，36（1）：35-41+161.

[44] 邓云峰. 从教育管理走向教育治理 [J]. 未来教育家，2014（4）：62.

[45] 张杰. 教育治理视域下教育中介组织的发展失衡现象探析 [J]. 当代教育科学,2016(22)：24-27.

[46] 汪卫平，郝天聪. 非政府组织参与的教育治理创新：内容、主题、特点——基于WISE教育项目奖的文本分析（2009—2016）[J]. 教育学术月刊，2017（9）：62-72.

[47] 赵岚.有效教育治理体系构建的几个重要维度[J].国家教育行政学院学报,2016(3): 65-69.

[48] 王岩,刘志华.协同学视阈下的教育治理体系现代化[J].教育评论,2016(1): 3-5.

[49] 严孟帅.国际视域下的"教育治理":治理、组织与路径[J].现代教育管理,2018(2): 112-116.

[50] Ruth Listen. Towards a citizens'welfare state: The 3+2 "R"s of welfare reform[J]. Theory Culture Society, 2001:18-91.

[51] 关晶.美国中等职业教育的现状、特点与改革趋势[J].教育发展研究,2009(Z1): 98-102.

[52] 黄日强,黄勇明.德国企业参与职业教育初探[J].外国教育研究,2005,32(8): 74-77。

[53] 张建荣.德国高等职业教育的特征及其启示[J].高等工程教育研究,2006(1): 75-79.

[54] 温景文.德国高等职业教育体系的考察与分析[J].辽宁高职学报,2002(1): 18-19.

[55] 中国高职高专校长赴澳大利亚学习培训团报告[N].教育参考资料,2001-02-17.

[56] 赵中建.技术与职业教育和培训:21世纪愿景——提交给联合国教科文组织总干事的建议书[M].北京:教育科学出版社,1999.

[57] Dickie M.Eccles, C.Fitzgerald. I and McDonald, R.Enhancing the capability of VET professionals[R]. Brisbane:Australian National Training Authority, 2004.

[58] Australian Skills Qality Authority.Users'guide to the essential conditions and standards for continuing registration[EB/OL]. http://www.asqa.gov.au.,2013-12-12.

[59] The office of the australian qualifications framework council. Australian qualifications framework[S].Adelaide, South Australia. http://www.aqf.edu.au/ ,2014-12-03.

[60] John While. The promption to american occupation training[N].Washington Post, 1998-08-05.

[61] European Commission. Survey and analysis projects in the Leonardo da Vinci programme : guidelines for prospective promoters[J]. Education training youth, 2001:50.

[62] M.Skibeck, etc.The vocational quest: new directions in education and training[M]. London: Routledge, 1994:8.

[63] 李冈原.近代英国教育特征初探[J].杭州师范学院学报,1997(1): 17-20.

[64] 翟海魂.世界博览会对19世纪英国职业技术教育的影响[J].河北师范大学学报(教育科学版),2003(6): 42-47.

## ·参考文献·

[65] 郝维谦，李连宁. 各国教育法制比较研究 [M]. 北京：人民教育出版社，1998：45.

[66] 魏丽青. 英国职业资格证书教育的经验与启示 [J]. 教育与职业，2009（9）：55-57.

[67] Raffe, David, Andy Biggart, Joan Fairgrieve, Cathy Howieson, John Rodger and Stephen Burniston.The thematic review of the transition from education to working life[J]. United Kingdom Background Report, July, 1998:35-36.

[68] 刘书琴. 英国现代学徒制及启迪 [A]. 中国职协2013年度优秀科研成果获奖论文集（下册）[C].2013：8.

[69] Delivery-Models[EB/OL].(2013-02-16)[2013-08-22].http://www.apprenticeships.org.uk/~/media/Documents/Large-Employer-toolkit/Large-Employer-toolkit-Delivery-Models-Diagram-Jan13.ashx.

[70] Celebrating your Apprentices[EB/OL].(2013-01-15)[2014-04-12].http://www.apprenticeships.org.uk/employers/large-employer-toolkit/develop/celebrat ing-your-apprentices.aspx.;(2017.03.06).https://www.rsc.org/news-events/articles/2017/mar/apprenticeship-week/.

[71] Ministerium fur Bildung, Wissenschaft, Forschung and Kultur.Zweiter Berichtzum Projekt Weiterentwicklung der Beruflichen Schulen zu Regionalen Berufsbildungszentren RBZ[R/OL].[2008-10-2].http://www.rbz.lernnetz.de.

[72] Matthias Becker, Geoker Spool.Entwicklungsfelder regionaler Berufsbildungs-zentren-Ergebnisse einer empirischen Untersuchung[R].bwp @ Nr.S., 2003.

[73] Matthias Becker, Georg Spool. Mehr Eigenstandigkeit fur berufliche Schulen-fuhrt das zu meter Qualitat?[J]. Die berufsbildende Schule (BbSch), 2008(2): 44.

[74] Georg Spool. Berufliche Schulen als Kompetenzzentren-sierung and staatlicher Regulierung [J].Die berufsbildende zwischen Privati-Schule (BbSch),2003(4): 121-122.

[75] Ute Erdsiek-Rave. Berufliche Schulen als eigenstandige regionale Berufsbildun-gszentren [C].bwp@ Heft 99, Kompetenzzentren in regionalen Berufsbildungsn-etzwerken-Rope and Beitrag der beruflichen Schulen-BLK-Fachtagung am 3./4. Dezember.,2001:14.

[76] KMK(Hrsg.). Rahmenvereinbarung fiber die Berufsschule[EB/OL].[2020-09-14].http://www.kmk.org.

[77] Vorteile der Verbundausbildung[EB/OL]. [2020-09-14].https://handwerk-owl.de/de/uber-uns/die-handwerkskammer_5_34.html.

[78] 陈馨．中澳现代远程高等教育质量保障体系比较研究 [D]．厦门：厦门大学，2009：5．

[79] 陈玉琨，代蕊华，杨晓江，等．高等教育质量保障体系概论 [M]．北京：北京师范大学出版社，2004：55-56．

[80] 罗毅．经合组织报告：德国职业教育为年轻人创造良好就业机会 [J]．世界教育信息，2015（18）：74．

[81] 董仁忠，杨丽波．澳大利亚职业教育与培训系统演变：基于政策的分析 [J]．外国教育研究，2015，42（2）：108-116．

[82] 胡小秧，匡建江，沈阳．学徒制将被纳入英国企业法案 [J]．世界教育信息，2015（14），74-75．

[83] Josie Misko. Vocational Education and Training in Australia, the United Kingdom and Germany [M].National Center for Vocational Education Research, 2006: 1-12.

[84] 吕红．澳大利亚职业教育质量保障的新举措：从质量培训框架到质量框架的过渡 [J]．职业技术教育，2013（22）：90-93．

[85] Anne Walstab, Stephen Lamb.Participation in VET across Australian:a Regional Analysis[J]. Australian Bulletin of Labor, 2009, 35(2): 32.

[86] 吕红．澳大利亚职业教育课程质量保障的研究 [D]．重庆：西南大学，2009．

[87] 吴雪萍，金晶．英国职业教育质量评价探究 [J]．比较教育研究，2013（2）：87-91．

[88] 许丽丽．新中国成立后我国中等职业教育发展研究 [D]．长春：东北师范大学，2009：34-50．

[89] 李蔺田，王萍．中国职业技术教育简史 [M]．北京：北京师范大学出版社，1994：15-35．

[90] 郭笙，王炳照，苏渭昌．新中国教育四十年 [M]．福州：福建教育出版社，1989：69，81-83．

[91] 和震．我国职业教育政策三十年回顾 [J]．教育发展研究，2009（3）：32-37．

[92] 国家中长期教育改革和发展规划纲要工作小组办公室．国家中长期教育改革和发展规划纲要（2010—2020年）[Z].2010-07-29．

[93] 教育部．中等职业教育改革创新行动计划（2010—2012年）[Z].2010-11-27．

[94] 国务院．国务院关于加快发展现代职业教育的决定 [Z].2014-05-02．

[95] 王继平．职业教育卷 [M].// 朱永新．中国教育改革大系．武汉：湖北教育出版社，2016：

## 参考文献

13-19.

[96] 孟广平. 当代中国职业技术教育 [M]. 北京：高等教育出版社，1993：43.

[97] 郝克明. 关于大力发展职业教育的几个问题 [J]. 教育研究，2000（9）：45-48.

[98] 王敏勤. 中等职业教育的发展趋势研究 [J]. 职教论坛，2003（17）：10-13.

[99] 开军. 中等职教：解答五大难题的创新策略 [J]. 北京教育（普教版），2003（Z1）：7-10.

[100] 温家宝. 大力发展中国特色的职业教育：在全国职业教育工作会议上的讲话 [J]. 中国职业技术教育，2005（34）：5-7.

[101] 王继平. 教育部职成司司长王继平在2017年度全国职业教育与继续教育工作会议上的总结讲话（摘要）[J]. 教育科学论坛，2017（15）：3-5.

[102] 徐哲. 中等职业学校"双师型"教师队伍现状的调查研究：以大连市为例 [D]. 大连：辽宁师范大学，2012.

[103] 孙琳. 新中国职业教育的发展与变革 [J]. 中国职业技术教育，2008（33）：25-28+41.

[104] 全国人民代表大会常务委员会. 中华人民共和国国民经济和社会发展第六个五年计划（1981—1985）[R].1982-12-10.

[105] 国务院. 国务院批转《国家计委关于加速发展高等教育的报告》[R]. 国发〔1983〕76号，1983-04-28.

[106] 中共中央关于教育体制改革的决定 [Z]. 中发〔1985〕12号，1985-05-27.

[107] 国务院批转《国家教育委员会关于改革和发展成人教育的决定》的通知 [L]. 国发〔1987〕59号，1987-06-23.

[108] 国务院关于大力发展职业技术教育的决定 [Z]. 国发〔1991〕55号，1991-10-17.

[109] 中共中央，国务院. 中国教育改革和发展纲要 [Z]. 中发〔1993〕3号，1993-02-13.

[110] 国务院. 国务院关于《中国教育发展改革和发展纲要》的实施意见 [L]. 国发〔1994〕39号，1994-07-03.

[111]《中国教育年鉴》编辑部. 中国教育年鉴（1994）[M]. 北京：人民教育出版社，1995：91.

[112] 中共中央，国务院. 中国教育改革和发展纲要 [Z]. 中发〔1993〕3号，1993-02-13.

[113] 教育部，国家发展和改革委员会，财政部，人事部，劳动和社会保障部，农业部，国务院扶贫开发领导小组办公室. 教育部等七部门关于进一步加强职业教育工作的若干意见

[Z]. 国发〔2004〕12 号, 2004-09-14.

[114] 中华人民共和国教育部高等教育司. 高职高专教育改革与建设: 1999 年高职高专教育文件资料汇编 (上册) [G]. 北京: 高等教育出版社, 2000: 118-119.

[115] 劳动和社会保障部, 教育部, 人事部. 劳动和社会保障部、教育部、人事部关于进一步推动职业学校实施职业资格证书制度的意见 [L]. 劳社部发〔2002〕21号, 2002-11-29.

[116] 国务院批转教育部面向21世纪教育振兴行动计划 [Z]. 国发〔1999〕4号, 1999-01-13.

[117] 教育部关于职业院校试行工学结合、半工半读的意见 [L]. 教职成〔2006〕4号, 2006-06-30.

[118] 财政部, 教育部. 关于建立完善以改革和绩效为导向的生均拨款制度加快发展现代高等职业教育的意见 [L]. 财教〔2014〕352号, 2014-10-30.

[119] 国务院办公厅. 国务院办公厅关于深化产教融合的若干意见 [L]. 国办发〔2017〕95号, 2017-12-05.

[120] 吴建新. 专科教育转向高职教育的相关因素分析 [J]. 职教通讯, 2000 (12): 13-14.

[121] 冯瑞. 五年制高职优势渐明晰 [N]. 中国教育报, 2003-4-21 (3).

[122] 吴启迪. 本科院校如何办好高等技术教育 [J]. 中国高等教育, 2001 (8): 22-24.

[123] 李志宏, 王伟, 李津石. 高等职业教育: 积极发展 规范管理 [J]. 中国高等教育, 2003 (7): 39-40.

[124] 吴晓郁. 美国教育的衔接与沟通 [J]. 教育研究信息, 2000 (1): 41-45.

[125] 谢作栩. 中国高等教育大众化发展道路的研究 [M]. 福州: 福建教育出版社, 2001: 61-75.

[126] 刘杰. 回归职业教育本质, 实施技能型紧缺人才培养培训工程 [J]. 计算机教育, 2004 (4): 62-63+65.

[127] 高等职业教育的定义 [EB/OL]. http://baike.so.eom/doc/211816.html.

[128] 范国睿. 教育政策的理论实践 [M]. 上海: 上海教育出版社, 2011: 154.

[129] 袁贵仁. 深化教育领域综合改革加快推进教育治理体系和治理能力现代化: 在2014年全国教育工作会议上的讲话 [R]. 2014-01-05.

[130] 李梦卿, 安培. 职业教育耦合"一带一路"战略发展的机遇、挑战与策略 [J]. 职教论坛, 2016 (7): 46-51.

[131] 陈宝生. 推进教育治理体系和治理能力现代化 [J]. 旗帜, 2019 (11): 17-18.

[132] 杨进. 中国职业教育发展报告2015[M]. 北京: 高等教育出版社, 2016: 16.

[133] 范珍. 用系统的观点探索高职专业建设 [J]. 重庆职业技术学院学报, 2006 (1): 11-13.

[134] 董圣足, 马庆发. 基于专业建设的高职发展研究 [J]. 教育与职业, 2008 (26): 8-10.

[135] 新华社. 国务院常务会议部署加快发展现代职业教育 [J]. 新课程研究, 2014 (4): 13.

[136] 陈曙东. 学习党的十八届三中全会精神 推进职业教育人才培养 [J]. 职业教育（中旬刊）, 2013 (12): 6-8.

[137] 王斌华. 澳大利亚教育 [M]. 上海: 华东师范大学出版社, 1996: 40.

[138] 中共中央办公厅, 国务院办公厅. 关于进一步加强高技能人才工作的意见 [Z]. 中办发〔2006〕15号, 2006-06-12.

[139] 中共中央国务院. 关于大力推进职业教育改革与发展的决定 [Z]. 国发〔2002〕16号, 2002-08-24.

[140] 毕结礼. 高技能人才开发探索与实践 [M]. 北京: 企业管理出版社, 2005: 28.

[141] 中共中央, 国务院. 关于进一步加强人才工作的决定 [Z]. 中发〔2003〕16号, 2003-12-26.

[142] 匡瑛. 比较高等职业教育: 发展与变革 [M]// 石伟平. 现代职业教育研究丛书. 上海: 上海教育出版社, 2006: 243.

# 后　记

　　从担任中国台湾地区台北市职业训练中心主任那一天起，我真正意识到职业教育和培训的重要性。期间，我们中心汽车钣金实训场，培养了2011年英国爱丁堡国际技能竞赛汽车钣金组的银牌得主与2013年德国纽伦堡国际技能竞赛汽车钣金组的铜牌得主。这让我更深刻地体悟了我们中心门前的那句话：请用一技之长改变未来的意涵。结束公职生涯之后，我再次投入中国台湾地区高校继续教育培训的工作行列。

　　2015年，我来到中国大陆工作，我走过深圳国泰安教育技术股份有限公司、山东聊城职院、广西防城港IT小镇，最后选择在百色学院落脚。同时，我也在2018年完成我的第二本博士论文——《中国职业教育与培训之研究》。本书正是依托于我的博士论文，再融入党的十九大之后国家出台相关职业教育的重要政策所撰写而成的。

　　这本书的成功出版，离不开诸多老师、领导的支持与督促。首先感谢我的出版评委周明星教授、张元教授，博导范世平教授、樊中原教授。百色学院曹阿林教授、高超民院长、邢滔老师、王佳炜老师等人鼎力协助，对文稿字斟句酌、反复推敲、修改润色，为本书提供了大量专业的编排建议，避免文字的疏漏。可以说，没有他们的努力和督促，无法看到这样一本编排严谨与优美的图书。同时全案并经学校领导同意，本人专著《中国职业教育发展及其治理体系研究》获得学校硕士学位授予单位立项建设经费出版资助。

　　在本书编著过程中，笔者也参阅了国内外相关著作、教材、论文和有关网站资料，并引用了部分数据、材料和观点，最后在此，谨向各位先进与所有文献作者表示感谢，并在所附的参考文献中加以注明。然而由于著者水平有限，难免有疏漏与错误之处，恳请大家批评指正，我会负责任地利用重印、再版等时机进行修改。

杨建基于广西百色学院

2020年9月10日